大国乡创工匠培育导论
——基于"全息学域"理论解释与实践范式

周明星　张伟东　彭　波◎著

重庆出版社

图书在版编目（CIP）数据

大国乡创工匠培育导论：基于"全息学域"理论解释与实践范式 / 周明星，张伟东，彭波著. -- 重庆：重庆出版社，2025.4. -- ISBN 978-7-229-20129-6

Ⅰ．F323.6

中国国家版本馆CIP数据核字第2025UD2969号

大国乡创工匠培育导论
——基于"全息学域"理论解释与实践范式
DAGUO XIANGCHUANG GONGJIANG PEIYU DAOLUN
——JIYU "QUANXI XUEYU" LILUN JIESHI YU SHIJIAN FANSHI

周明星　张伟东　彭　波　著

总　策　划：李　斌　郭　宜
责任编辑：翁明真
责任校对：何建云
装帧设计：沫凡图文

▲重庆出版社出版

重庆出版社职教分社出品
重庆市南岸区南滨路162号1幢　邮政编码：400061　http://www.cqph.com
重庆市开源印务有限公司印制
重庆出版社有限责任公司至行传媒分公司发行
E-MAIL: cqphzjfs@163.com　联系电话：023-61520630
全国新华书店经销

开本：787 mm×1092 mm　1/16　印张：17.875　字数：420千
2025年5月第1版　2025年5月第1次印刷
ISBN 978-7-229-20129-6
定价：78.00元

如有印装质量问题，请向本社至行传媒分公司调换：023-61520629

版权所有　侵权必究

前 言
QIANYAN

新时代的中国正稳步迈向现代化强国的目标，而农业与农村的现代化则是这一宏伟蓝图中的关键基石。在这一进程中，高素质人才的培养与使用成了推动农村现代化不可或缺的核心力量。工匠精神，作为中华优秀传统文化在当代的生动体现，以及社会主义核心价值观的重要组成部分，对于促进经济高质量发展、实现国家发展目标具有深远意义。自2016年《政府工作报告》首提"工匠精神"以来，这一理念在党和国家领导人的多次讲话中得到了强调与深化。从党的十九大报告到党的十九届四中全会，工匠精神被赋予了更加丰富的内涵，成了激励全社会追求卓越、精益求精的重要精神力量。在庆祝中国共产党成立一百周年的重要时刻，工匠精神被纳入第一批中国共产党人精神谱系之中，这不仅是对工匠精神的充分肯定，也是对其在新时代背景下继续发挥重要作用的深切期待。工匠精神所蕴含的精益求精、专注敬业、创新创造等品质，正是中国共产党人代代相传、不懈奋斗的精神写照。2024年中央一号文件明确提出，要"实施乡村振兴人才支持计划，加大乡村本土人才培养，有序引导城市各类专业技术人才下乡服务，全面提高农民综合素质。强化农业科技人才和农村高技能人才培养使用，完善评价激励机制和保障措施"。这要求我们在推进农业农村现代化的过程中，不仅要注重科技的应用与创新，更要重视人才的培育与引进。为此，我们组织编著了《大国乡创工匠培育导论》一书，本书主要有以下几个特点。

1.彰显了乡创工匠的当代价值

工匠精神深植于中华民族血脉，工匠精神彰显了中华民族对职业的热爱、技艺的坚守及品质的极致追求。新时代背景下，党和国家高度关注技艺技能与大国工匠的培养，为工匠精神在新时代焕发新活力提供了契机。作为社会实践的重要标志，工匠精神弘扬精益求精、卓越全上的劳动风尚。新时代培育乡创工匠，不仅关乎个人能力的飞跃，更是国家发展、民族复兴的关键所在，具有不可估量的价值与意义。

第一，彰显了乡创工匠的文化价值。强调精益求精、德艺兼修、敬业乐业的中国传统工匠精神作为中华优秀传统文化的宝贵财富，其在各个时期的能工巧匠中得到传承和发展。乡创工匠与中国传统技艺紧密相连，不仅是中国传统技艺的传承者和守护者，更是中国传统技艺在现代社会的活态载体。

第二，彰显了乡创工匠的经济价值。2023年1月，中共中央、国务院印发的《关于做好二〇二三年全面推进乡村振兴重点工作的意见》标志着我国乡村振兴建设进入新的历史阶段，强调扎实开展建设宜居宜业和美乡村的工作。从建设"美丽乡村"升级到建设"和美乡村"意味着对乡村振兴建设的要求更高、更全面。实施乡村振兴战略，首先要解决人才瓶颈问题。只有具备了工匠精神这一职业发展的"助推器"，新型创业农民才能够树立扎根农村、服务农村的奋斗理想，最终成长为促进农业发展、实现农村产业振兴的工匠人才和模范代表。乡创工匠是实现农村供给侧结构性改革的必然要求，在工匠精神的引领下，新型农民才会真正敬畏土地，以精雕细琢的态度提供至善至美的农产品和相关服务。

第三，彰显了乡创工匠的教育价值。作为中华优秀传统文化的重要组成部分，乡创工匠所蕴含的执着专注、精益求精等品质，代表着一种积极向上的精神风貌和价值追求，有助于为乡创工匠个人成长发展引入新血液。培育乡创工匠还可以更好地挖掘、创新传统手工技艺，有助于推动传统手工艺品牌化发展、丰富乡村旅游的人文内涵，从而为农村文旅产业融合注入新元素。乡创工匠吃苦耐劳、精雕细琢，追求职业道德与技艺技能的德能并蓄，他们是广大农村地区发扬工匠精神、宣传爱岗敬业劳动价值观的"活广告"，能够为弘扬劳动精神增添新动力。

2.解析了乡创工匠的理论支撑

德国哲学家费尔巴哈认为，"作为起源，实践先于理论；一旦把实践提高到理论的水平，理论就领先于实践"。

弘扬和培育新时代工匠精神已经成为中华民族的价值诉求，工匠精神在文化、经济和教育领域的重要性愈发凸显，乡村人才队伍的壮大，也离不开工匠精神的价值引领。在全球化、数字化和技术创新的背景下,乡创工匠的理论建构将为创业实践提供坚实的理论支撑,为经济发展和社会进步贡献更大的力量。

第一,马克思主义劳动观。马克思主义劳动观中的异化劳动理论和劳动价值论为我们理解和培育工匠精神提供了重要的理论支撑。劳动不仅创造人也创造历史,同时也是人类实现自我价值、追求自由的必由之路。在当今社会,以马克思主义劳动观为指导,尊重劳动者的主体地位,弘扬工匠精神,推动社会的进步和发展,能够有效克服异化劳动的四重规定,对异化劳动进行扬弃,缓解资本的压迫,从而实现超越异化劳动的劳动解放。通过强调劳动创造价值的重要性、具体劳动与抽象劳动的统一,以及劳动的社会性和传承性等内容,可以更加深入地理解工匠精神的内涵和价值,为工匠精神的培育和发展提供有力的支持。

第二,人力资本理论。人力资本表现为蕴含在人身上的各种生产知识、劳动与管理技能,以及健康素质的存量总和。人力资本的形成过程中,资源投入非常关键,包括医疗保健费用、教育培训费用等,这些资源一旦投入,就会产生长期的影响。成熟的人力资本思想和理论共同致力于解释人力资源开发的一些基础理论和客观规律,也随之揭示了包括大学生在内的乡创工匠成长成才的一般规律,提示高校在创新创业教育过程中,必须依据创新创业活动的客观规律、创新创业活动的本质和特点,培养和提高面向乡村的各类人才的创新创业素质,锻炼乡创工匠的事业心、进取心、创新精神和开拓精神,从而使得凝聚在乡创工匠身上的人力资本价值不断增加。

第三,生态系统理论。生态系统理论将人生活于其中并与之相互作用的不断变化的生态环境称为生态系统,强调生态环境对于分析和理解人类行为的重要性,注重人与环境间各系统的相互作用及其对人类行为的重大影响。将生态系统理论匹配到我国农村发展中,具有较强适用性。布朗芬布伦纳的生态系统理论模型从微观、中观、外观、宏观系统探讨人才所处的社会环境和社会生态关系的信息网络,结合查尔斯·扎斯特罗改进后的生态系统理论,根据与个体人才关系的远近,将人才生态环境分为内部与外部,包含个人、家庭、教育等生态交际范围。乡创工匠的培育成长就是以包括自身的个体生态环境、家庭的生态环境和人才外生态环境等在内的生态系统,透过生态系统理论的视角可以探讨不同生态环境要素与乡创工匠成长的相互作用机理。

3.创生了乡创工匠的测量标准

对乡创工匠理论支撑的深入解析，为创生乡创工匠的测量标准提供了依据。作为数字化时代农业农村发展的重要人才，乡创工匠实现了由"手艺"到"守艺"再到"首艺"的转变。然而，要真正成为乡村振兴的驱动力量，必须具备与其相匹配的能力和素质，这种能力和素质也是衡量乡创型工匠质量的重要标准。

第一，乡创工匠测量标准之精神维度。面向乡村的创业型工匠的精神维度主要包括四个维度：一是创业意愿。这是潜在创业者实施创建企业活动或行为的自我预测[1]，源于乡创工匠内心深处对创造、创新和实现个人价值的渴望，希望通过自己的努力和创造力改变世界。二是风险承担能力。乡创工匠在面对不确定性和风险时的态度和应对能力，包括心理承受能力和决策能力。三是行动能力。创业者应该具备有条不紊的计划和行动力，只有正确的行动力才能让创业结果朝着理想目标前进，能够克服困难并坚持下去，乡创工匠将创业想法付诸实践的能力，包括计划、组织、执行和调整的能力。四是个人素养。乡创工匠自身的道德品质、责任感、诚信意识、团队合作精神，以及持续学习和自我提升的意愿，都会影响其创业行为。

第二，乡创工匠测量标准之能力维度。创业能力是影响创业活动和决定创业是否成功的重要因素之一，具备一套创业所需的技能、能力和知识才能够增强创业成功的概率。[2]乡创工匠测量标准的能力维度主要包括创新思考能力、实验能力、工程实践能力和成果转化能力等方面。乡创工匠的创新思考能力就是要用超越陈规、因时制宜的思维方式对待创业中遇到的困难和问题，提出有独到见解、有显著效益的工作思路和解决方案。实验能力主要指乡创工匠在实践中进行尝试、验证和改进的能力，包括快速原型制作、市场测试和实验设计的能力。工程实践能力是乡创工匠在农村地区从事创新创业活动中，工匠们所展现出的实际操

---

[1] Aizen I. The theory of planned behavior [J]. Organizational behavior and human decision processes, 1991（2）：179-211.
[2] Okolie U C, Igwe P A, Ayoola A A, et al. Entrepreneurial competencies of undergraduate students: the case of universities in Nigeria [J].The international journal of management education, 2021（1）：100452.

作、设计、建造、维修和改进各种工程项目的能力。乡创工匠的成果转化能力即乡村创业者将研究成果产品化和商业化的能力，只有新兴产业相关的基础研究成果得以转化，才能使科技创新转化为产业创新，使产业升级转型。[①]

第三，乡创工匠测量标准之管理维度。这个维度主要包括机会把握能力、资源整合能力和团队控制能力。机会把握能力是指乡创工匠识别和评估市场机会的能力，包括对行业趋势、消费者需求和竞争状况的分析能力以及识别与转化创业机会的能力。资源整合能力是指面向乡村的创业者有效整合人力、物力、财力和信息资源等各类创业资源的能力，制定积极可行的创业规划，为未来的创业成功打下扎实的基础。团队控制能力是指乡创工匠在创业活动过程中，协调各方利益相关者，共同实现创业目标的能力。

4. 明晰了乡创工匠的培育路径

乡村振兴战略的深入推进，使得高校在促进乡村发展、提升乡土人才培育等方面发挥着越来越重要的作用。在新的时代背景下，面临着快速城市化、农业现代化和农村人口流失等严峻挑战，乡村振兴不仅需要政策支持，更需要具备创新能力和实践经验的乡创工匠，以推动农村经济的发展与文化的传承。

第一，开拓"立心领域"，厚植乡愁情怀。基于"PDCA循环法"，在乡创工匠培育过程中，做出计划、推进实施、检查效果、纳入标准，亟待解决的问题留待下一循环去解决，推进"感知一周、认知一月、行知一季"三知递进，培养学生的乡创文化、乡创气象、乡创价值认知，通过课程、实践、交流等手段的综合运用，创造丰富的学习体验与实践机会，使学生真正理解并认同乡村的价值，促进学生对乡村振兴的认同与参与，进而激发他们的创新意识与实践能力，实现个人发展与乡村振兴的共同促进。

第二，混沌"厚识界域"，提升乡知水平。在提升乡知水平的过程中，混沌"厚识界域"的构建至关重要，这一环节旨以融合教育、跨界教育理论指导"通识培根、专识固本、特识精技"三识联动，通过"科教融汇"构建通识课程、"产教融合"优化专识课程、"职普融通"强化特识课程等多样化的教育方式，推动

---

① 申妍瑞，胡纵宇. 新质生产力与产教深度融合双向赋能：现实困境与实践路径[J/OL]. 中国高校科技，https://doi.org/10.16209/j.cnki.cust.20240307.001.

学生全面理解和掌握乡村发展的相关知识与技能，从而激发他们的创新创业能力，最终达成"会创"这一乡创工匠培养的关键目标。

第三，创设"富能场域"，淬炼乡创技艺。创设"富能场域"，是为了通过多元化的实践活动和资源整合，提升学生的乡创技艺，最终实现乡村振兴与个人发展的双重目标。通过为学生提供"校企共建"孵化域、"校站联建"研发域、"校地合建"工坊域等良好的实践平台，具有创新创业理念的学生不仅可以获得实务经验，还能将自己的创意与产品推向市场，实现理论与实践的有效结合。

综而观之，在这个日新月异的数智时代，以新能源、新材料和电子信息等为主要领域的科学技术与乡村振兴的融合，极大地推动了农业农村的全要素生产率。乡村创业型工匠逐渐成了具备利用现代科技和创新能力的高层次人才，突破了进行简单重复劳动的限制。如何触动各类人才"想创"、驱动各类人才"会创"和推动各类人才"能创"，成为新时代弘扬工匠精神和培育更多大国工匠的必由之路。本研究为各位读者呈现了一份具有探索意义和参考价值的答卷，对乡创工匠的时代价值、理论建构、生成规律、胜任能力、测量标准、培育模式、质量评价和保障策略等进行了开创性和系统化阐释。期待与各位专家、学者和有志于推动乡创工匠高质量发展的同仁携手共进，共同为乡村人才振兴贡献力量！

作　者
2024 年 11 月

目 录 MULU

001 第一章 乡创工匠之时代价值

第一节 乡创工匠的历史之径……………………………………002

第二节 乡创工匠的时代之维……………………………………008

第三节 乡创工匠的未来之向……………………………………016

023 第二章 乡创工匠之理论构建

第一节 内涵特征……………………………………………………024

第二节 基础理论……………………………………………………035

第三节 文献回顾……………………………………………………041

048 第三章 乡创工匠之发展规律

第一节 乡创工匠生成规律…………………………………………048

第二节 人才个体差异性规律………………………………………061

第三节 螺旋式上升的增长规律……………………………………071

第四节 职业发展规律………………………………………………081

091 第四章 乡创工匠之胜任能力

第一节 乡创工匠胜任素质模型研究………………………………091

第二节 乡创工匠胜任素质模型建构………………………………105

第三节 乡创工匠胜任素质测评……………………………………112

125 第五章 乡创工匠之测量标准

第一节 乡创工匠测量标准之精神维度……………………………127

001

第二节　乡创工匠测量标准之能力维度……134
第三节　乡创工匠测量标准之管理维度……142

151 | 第六章　乡创工匠之培育模式

第一节　开拓"立心领域",厚植乡愁情怀……151
第二节　混沌"厚识界域",提升乡知水平……157
第三节　创设"富能场域",淬炼乡创技艺……166
第四节　乡创工匠培育模式的思忖……175

181 | 第七章　乡创工匠之质量评价

第一节　乡创工匠质量的评价指标……181
第二节　乡创工匠质量的评价实证……196
第三节　乡创工匠评价结果的案例验证……207

218 | 第八章　乡创工匠之培育策略

第一节　乡创工匠培育的宏观保障……218
第二节　乡创工匠培育的中观保障……228
第三节　乡创工匠培育的微观保障……242

255 | 第九章　结论与展望

第一节　主要结论与观点……255
第二节　主要创新点……257
第三节　存在的不足……261

263 | 参考文献

274 | 后记

第一章 乡创工匠之时代价值

DI-YI ZHANG　XIANGCHANG GONGJIANG ZHI SHIDAI JIAZHI

新时代开启了中国走向现代化强国的新征程，其中，农业和农村的现代化是整个社会现代化进程的基石。中国的现代化进程必须以农村的现代化为支撑，而培养和吸引高素质的人才则是推动农村现代化的核心要素。自2016年《政府工作报告》中提出"工匠精神"一词以来，习近平总书记多次强调要弘扬工匠精神。党的十九大报告提出"弘扬劳模精神和工匠精神"。党的十九届四中全会《决定》提出"弘扬科学精神和工匠精神"。在新时代大力弘扬工匠精神，对于推动经济高质量发展、实现"两个一百年"奋斗目标具有重要意义。"工匠精神"反映当代社会主义核心价值观的核心内涵，在社会和个人意识中扮演着重要角色。

2021年正值中国共产党成立一百周年，中国共产党人弘扬伟大建党精神代代相传，工匠精神在中国共产党的发展中赓续了崇高的政治品格，激励中国共产党人奋力前行，被纳入第一代中国共产党人精神谱系之中。因此，实现工匠精神在新时代背景下的延续已经成为重要话题。2024年中央一号文件中提出"壮大乡村人才队伍"，实施乡村振兴人才支持计划，加大乡村本土人才培养，有序引导城市各类专业技术人才下乡服务，全面提高农民综合素质。中国现代化离不开农业农村现代化，农业农村现代化关键在科技、在人才。可见，在新时代背景下加强乡创人才的思想道德建设、培养具有工匠精神的乡创人才队伍至关重要。

第一节　乡创工匠的历史之径

从历史维度看,乡创工匠的传承演变与时代发展具有高度统一性和内在关联性。在中国社会经济发展过程中,乡创工匠以其精湛的技艺和传统工艺为当地经济发展提供了强大支撑,并在各个时代形成了独具特色内涵的乡创工匠,发掘这些具有代表性的时代乡创工匠,并从理论高度对其进行系统认知,是极其必要的。接下来,本节分别梳理阐述乡创工匠的理论探索、技艺传承和创新发展阶段,尝试一窥乡创工匠的历史之径。

一、乡创工匠的理论探索阶段

手工艺的起源可追溯至远古时期,人类开始制作工具之时。随着原始社会的演变,手工业逐渐从农业中独立出来。从那时起,专注于手工劳动的生产者,即我们今天所说的手工艺人或工匠,开始形成。他们的存在和活动是技术传承和手工艺发展的重要组成部分。传统手工业不仅满足了人们的基本生活需求,也促进了行业的快速发展,催生了新的职业,并培养了工匠。古代的手工业以农业为基础,涵盖了纺织、陶瓷、木工等多个领域。这些行业不仅满足了日常生活的需要,还为贸易和文化交流奠定了基础。"乡创工匠"作为一种工匠类型,可以追溯至春秋战国时期。如《管子》中提到的"士农工商"四民分类,其中"工"即指手工业者和工匠。在古代,乡创工匠不仅是生产者,也是文化传承者和社会稳定的基石。他们通过手工艺的传承与创新,为当地文化的繁荣作出了巨大贡献。乡创工匠的创业技能传承最初是通过家族内部的垂直式师徒关系进行的。随着技术的发展,畜牧业与农业分离,手工业与农业的分离也变得更加明显,农村社会逐渐形成了以血缘和地缘为基础的长期稳定的社会结构。在这样的环境下,家族开始有意识地通过血缘关系传授劳动生产技术。通常,家族中的长辈或技艺精湛

第一章 乡创工匠之时代价值

的成员会担任师傅,将技艺传授给下一代,形成师徒关系。乡创工匠是集构思、制作、生产于一体作用于人们对物质生活需求基本性满足的手工艺人,[①]是农耕社会经济稳定发展的主要推动力,具有以下特点。

一是以技艺精湛为生存之本。在中国传统文化语境下,工匠一词通常指代木匠、铜匠、铁匠、建筑泥瓦匠等从事手工艺劳动的群体。这些手工艺人倾注毕生的精力于特定的工艺领域,其所掌握的精湛技艺是维持生计的重要资本,也是生存和繁衍的重要基石。《孟子·滕文公下》中写道:"梓匠轮舆,其志将以求食也。"[②]《商君书·算地》中记载:"技艺之士资在于手。"[③]即手工业者的资本在于手中的技艺。民间谚语也有"手艺是活宝,走遍天下饿不倒""手艺学到手,茶饭送到口""家有良田万顷,不如薄艺在身"等。这些话语在一定程度是普通民众朴素生活哲学的体现,即手艺是安身立命的根本。在古代经济繁荣的南宋时期,根据宋代吴自牧所著的《梦粱录》记载,南宋首都临安有数百家名家商铺,如彭家的油靴、顾四家的笛子、徐家的扇子铺、张家的铁器铺、邓家的金银铺、盛家的珠子铺等,这些商家以其独特的技艺和精湛的产品质量在市场上获得了极高的声誉。因此,只有不断打磨并尽力发挥手中独特而精益的技术,生存才有保障。此外,古代工匠技艺的传承方式是"家族传承"。一方面,古代手工业技术只有直接接触才能了解和掌握,靠长期的亲身实践和训练才能有所提高;另一方面,古代市场规模较小,将技艺的秘密传授给外界人员往往意味着增加潜在的竞争对手。因此,古代工匠通常采用家传的方式传承技艺,确保技术、技能和经验的私密性得以维持,同时也有利于家族内部技术的积累和发展。这种技艺传承方式使各行各业的工匠能够倾尽毕生精力,并借助世代相传的知识和经验积累,不断深化和精进自身的技艺,最终达到炉火纯青的境地。

二是以至善至美为职业追求。技艺是工匠得以存在的第一要素,"技"指手艺、本领,是工匠最基本的能力。"艺"除了包括知识、方法等,更为重要的还包括工匠在造物中的情绪、情感体验,这是工匠品格、意境、追求的展现。追求极致则体现在"物"与"人"两个层面,并最终实现"物"与"人"的统一,由

[①] 邹其昌,严康.明代工匠文化体系研究[J].民族艺术研究,2022(6):86-94.
[②] 孟子[M].方勇,译注.北京:中华书局,2015.112.
[③] 商君书[M].石磊,译注.北京:中华书局,2016:72.

此达至奇妙的境界。具体而言，一方面是工匠在制造器物过程中，不惜花费大量时间和精力去反复琢磨和改进产品，以一丝不苟的态度注重每一个细节，追求每件产品的完美无瑕。例如，我国历史上的丝绸、瓷器、漆器、金银器等，都展现出工匠对器物制造至善至美的追求。另一方面，我国传统文化历来重视修身养性。工匠在日复一日技术训练中提升技艺的同时，其心性、人格等品德层面也得到修炼。工匠把自身的为人之道与处世之道注入器物制造的过程中，摒除杂念、精神专注，由此达到忘我的境界。

三是以精业敬业为人生追求。技艺为骨，匠心为魂，二者相辅相成，相得益彰。在工匠身上体现为"精业"与"敬业"，前者指技术层面，后者则是态度层面。一方面，"精业"要求工匠须精通自身所从事的职业，并持续精进技艺。古代工匠群体中不乏技艺精湛者，他们为庄子笔下的"技"赋予更深层次的含义。《庄子·养生主》中写道："庖丁为文惠君解牛，手之所触，肩之所倚，足之所履，膝之所踦，砉然向然，奏刀騞然，莫不中音。"[1]可见其技艺之纯熟，并且由技入道，洞悉蕴含在牛骨头缝中的自然规律，因而每一刀都游刃有余。另一方面，"敬业"一词的出处是《礼记》，原义指对待学业的态度，后来则引申为能够以认真、踏实、专一的态度来对待所从事的职业。传统工匠文化中的"敬业"主要有三个来源。首先源自对祖先的"敬"。在古代，手工技艺往往是通过家族代代相传，是家族的荣耀和传承的象征。因此，对于技艺和所从事职业的"敬"，实质上蕴含对祖先智慧和劳动的尊重与传承。其次是源自对行业先贤的深厚信奉与崇高尊敬。在中国传统社会中，各行各业普遍尊崇祖师爷，如木匠的祖师爷鲁班、鞋匠的祖师爷孙膑、造纸行业的祖师爷蔡伦等。这些祖师爷不仅是行业的象征，更是工匠的精神支柱。最后则是对手工技艺本身的尊敬与感恩。如前所述，技艺是工匠赖以生存的依靠，因此他们极为看重这份职业所承载的独特技艺。总之，"精业"是"敬业"的基础，而"敬业"是"精业"的升华，二者共同构成工匠的本质。

---

[1] 庄子[M].方勇，译注.北京：中华书局，2015：10.

第一章 乡创工匠之时代价值

二、乡创工匠的技艺传承阶段

自汉代丝绸之路的开辟至清朝中期，中国一直是全球最大的商品出口国。小农经济，即男性耕作、女性纺织的经济模式，构成了古代中国繁荣的基础，但也是近代中国落后的原因之一。小农经济的自给自足特性，缺乏与外界交流的动力。与此同时，尽管欧洲当时的生产力相对落后，但这种落后反而促使其更加重视贸易和探索新大陆。随着工业革命、机械化生产、社会分工和市场竞争的发展，西方的商品在价格和质量上逐渐超越了中国农村手工业产品。随着手工业的发展和统一市场的需求，手工艺的传承方式从血缘传承转变为师徒制，从业者在技艺、审美和工匠技能方面的培养也变得更加系统化。这种转变不仅扩大了技艺的受众，平衡了乡村社会的产业结构，也使乡创工匠的培养更加全面和规范。师徒制的传承方式开始多样化，成为古代中国工匠技艺传承的主要方式。学徒制从"父子相传"转变为"师徒相承"，师傅的指导和帮助使徒弟能够获得知识和技能，实现了技术的代际传承。这一时期，手工技艺的传承主要依靠口头交流，工匠师傅通过言传身教，将耐心、专注和坚持等精神特质传递给徒弟。这种特质的传承依赖于工匠之间的情感沟通和亲身体验，这是现代大型企业难以复制的。对于古代中国工匠而言，技艺的传承不仅仅是技术学习，更强调艺术熏陶和心理契合。在传统学徒制下，乡创工匠对手工艺技能的传承进入了系统、专业和深入的发展阶段，形成了"乡间自身培养系统"。这一系统注重传统技艺的系统性传授，强调实践与理论相结合，并开始关注传统与创新的结合。然而，随着第一次工业革命的到来和工业化的推进，现代职业教育在学校中迅速发展，提倡现代化、规模化和标准化的人才培养模式，出现了现代职业教育与传统学徒制并行的情况。同时，中国乡创工匠的传承发展在近代工业化的进程中逐渐放缓，甚至出现了传统学徒制受阻和技艺断层的现象。

传统具有两面性，既有一定助力性，也有一定的阻抗性。在社会时代背景下，乡创工匠成为乡村振兴人才不可或缺的组成部分，后工业化时代呼唤乡创工匠焕发出新的活力。一方面，后工业社会生产和消费需要个性化、定制化，手工艺能弥补工业化生产整齐划一和单调乏味。同时，"中国现代化进程的大规模推进带来了城乡关系的结构性变化,从发展要素的相对关系而言,城市的稀缺性向乡村的稀缺性转变"。[①]欣赏和参与制作乡村手工艺,对现代工业化快节奏生活的人们具有陶冶情操,充实内心的作用。另一方面,乡村振兴催化,乡村建设对人才需求是多方面的,不仅需要科学技术人才、技术技能人才和乡村治理人才,还需要培育一批担任传统技艺文化传承和创新的乡创工匠人才。乡创工匠是一群有前瞻思想、热爱创新的新潮之人。他们因兴趣聚到一起,共同探究与铸造极致的新生事物;他们用创意为实用品增添艺术性,使得物品本身的机能与生活之美巧妙结合。在这一阶段,乡创工匠相对传统工匠精益求精的精神内核不变,追求外在形式的多变,更加注重创新。例如,潮州陶瓷、榕桥木梳、藁城宫灯、重庆邓家刀等,技术不断更新,工艺全面创新,款式种类层出不穷。总之,乡创工匠是一群有热情、有志趣、有创意的人。乡创工匠是新时代的产物,不是过去的再版或复制,也不是简单的回归,而是取其精华、去其糟粕,并注重现代感和实用性。传统工匠精神是手工业时代的产物,而乡创工匠精神是新时代的产物,不仅要追求精益求精,还要结合时代特点创造新生事物。此阶段乡创工匠蕴含着造就人格的生活之美与修行之美。他们身上有一种引领社会发展的创新之美和追求精致的产品之美。[②]

三、乡创工匠的创新发展阶段

在近代中国,随着工业化的迅猛发展,现代乡创工匠这一群体应运而生,并在这一历史进程中逐渐发展壮大。在这一过程中,乡创工匠的技艺面临着被现代化机械取代的风险,但同时也迎来了新的发展机遇。随着现代学徒制的兴起,乡创工匠的技能传承步入了一个更加开放、多元和创新的时代。现代教育将学校教育与传统学徒培训相结合,既重视传统技艺的保护,也注重创新与发展,以适应现代社会的需求。在经济社会的发展推动下,乡创工匠的技能传承呈现出以下特点。

[①] 徐进,李小云."人才回乡":乡村人才问题的历史叙事与现实遭遇[J].中央民族大学学报(哲学社会科学版),2022(6):155-164.
[②] 蒋小华.咫尺匠心:新工匠是怎样炼成的[M].北京:机械工业出版社,2017.

第一章 乡创工匠之时代价值

首先，更加强调技术和信息的更新。随着科技进步和信息技术的普及，乡创工匠开始利用现代科技手段进行技术更新和传播，通过在线教育、远程指导等方式，与全球的专家学者交流学习，获取最新的技术资讯和研究成果，提升自身技能水平。他们不再局限于传统的手工技艺，而是积极拥抱数字化工具，利用CAD软件进行设计，使用3D打印技术制作样品，甚至通过社交媒体平台展示和销售自己的作品，从而扩大了他们的影响力和市场范围。

其次，更加注重形式的多样化。在现代教育体制的影响下，乡创工匠能够学习并掌握不同类型的艺术形式，不断拓宽自己的专业领域，并提高自身综合实力和竞争力。他们不仅学习传统工艺，还涉猎现代设计理论、市场营销、品牌管理等多方面的知识，使得他们的作品更加多元化，更能满足不同消费者的需求。此外，他们还积极参与国内外的工艺展览和设计比赛，通过这些平台展示自己的才华，与同行交流经验，不断吸收新的设计理念和工艺技术。

最后，注重将文化传统与现代需求相结合。在保持传统文化延续性的基础上，乡创工匠将古老手法与时尚设计理念、市场需求相结合，创造出符合时代潮流且适应当今社会需要的作品。他们深知，传统技艺是民族文化的瑰宝，因此在创新的同时，他们努力保留和传承这些技艺的独特魅力。例如，他们可能会将传统刺绣技艺与现代服装设计相结合，创作出既有民族特色又符合现代审美的服饰；或者将传统陶瓷工艺与现代家居设计相结合，制作出既具有艺术价值又实用的家居用品。通过这种方式，乡创工匠不仅让传统技艺焕发新生，也为现代生活增添更多的文化内涵和艺术气息。

总之，现代乡创工匠在传承和发展传统技艺的过程中，不断适应时代的变化，利用现代科技和教育手段，创新技艺传承方式，拓宽专业领域，将文化传统与现代需求相结合，创造出既具有传统韵味又符合现代审美的作品，为传统文化的传承和发展作出了重要贡献。随着全球化的不断深入和消费者偏好的日益多样化，乡创工匠面临的挑战与机遇也在同步增长。在这样的背景下，他们开始寻求更加国际化的合作与交流，旨在将中国的传统工艺推向世界舞台。一方面，乡创工匠积极参与国际文化交流活动，如参加国际工艺品博览会、设计周等，与来自世界各地的艺术家、设计师进行面对面的交流。这些交流不仅让乡创工匠了解到国际设计趋势和市场需求,还为他们提供了展示自己作品、拓展国际市场的宝贵机会。通过与国外品牌的合作,乡创工匠的作品开始走出国门,被更多国际消费者所认识和喜爱。另一方面,乡创工匠也意识到品牌建设的重要性。他们开始注重品牌形象的塑造和品牌的长期发展规划。通过设计独特的品牌标识、打造品牌故事、提升产品质量和服务水平等方式,乡创工匠逐渐建立起自己的品牌形象,提高了品牌的知名度和美誉度。同时,他们还利用互联网和社交媒体等新兴渠道进行品牌推广和营销,吸引了更多年轻消费者的关注和喜爱。此外,乡创工匠还积极参与社会公益事业,通过技艺传承和文化传播来回馈社会。他们走进学校、社区、乡村,开展公益讲座、技艺培训等活动,向更多的人传授传统技艺和文化知识,激发年轻人对传统文化的兴趣和热爱。通过这些活动,乡创工匠不仅为社会培养了更多的技艺人才,还促进了传统文化的传承和发展。展望未来,随着科技的不断进步和社会的持续发展,乡创工匠的传承与发展将呈现出更加多元化和全球化的趋势。他们将继续秉承创新精神,将传统技艺与现代科技、市场需求相结合,创造出更多符合时代潮流和消费者需求的作品。同时,他们也将积极拥抱国际市场,通过国际交流与合作来推动中国传统文化的传播和发展,为构建人类命运共同体贡献自己的力量。

第二节 乡创工匠的时代之维

乡创工匠作为传统工艺的承载者和创新者,在乡村振兴中扮演着至关重要的角色,也是农业新质生产力的关键变量、农民农村共同富裕的重要帮手,并且在传承和发展特色文旅产业方面具有显著影响力。"从基层角度看,中国社会是乡土性的。"[①] 乡创工匠的传承所代表的不仅是手工技能的代代相传,也延续着中国乡村社会形态中独有的文化符号和情感寄托。从古代手工业时代开始,乡创工匠就扮演着重要角色,在城镇经济发展和区域社会治理过程中发挥着重要的推动作用。

---

① 费孝通. 乡土中国 [M]. 北京:北京大学出版社,2012:9.

第一章 乡创工匠之时代价值
DI-YI ZHANG　XIANGCHANG GONGJIANG ZHI SHIDAI JIAZHI

一、乡创工匠的时代背景

　　工匠精神关乎人类物质文明创造，关乎国家经济发展转型升级，关乎人民美好生活实现，是时代发展的需要。一方面，"大众创业，万众创新"于2015年被首次写入《政府工作报告》，同年国务院印发了《中国制造2025》，这是从国家层面上推进制造强国的战略性文件。其要求在创新驱动的前提下，把质量作为制造强国的生命线，并在此基础上建立科学合理的育人机制，以培养具有工匠精神的高素质劳动者和技能型人才。当前我国产业结构面临着深刻变革，高新技术产业和现代服务业等新兴产业快速发展，同时传统制造业面临着转型升级的局面，具有工匠精神的从业人员能够通过技术创新和工艺改进，提高产品的质量和附加值，推动产业向高端化、智能化、绿色化方向发展。我国虽然已是制造业大国，但与世界先进水平还有一定的差距，迈向制造业强国还有很长的路要走，而这关键在于工匠精神的培育。2016年的《政府工作报告》强调培育精益求精的工匠精神，党的十九大中也提到，要激发和保护企业家精神，鼓励创新创业，弘扬劳模精神和工匠精神，营造精益求精的敬业风气。工匠精神对我国由制造大国向制造强国的转变具有重要意义。另一方面，在党的十九大会议上，党中央首次提出了"实施乡村振兴战略"，这是我国一段时期内指导农村发展的纲领性文件。由此，"乡村振兴"也成为一个国人所关注的重大主题。"工匠精神"与"乡村振兴"的提出，是与中国社会当前发生的重要变化分不开的。中国城市化进程正逐步加快，也因此导致更多的农村人口放弃传统的"靠地吃饭"观念而进入城市。现代工业文明的发展和生活质量的提高，导致原本以手艺为生的人们逐渐放弃传统的生活习惯，接受现代工业文明的洗礼，出现了当今手工艺凋敝的现象。由此探讨，如何依托工匠精神开展吸引劳动力返乡创业的思路，为当前乡村振兴提供一些解决思路。

　　乡创工匠是国家政策的倡导。2016年《政府工作报告》中指出，要培育精益求精的工匠精神，致力于增品种、提品质、创品牌。2022年新修订的《中华人民共和国职业教育法》也将工匠精神、劳模精神和劳动精神的培养放在了重要位置。这一系列关于"工匠精神"的重要讲话和文件政策，反映出重视"工匠精神"培育在决策层已经达成共识，站在了国家发展战略的新高度。培养更多具备"工匠精神"的乡村技术技能人才不仅是外部社会经济发展的需要，更是时代赋予现代教育的新使命，学校应努力承担起应有的责任担当，将"工匠精神"的培养贯穿到教育人才培养的全过程。

乡创工匠是"中国制造2025"背景下制造业转型升级的需要。2015年5月，国务院公布了强化高端制造业的国家战略规划《中国制造2025》，这是将中国建设为制造强国的三个十年战略中第一个十年行动纲领。中国制造业面临着全方位的质量升级，迈向质量时代的号角已经吹响，这是一场品质革命，其中人才培养是实现这一目标的核心。这就要求我国培养更多的高质量的复合应用型人才，以满足市场和企业的需要。各行各业技能型人才的培养离不开职业教育和职业院校，职业教育的重要地位和对经济提质增效的支撑作用日益显现。同时，我国作为世界第一制造大国，当前制造业发展仍"大而不强"，产品附加值低、利润率低、缺乏创新等问题突出。究其根本，职业精神的匮乏、行业工作者缺少"工匠精神"的引领和传承是造成这些问题的重要原因之一，时代亟须"工匠精神"的回归。"工匠精神"作为我国院校目前培养技能技术人才的重要内容，强调专注执着、精益求精、追求极致和勇于创新等方面，对于推动我国由制造大国向制造强国的转变起着不可忽视的作用，所以厚植和弘扬"工匠精神"，为我国培育一批技术技能型乡创工匠人才，是实现我国向制造业强国转变的必然需要。[1]

二、乡创工匠的困境与挑战

我国乡创工匠的培育经过长期的理论和实践探索，产生了大量理论成果和实践经验，也提高了各培育主体服务乡村人才振兴的能力和乡创工匠的人才培养质量。但是，与整体的育人目标相比，目前的乡创工匠培育仍面临诸多困境与挑战。

---

[1] 谯欣怡，覃红羽. 农村职业教育服务乡村振兴的教育逻辑、实践困境与发展对策[J]. 成人教育，2022，42（11）：60-66.

（一）培育主体面临的困境与挑战

1. 乡创工匠人才储备匮乏

回溯历史，费孝通先生曾憧憬"离土不离乡"的生活理想，揭示了古代中国人才流动的独特循环机制。然而，当前我国的城乡人才流动双重循环已显裂痕。国家统计局数据显示，自1995年农村人口峰值8.6亿后，持续下滑至2023年的4.7亿，降幅惊人，达45%。城市化的浪潮加速了对人才的虹吸效应，促使众多优秀乡创工匠涌向城市，而返乡人才却寥寥无几，从而加剧了乡创工匠人才储备的匮乏。

2. 乡创工匠队伍老龄化问题凸显

在青年人口外流与人口老龄化的双重影响下，我国农村老龄化现象愈发严重，乡创工匠队伍亦难逃此趋势，老龄化问题日益显著。据中国科学院2019年发布的《中国传统手工现状调研报告》显示，我国农村超过半数的手艺人已年逾五旬，六成以上的传统手艺人面临传承困境，继承人难觅。传统技艺的特殊性决定了其传承方式多为师徒间的"口传心授"，难以实现标准化与体系化。在青年人口稀少的乡村，部分传统技艺甚至面临失传的危机。

3. 乡创工匠参与培训意愿低迷

作为传统手工艺与乡村文化遗产的守护者，乡创工匠对故土怀有深厚的情感。受小农思想束缚，他们往往思想保守，对新事物接受度不高，缺乏自我提升与自主学习的动力，甚至心存抵触。加之乡村地区培训资源匮乏、就业市场有限，许多乡创工匠难以获得适合自身的培训机会与职业发展路径，进一步削弱了其参与培训的意愿。

（二）培育过程面临的困境与挑战

1. 培训功能定位模糊

面对庞大的乡创工匠群体及其复杂的人员构成，其培育工作常陷入功能定位不明确的困境，且缺乏明确的目标规划。这一问题具体体现在两个方面：一是政策导向的模糊性。在实际培训通知的传达中，乡创工匠培训的政策导向未能清晰区分于其他农民培训，导致工匠们参与培训的积极性不高，难以有效解决他们关心的诸如提升经营水平、获取政策扶持、增加销售收入、助力职称评定等实际问题。二是培训定位的模糊性。乡创工匠培训存在目标导向不清晰、管理方式粗放、授课内容泛化等问题，未能充分考虑到工匠们的个体差异，如学历层次、技能水平等，从而采取同质化的培训课程，忽视了工匠们在不同职业发展阶段对生存能力、发展能力和创新能力的多样化需求。

2. 培训内容与市场需求脱节

多数乡创工匠以个体或小作坊的形式运营，其产品市场化程度较低，品牌价值尚待挖掘。然而，许多培训机构在设定培训内容时，未能充分调研和把握市场需求，导致培训内容与实际市场需求之间存在较大差距。培训内容往往偏重传统技艺和技术的传授，而忽视了现代市场对新型技能和创新设计的迫切需求，如地方性与全球化的融合、传统与现代的再生、数字技术的改造应用，以及传统手工艺品的展示与销售所需的媒介素养和数字技能等。这种脱节使得培训出的工匠缺乏市场营销、品牌建设等方面的能力，难以适应市场的变化和发展需求，进而影响了乡创工匠人才队伍的整体素质和竞争力。

3. 培训师资队伍的短板凸显

当前，乡创工匠的培育师资力量主要依赖于乡村中的传统手艺人。这些工匠虽然在实践经验方面具有丰富的指导能力，但往往缺乏理论化和体系化的教学能力。同时，高校在乡创工匠培育中的参与度不高，未能充分发挥其教育资源优势为社会培训提供师资支持。高校教师的知识体系以理论为主、实践为辅，与学员的实际需求存在一定的脱节。此外，政府在乡创工匠的培育和管理上过于重视认定环节，而忽视了对工匠资源的有效整合和利用，导致符合培训师资需求的非物质文化遗产传承人未能充分转化为师资队伍的人才供给优势。

（三）培育制度面临的困境与挑战

1. 政策设计契合度有待提升

科学且规范的政策设计，对于推动乡村创新工匠的培育而言，是至关重要的

第一章 乡创工匠之时代价值

前提与坚实保障。① 然而，在乡村创新工匠培育的广阔领域里，政策制定的主体纷繁复杂，涵盖了农业农村部、省级农业农村部门以及地方政府等多个层级和机构，这导致了政策制定过程中缺乏统一的指导机构和高效的协调机制。不同政策执行主体间的利益诉求各异，认知差异显著，从而使得政策设计难以精准捕捉实际需求，缺乏必要的整体性和一致性。在实际操作中，政策执行主体往往会基于自身利益考量，采取选择性或变通性执行策略，这进一步加剧了相同政策在不同区域间的执行偏差。

2. 政策帮扶的精准性亟待加强

精准施策是推动乡村创新工匠培育工作高效开展的关键所在。然而，当前的政策设计在支持乡村创新工匠培养方面，却面临着中央与地方政策内容不够具体、实施细则模糊不清的困境。这种缺乏针对性和实用性的政策设计，难以有效应对乡村创新工匠在技能提升、市场拓展、生产条件改善等方面所面临的种种挑战。

3. 政策落地的执行力亟须强化

要实现乡村创新工匠培育的科学规范政策设计，不仅需要各部门间紧密协作、明确职责分工，以提高政策的精准度和实用性，更需要建立健全的政策执行机制，确保政策能够真正落地见效。然而，当前政策执行力度不足的问题依然突出，缺乏有效的监督和评估机制来保障政策的顺利实施。这不仅导致政策效果大打折扣，也使得乡村创新工匠培育工作难以取得实质性进展。此外，政策执行过程中还存在资源分配不均、政策宣传不到位、政策解读不准确等问题，这些问题进一步削弱了政策的执行力度和效果。

三、乡创工匠的现状与态势

在乡土社会传统工匠世代沿袭，"奇技淫巧"只可内传从不外露，这种技术传承方式既使得工匠从一而终，也为各行各业创造了自身的"独门绝活"。② 然

---

① 林克松,曾亭.农村现代化视角下乡村工匠培育的可为、难为与应为[J].职业技术教育,2023,44（06）：38-43.
② 关晶.西方学徒制的历史演变及思考[J].华东师范大学学报（教育科学版）,2010（1）.

而，科学技术革命的到来，揭开了传统工匠所持有的隐晦知识，让技术本身不再成为一种只可意会不可言传的秘方，从根本上催发了工匠的技术转型。有学者认为传统工匠的技术转型有两个阶段：近代前期传统工匠的经验型技术向理论型技术的转化，表现为一种"生产——技术——科学"的序列，到了近代中期开始出现"科学——技术——生产"的序列。①显然，后者是一种科学技术化的过程，从科学到生产的序列是科学技术革命以后主要的技术方式，而技术形态转型所产生的最大影响是生产效率的提升。对依靠手工劳作的传统工匠而言，在技术科学化阶段可能还有一定的优势，但在科学技术化的进程中已处于劣势地位。②总之，随着乡村振兴战略的实施，我国农村社会需要大量具有技艺精湛以及艺术品位高的乡创工匠，以此推进美丽乡村建设。

（一）乡创工匠的需求量持续增长

根据农业农村部的最新统计数据显示，我国当前拥有超过60万个行政村及接近270万个自然村落。若按照每个行政村至少需要10名乡创工匠的估算标准，我国农村工匠的人才缺口已经高达600万。若将这一需求细化至每一个自然村落，其需求量更是难以估量。目前，农村工匠的紧缺领域主要集中在器物制造、建筑建造、建筑设计，以及传统物质文化遗产的传承等关键方面，这些领域正迫切呼唤着乡村文化和艺术的创造性劳动与技术技艺的有效传承。在致力于培养大量乡创工匠的进程中，我们不仅要依靠传统的师徒传承模式，还应当充分发挥高职院校，特别是涉农高职院校的学科、专业及技术优势，积极推动乡创工匠人才的全面培育与持续发展。

（二）乡创工匠的类型日渐多样化

乡创工匠的类型是个时代概念，随着时代的变化而变化。当前我国乡创工匠的类型主要有以下两种：家庭本位主导下的生活导向型乡创工匠和自我实现推动下的兴趣导向型乡创工匠。生活导向型乡创工匠是以家庭生活体验为动力实践的

---

① 余同元.传统工匠现代转型及其历史意义[J].鲁东大学学报（哲学社会科学版），2020（5）.
② P. Mansa, T. Ramanathan. Migration in Professions by Craftsmen: A Review on the Reasons for Artisans Migration in Bangalore Rural District [J]. Shanlax International Journal of Economics, 2017, 6 (1).

返乡创业行为。在追求货币收入最大化表征之下，乡创工匠的真实意义在于实现以"家庭本位"为中心的"过好日子"，生活导向型乡创工匠凸显的是其对包括家庭生活完整性、居住空间舒适性、社会交往可得性、自我认同归一性等在内的整体性生活体验的追求。兴趣导向型乡创工匠是青年将个人兴趣与个人未来发展规划相结合，通过返乡创业实践个人兴趣实现自我价值的过程。尤其是个人资源禀赋高、家庭资源丰富的工匠，他们具有更强的能动性将自己的兴趣发展成为从事的职业。这部分工匠往往缺乏村庄生活经验，乡村生活的集体记忆对其而言更多是一种前现实场域，由其父辈言语相传或通过仪式性传承获得，并潜移默化地影响其职业选择。当他们难以从城市稳定的工作和生活中获得价值感和个人成就感时，回乡创业成为一种新的冒险和自我实现方式。个体兴趣、能力积累和家庭支持是工匠返乡创业的重要支持。

（三）乡创工匠的综合素质要求在不断提高

整体而言，当代乡创工匠的综合素养涵盖以下四个核心方面：第一，乡创工匠应怀揣深厚的乡土情怀。他们不仅要对自身的技艺、手艺及事业充满热爱，更需扎根农村、基层，致力于乡土文化的传承与创新。同时，他们需树立服务乡村、造福大众的理念，并具备良好的人际交往能力。第二，科技文化素质是乡创工匠不可或缺的一部分。他们需对科技与文化保持高度敏感，接受过良好的教育，能够敏锐地捕捉新时代的技术与文化动态，如信息技术等。更重要的是，他们应具备将现代科技融入传统技艺的能力，以推动乡村工艺的创新与发展。第三，乡创工匠还须具备深厚的乡村文化意识修养。与标准化生产的产业工人不同，乡创工匠的工作更具个性化与特殊性，他们需根据地域特色，运用自身的创造力与创新力，打造出独具特色的产品与技艺。因此，敏锐的乡村文化意识，以及对乡村文化与艺术发展趋势的准确把握，对于乡创工匠而言至关重要。第四，工匠精神是乡创工匠的灵魂所在。他们不仅在技术技艺上追求极致的完美与精进，更需保持专注与专一，勇于探索与创新。这种精神不仅体现在对技艺的磨炼上，更渗透于他们对乡村、对文化的深厚情感之中。

（四）乡创工匠的技艺传承日渐职业化

乡创工匠，作为乡土文化的忠实传承者与古老技艺的坚定承载者，其角色在时代洪流中日益凸显其职业化特色，这对于乡村工艺的持续繁荣与传承具有不可估量的现实价值。具体而言，体现在以下几个方面：首先，传统的师徒制培养模式已难以满足现代社会的快速发展需求，亟须转向以高职院校为依托的职业化教育体系。随着乡村建设对乡创工匠的需求量与需求类型不断攀升，对其综合素质的要求也日益提升。因此，过去的师傅带徒弟的单一培养方式已难以适应社会的多元化需求，推动乡创工匠的职业化培养成为大势所趋。其次，随着社会分工的日益细化，乡创工匠的类型呈现出多样化趋势，尤其是那些适应农村新业态的工匠群体迅速崛起。他们与传统的技艺传承有所不同，更多的是社会技术与农业产业结构转型的产物。因此，对于这部分工匠的培养，职业化道路显得尤为重要，如农村电商人才的培育便是一个典型例证。最后，随着信息技术、机械技术的飞速进步，美丽乡村建设对乡创工匠在生产、制造等方面的效率要求也在不断提升。为了提升工作效率及手艺传承的速度，机械化、信息化手段将不可避免地渗透到乡创工匠的技艺传承过程中。而在此过程中，职业化培养将发挥关键作用，助力乡创工匠更好地掌握现代技术，提升整体竞争力。综上所述，乡创工匠的职业化特色不仅是时代发展的必然产物，更是推动乡村工艺传承与发展的重要力量。

第三节　乡创工匠的未来之向

工匠精神是中华民族的禀赋，代表着对职业的认同、对技艺的执着、对质量的追求。在这个提倡用技艺表达自我，以诚挚态度致敬时代的社会，党和国家高度重视技艺技能、培养大国工匠，这是工匠精神在新时代焕发生机活力的机遇。作为人类参与社会实践活动的基本特征，工匠精神倡导精益求精、追求卓越的劳动态度。在新时代背景下，培育乡创工匠，对于个人成长、国家发展和民族复兴都具有极其重要的意义和价值。

一、乡创工匠的文化价值

文化关乎国之本、国之运。强调精益求精、德艺兼修、敬业乐业的中国传统工匠精神作为中华优秀传统文化的宝贵财富，其在各个时期的能工巧匠中得到传承和发展。新时代倡导文化自信，推动文化创造性转化与创新性发展，传统工匠精神也面临着传承与发展的重要机遇。教育是中华优秀传统文化传承的关键途径，对工匠精神的继承与弘扬具有重要作用。加强乡创工匠培育，不仅有助于发挥工匠精神的隐性育人功能，提升返乡农民职业素养，而且有助于实现对工匠精神的教育传承。

（一）乡创工匠是中国传统技艺的守护者

乡村文化振兴是全面实施乡村振兴战略的重要内容和有效途径。中国传统技艺作为中国文明和文化传承的重要组成部分承载着丰富的文化内涵和历史积淀。耕读文明不仅是中华民族最为重要的历史传承，同时也是中国软实力的重要表征。我国传统技艺的资源保有量异常丰富，不仅具有文化表征意义，如非文字形式的伦理、风俗，以及工具、器物等，而且凸显了人作为劳动者在实践维度上的不可替代性。这些技艺作为特定的文化技艺符号经过持续的传承和积淀，在我国民族与民族、民族与社会，以及人与人之间构筑起了文化价值认同和文化身份认同，从而与其他物质和非物质文化共同构建中国历史文明，成为赓续在中华民族血脉深处的文化元素被传承、扬弃，并最终与我们民族浑然为一体。中国传统技艺流传至今涉及诸多门类，如传统建筑、刺绣印染、编织扎制、雕刻彩绘等等都属于中国传统技艺的范畴。因此，乡创工匠与中国传统技艺紧密相连是中国传统技艺的传承者和守护者。

（二）乡创工匠是传承乡土文化的活载体

乡创工匠是乡土文化、农村民俗的主要传承者之一。从乡村设计、乡村建筑建设，到日用手工器物制造，再到乡村手工艺文化传承，美丽乡村建设都离不开乡创工匠的贡献。因此，传统工艺振兴需要乡创工匠充当载体来展现内涵。肩负乡村技艺传承、需转型升级的年长技能型工匠正是传承乡土文化、传统手工艺的最佳人选之一。这些年长技能型工匠的职业付出，能对传统手工艺实现活态传承，有助于更好地培育具有地方特色的乡土文化。培育乡创工匠，传承非物质文化遗产等技艺，充分展现传统工艺振兴下的乡土文化内涵，让农村乡愁"看得见、摸得着"，这将更好地助推美丽乡村乡风文明的实现。

二、乡创工匠的经济价值

2023年1月，中共中央、国务院印发的《关于做好二〇二三年全面推进乡村振兴重点工作的意见》标志着我国乡村振兴建设进入新的历史阶段，强调扎实开展建设宜居宜业和美乡村的工作。从建设"美丽乡村"升级到建设"和美乡村"意味着对乡村振兴建设的要求更高、更全面。"宜居宜业和美乡村"从字面理解即乡村环境宜人、村容整洁、生活便利、产业兴旺、就业创业空间广阔、农民生活和谐幸福。乡创工匠作为长期生活在乡村的人士，深谙乡土文化，拥有一技之长并愿意服务乡村的重要技术技艺传承人，理应成为和美乡村建设的带动者和主导者。一方面，"宜居乡村"建设离不开乡创工匠的参与。无论是乡村的基础设施建设与维修，还是乡村居民的家电维修、房屋防水等，都需要大批的电工、水暖工、木工、泥瓦匠、石匠等各种类型的乡创工匠。另一方面，"宜业乡村"建设离不开乡创工匠的主导作用。乡创工匠是技艺精湛、代表乡土工艺高水平、在业内有较大影响，能够带动乡土文化产业发展和农民增收致富的"领头雁"。因此，乡创工匠天生具备的特质和后天培养的个人才能使其在乡村脱贫攻坚、产业发展和农民增收等关键问题上发挥领导者和引领者的作用。

（一）乡创工匠是实施乡村人才振兴战略的必然选择

实施乡村振兴战略，首先要解决人才瓶颈问题。当前农村产业的发展需要比以往更多的科技要素，新时代的从业者需要牢牢掌握科学知识，不断钻研新工艺和新技术。科技与专业知识是农业人才发展的动力源泉，它们为新农村建设和乡村振兴战略目标的实现提供了多样化农业人才的可能性。只有具备了工匠精神这一职业发展的"助推器",新型创业农民才能够树立扎根农村、服务农村的奋斗理想,最终成长为促进农业发展、实现农村产业振兴的工匠人才和模范代表。

(二)乡创工匠是实现农村供给侧结构性改革的必然要求

党的十八大以来,党中央始终坚持把解决好"三农"问题当作重要的工作来抓,旨在推动农业农村深化改革。推进农业供给侧结构性改革,保证农产品质量,提高农业生产效率,应当建立在工匠精神培育的基础之上。农村产业日新月异的发展离不开农产品供需的有效对接。在农业规模化和机械化生产的大力推动下,农产品已经进入深加工阶段,优质农产品不断涌现,人们先前对农产品提出的要求已经基本得到满足。当前迫切需要解决的问题是农业供给侧结构性改革。推动这一改革的关键是心系农村、心系农民的新型创业农民。在工匠精神的引领下,新型农民才会真正敬畏土地,以精雕细琢的态度提供至善至美的农产品和相关服务。

(三)乡创工匠是推进农业农村现代化的现实需求

"三农"问题能否成功解决,是关乎我国现代化建设成败的重要问题,中国式现代化离不开农业农村农民的现代化。而农业农村农民现代化的关键在于"人"的现代化。农业发展始终面临着自然风险、市场风险,要解决这些问题,越来越需要那些掌握了科技和专业知识的人才。农业逐渐成为科技和知识密集型产业。因此,这就需要农业工作者不断提高自身的科技和知识水平,提高自身在农业方面的专业化水平。新农民所秉持的工匠精神,对于推动农业技术的现代化和农产品的升级换代具有重要意义。

三、乡创工匠的教育价值

工匠精神是古代工匠群体所展现的追求完美、精益求精的造物境界,且经过几千年的历史沉淀,工匠精神的文化根基更为深厚,工匠特色更加鲜明,大国风范更加彰显。工匠精神不仅是一种精神境界和价值取向,也是工匠在长期职业实践过程中磨砺出的卓越品质。当前将工匠精神视作一种深植于职业领域的品质特质，显著地缩减了其与普通群众之间的心理距离。工匠精神不再是一种仅属于特定人群的特质，而是成为每个人都可以在社会实践生活中去积极追求和努力养成的宝贵品质。此外，作为职业品质的工匠精神，也象征着社会对这一精神内涵的深刻认知与高度尊重，不再把工匠精神束之高阁，而是赋予其更广泛的社会意义与实践价值。在我国加快向制造强国与工程强国迈进的宏观背景下，工匠精神更是被置于时代前沿，得到广泛宣传与推广。乡创工匠精神作为一种宝贵品质，其教育价值主要体现在以下三个方面。

（一）乡创工匠为农村个人成长发展引入新血液

作为中华优秀传统文化的重要组成部分，乡创工匠所蕴含的执着专注、精益求精等品质，代表着一种积极向上的精神风貌和价值追求。尤其是当今社会充斥着一种浮躁的气息，乡创工匠精神更显得难能可贵。一方面，通过践行工匠精神，从业人员会致力于技术的提升与完善，并逐渐增强自身的职业责任感，以更加认真负责的态度对待每一项工作任务，这有助于从业人员在专业领域实现自我突破，进而成长为行业的佼佼者。另一方面，通过践行工匠精神，从业人员在出色完成工作的同时，能够获得同行业人员的认可，为社会发展贡献力量，这种在工作中收获的满足感和成就感也会成为其继续前进的动力源泉。

（二）乡创工匠为农村文旅产业融合注入新元素

培育乡创工匠可以更好地挖掘、创新传统手工技艺，有助于推动传统手工艺品牌化发展、丰富乡村旅游的人文内涵。将传统工艺、非物质文化遗产、乡村旅游三者有机融合，往往离不开乡创工匠、非遗传承人这类技术纽带的参与。例如，对罗马尼亚两个乡村的实证研究，表明了其传统工艺和民间艺术对区域经济发展具有肯定性促进作用，这凸显了该国乡村手工艺工匠的职业价值以及对乡村经济发展的贡献。新增并参与乡村产业融合发展的年轻技术型工匠正是农业与文旅产业融合中创新的人力源泉之一。不同区域的乡创工匠具有不同的技术特色、不同的技艺文化，可以开发各具特色的文化旅游、乡村旅游手工艺品。他们不仅传承了传统手工技艺，也为当地旅游注入了特色文化元素，诠释了农业、旅游、文化产业融合的内涵。因此，培育乡创工匠可助推地方全域旅游，开发农村文旅融合系列产品、休闲创意农业产品等，增强乡村旅游的地方特色。

（三）乡创工匠为弘扬劳动精神增添新动力

乡创工匠吃苦耐劳、精雕细琢，追求职业道德与技艺技能的德能并蓄，他们是广大农村地区发扬工匠精神、宣传爱岗敬业劳动价值观的"活广告"。乡创工匠"人力投资"的一个重点应落在对其工匠精神、工匠文化培育的宣传上，还有其传承的技艺文化内涵、职业精神教育意义的挖掘，而不只是技能的提升。中共中央、国务院印发《关于全面加强新时代大中小学劳动教育的意见》提出要广泛开展劳动教育实践活动，其中工匠精神是劳动教育主要内容之一。培育新时期乡创工匠，有利于准确把握乡村劳动教育价值取向，有利于引导工匠学徒、职业院校学生等树立正确的劳动价值观，崇尚工匠精神。宣传农村专业人才的工匠精神，也有利于引导农村学生热爱农村、热爱家乡。在培育乡创工匠的过程中，在校学生、学徒与优秀的乡土工匠人才一起经历劳动过程，可以更好地培育精益求精的工匠精神和爱岗敬业的劳动态度。

本章小结

本章从乡创工匠的历史之径、时代之维以及未来之向三大模块探寻了乡创工匠的时代价值。以史为鉴，我们可以发现乡创工匠的传承演变与时代发展具有高度统一性和内在关联性，乡创工匠历经理论探索、技艺传承和创新发展阶段等阶段。当前新一轮科技革命推动的科技要素变革和迭代，将深刻改变人类社会的生产活动。新材料、新能源、数据资源等作为关键劳动对象进入生产过程，特别是数据已经成为数字经济时代的关键生产要素，从底层改变了传统生产力发展的基本逻辑，将充分赋能生产活动的全流程环节。当前正是需要大国工匠的时代，也是大国工匠可以充分展现自我，用自身所拥有的技艺服务于国、惠泽于民的时代。目前我国在乡创工匠人才培养工作中已经取得长足进展，但在培育主体、培育过程和培育制度等方面仍存在困境与挑战。因此，加强乡创工匠培育有利于回应时代进步对乡村振兴人才的需要，同时，在"强国复兴"的使命感召下，乡创工匠能在未来职业生涯当中实现一项项工艺革新、完成一系列技术攻坚，达成技能报国的理想目标。

案例分享

贵州省黔东南苗族侗族自治州雷山县西江镇麻料银匠村如今已成为远近闻名的"银饰村"。麻料村并不大，全村168户人家。有90%的人家参与从事银饰产业，这个村子培养了800多名银匠，可以说是名副其实的银匠村。

随着时间的推移，麻料村匠人已在凯里、雷山县城和西江甚至贵阳、北京等地开设门面，制作销售大量的银饰工艺产品。由于人们对少数民族文化的日益关注，银饰这种独特、精致的手工艺品便愈发受到了大众追捧。近年来，随着旅游业的发展，在麻料这个"小锤敲过一千年"的苗族村寨里，银饰加工已然成为当地苗家人传承民族文化和发家致富的本领。据了解，银饰加工如今已成为麻料村的主导产业，产品主要有大银角、银壶、银杯、银帽、银手镯、银项圈、银衣片、银腰带、银戒指、银耳环、银项链、银碗、银勺等，种类繁多，应有尽有。这里的银器，大多选用纯银制作，工艺相当精美。无论是大到1米长的大银角，还是小到毛豆大的银耳环，无不栩栩如生。产品的价格根据用料、大小及工艺难度，大概在三四十元至上万元不等。光售卖银饰这一项，全村每年收入就达到3000多万元，年收入上百万元的有13家，年收入在50万元以上的也有21家。麻料村的年轻银匠秉承着传承文化的信念，在做银器特别是银首饰物品时，都是虔诚地用心去做，因为这是他们千年来赖以谋生的手艺，也是祖祖辈辈用双手"打造"出来的名声，不能砸在自己的手里。因银而兴，"银"手艺打造出了麻料人增收致富的"金饭碗"。

第二章 乡创工匠之理论构建

DI-ER ZHANG XIANGCHUANG GONGJIANG ZHI LILUN GOUJIAN

实现农业农村现代化的关键，在于促进农民的全面发展。党的二十大报告提出，"全面推进乡村振兴、建设宜居宜业和美乡村"。壮大乡村人才队伍，让人才的内生动力转化为推动乡村振兴的活力，是促进乡村振兴的关键策略。自2016年首次提出"工匠精神"后，工匠精神连续四年被写入政府工作报告。2021年，"弘扬工匠精神，以精工细作提升中国制造品质"被写入政府工作报告。弘扬和培育新时代工匠精神已经成为中华民族的价值诉求。乡村人才队伍的壮大，离不开工匠精神的价值引领。随着全球化、数字化和技术创新的不断深入，传统乡村人才已难以全面适应当前的社会实践，有效探索符合当前社会发展的乡创工匠理论建构显得尤为重要。乡创工匠强调在复杂多变的环境中，创业者如何通过工匠思维、跨界合作和资源整合，实现价值的最大化创造。这一理论不仅为农民提供了全新的思维框架和行动指南，帮助他们在市场竞争中寻找新的增长点和发展路径，而且丰富了创业研究的理论体系，推动了创业学科的创新和发展。未来，乡创工匠的理论建构将继续演进，不仅与其他领域理论相结合，推动创业活动在更广泛的社会和经济背景下发挥更大作用，而且关注其在不同文化和经济背景下的适应性和差异性，实现更广泛的应用和推广。乡创工匠的理论建构将为创业实践提供坚实的理论支撑，为经济发展和社会进步贡献更大的力量。就本文而言，按照理论建构研究的一般规律，我们主要从内涵特征、基础理论和文献回顾等若干方面来阐释乡创工匠的理论范畴，进而实现理论启迪和全文统摄的多重意涵。

第一节 内涵特征

从古至今,工匠精神的内涵不断被丰富和发展。本节首先对"工匠"这一概念进行明确的界定,以便更好地理解其在不同历史时期和社会背景下的角色和意义。接着深入探讨"工匠精神"的内涵,分析其核心要素和价值取向,从而提炼出乡创工匠的内涵特征,揭示其在现代社会中的独特地位和作用。

一、工匠精神

(一) 工匠

"工匠"二字并不是从一开始就是固定的词汇,而是单独使用的。《说文解字》记载有:"'工',巧饰也,象人有规矩也。"[①] 段玉裁注:"引申之凡善其事曰工。"[②]《论语·卫灵公》中也有相关内容:"工欲善其事,必先利其器。"[③] 因此"工"在中国古代指的是从事手工劳动的人,他们有自己擅长的技艺。段玉裁在《说文解字》注有:"匠,木工之称,引申为凡工之称也。"[④] 即匠最开始专指木工,可以引申为用工具做工的劳动者。《韩非子·定法》称:"夫匠者,手巧也。"[⑤]《辞海》中直接将"工"解释为"匠也",将"工"与"匠"的基本内涵画上了等号,此后"工匠"成为拥有某种技艺的手工业劳动者的统称。"工""匠"二字都有手工劳动者的含义,将二字合并使用,"工匠"一词指一切有技艺的劳动者。"手艺人"是古代工匠的俗称,他们能非常熟练地掌握一门技艺,也以此为谋生的手段,如木匠、瓦匠、钟表匠等。我们熟知的木匠鲁班,就是我国古代

---

① 许慎.说文解字[M].徐铉校订.北京:中华书局,2013:95.
② 段玉裁.说文解字注[M].上海:上海古籍出版社,1988:201.
③ 杨伯峻.论语译注[M].北京:中华书局,2006:195.
④ 段玉裁.说文解字注[M].上海:上海古籍出版社,1988:635.
⑤ 韩非子[M].高华平,王齐洲,张三夕译注.北京:中华书局,2015:625.

著名的工匠，不仅擅长木工，更创造了大量劳动工具，可谓匠心独运。现代社会，在一线生产行业工作，能拥有一种专业技术，这样的工作者也可被称为"工匠"。[1]由此可见，从古至今"工匠"的含义随时代和社会的发展有所变化，从手工生产者扩展为专业技术人员，但其核心内涵基本一致，都认为工匠指从事技术工作的劳动者。

（二）工匠精神

工匠指从事技术工作或依靠自身技能提供服务的人，工匠精神则是工匠这一群体在进行技术劳动过程中表现出来的意志品质。如邹其昌所说："工匠精神首先是一种工匠本位的精神，而不是其他的精神。"[2]换言之，工匠精神内在于工匠领域之中，是工匠的所思所想，是工匠的精神世界体现。

第一，工匠精神的发展历程。当人类社会的发展历程从农业时代、工业时代到信息化时代，对工匠精神具体内涵的理解也在丰富和深化，具有鲜明时代性。中国传统的"工匠精神"源远流长，具有丰富的文化和历史内涵，最早可追溯至旧石器时期。在这一阶段，人类开始产生语言并尝试改变环境，通过采集果实和狩猎动物为生，但在对抗猛兽时赤手空拳很容易受伤甚至死亡，于是人们采用"打制法"发明制造了各种石器、骨器。虽然受自然条件的限制，技术落后，制作的工具也较为简单粗糙，但经过切磋琢磨而成，为当时的人们捕获猎物、采集食物提供了有利条件，具有划时代的意义。工匠精神最初的萌芽便孕育于这些工具的制作和使用中。直到夏商时期，骨器、石器和陶器技术已十分发达，青铜器开始出现，人类从石器时代进入青铜时代，后于春秋战国之交进入铁器时代。铁器开始投入各生产领域后，生产力得到了巨大提升，尤其是铁制农具的使用使农业生产规模不断扩大。随着剩余产品的增多，人们对生活必需品的需求增加，手工业逐渐脱离农业，专门从事手工业的生产者开始出现，也就是我们如今提到的工匠。最早的手工业专著中也指出："国有六职，百工与居一焉。"描绘出社会分工已日趋细化，手工艺人成为一种固定的职业。中国古代工匠精神的发展和传承

---

[1] 栗洪武，赵艳. 论大国工匠精神[J]. 陕西师范大学学报（哲学社会科学版），2017（1）：158

[2] 邹其昌. 工匠文化与人类文明[J]. 上海文化，2018（10）.

与手工业密切相连，"传统手工业是培养工匠的摇篮，是工匠精神得以形成的基石，更是民族文化传承的孵化器。"① 在古代，手工业者为了在激烈的行业竞争中谋生，良好的技能水平是必备条件，他们不断精进自己的技能，积累经验，练就"独门绝技"，打磨出更精良的产品，以便在自身所处的行业中获得竞争的主动权。当时的这种社会氛围和就业环境造就了大批能工巧匠，留下了诸多流传千古的经典作品。在手工业鼎盛时期，工匠种类越来越多，分工细化，工艺步骤也逐渐规范，工匠精神的内涵变得愈加丰富且深刻。

18世纪60年代，工业革命之后，作坊式的产业模式在竞争中处于劣势，大规模机械化的机器生产开始出现，逐渐渗透到众多生产领域，生产方式发生了天翻地覆的变化。批量化生产在满足人类需求的同时，也导致了职业道德精神的悄然变化，具有职业信仰和奉献精神的传统手工业受到现代科技的巨大冲击，这一时期的工匠和"工匠精神"开始被边缘化并走向衰弱。当时的中国还遭受着列强侵略，鸦片战争也带来了诸多负面影响，依旧以农业和手工业为主的中国在西方列强的强制驱动下被迫向机器制造社会转变。对于工匠来说，他们立足的领域受到了侵犯，为了谋生，他们被动地进入工厂，个性、自由的创造被僵硬的机器制作所取代，他们不再需要对完整的产品负责，曾经精益求精的手工业者成了工厂流水线上不停地重复某一生产过程的工人，工匠精神失去了发展和传承的土壤，积累了数千年的工匠技艺被颠覆。因此，随着全球工业化浪潮席卷而来，我们目睹了工业化发展到何处，何处的传统手工行业便逐渐消亡的现象。尽管机器生产代替手工制作显著提升了生产效率，但这些产品终究缺乏一些技能的沉淀和提炼，同时对"工匠精神"的忽视也在很大程度上阻碍社会的发展和进步。在机器生产的产能保持稳定后，规模化、大批量的生产方式使供给出现过剩的现象，进而导致了激烈的市场竞争，产品的质量成为影响企业竞争力的关键因素。当今世界处于百年未有之大变局，国际形势复杂，不稳定性因素明显增加，新一轮的产业变革也在深入影响世界发展进程。制造业想要抢占产业链竞争制高点，实现高质量发展，保证产品的质优价廉是关键，于是追求精益求精、执着专注、勇于创新的职业理念重回大众视野，工匠的社会地位不断提高，伴随着这些趋势的共同

---

① 张迪.中国的工匠精神及其历史演变[J].思想教育研究，2016（10）：45-48.

第二章 乡创工匠之理论构建

作用，工匠精神得到了前所未有的重视，并得以实现复兴。从原始时代、农业时代到工业时代再到飞速发展的今天，工匠精神经历了漫长的发展历程，有着深厚的历史积淀，其演变过程有过辉煌亦有过暗淡，但都不曾消逝，具有与时俱进的特点。一般从技能和思想两个层面来阐释工匠精神的内涵。技能层面通常包括技艺精湛、学以致用、知行合一和较强的学习能力、实践操作能力等。思想层面通常包括精益求精、臻于至善、勇于创新、爱岗敬业以及合作共进等精神。只有德艺兼修，掌握所需的技能，并内化"工匠精神"的特有思想，才能真正具备"工匠精神"。

第二，执着专注、精益求精、一丝不苟、追求卓越，这几个词高度概括了工匠精神的内涵。其中，"执着专注"是工匠精神的精神态度层面，表现为工匠在工作中全身心投入，矢志不渝地追求技艺技能的提升。这种精神状态使其能持之以恒地钻研技艺，不断挑战自我、突破极限。通过专注和坚持，工匠能够熟能生巧、巧而生精，最终铸成精品、终成大器。"精益求精"是工匠精神在品质追求方面的体现。工匠秉持着"没有最好，只有更好"的信念，对工作始终保持高标准、严要求。这种追求完美的态度使得工匠能够将心血与智慧倾注到产品当中，赋予产品灵动的气质与永恒的生命力。"一丝不苟"是工匠精神在自我要求方面的展现，它要求工匠在工作中严谨认真，追求细节完美。这种高度的事业心和责任感既是工匠对自身的严格要求，也是对职业的敬重和热爱。"追求卓越"是工匠精神的理想目标，其激发着工匠勇往直前的进取精神与创新勇气，工匠不仅致力于工作中的完美呈现，更以开拓创新为动力，寻求技艺的突破与超越。可见，"执着专注、精益求精、一丝不苟、追求卓越"从不同维度对工匠精神具体化，有利于推进对工匠精神的把握和理解。

第三，学界对于工匠精神概念的界定。综合现有的研究成果，学者们主要从精神、伦理、态度、价值观等维度对工匠精神进行概念界定。一是精神维度，蒋华林等学者认为工匠精神是一种精益求精、追求卓越、勇于创新的精神品格。[1]赵居礼等学者指出工匠精神是一种对产品精雕细琢、精益求精，追求完美和极致

---

[1] 蒋华林,邓绪琳.工匠精神:高等工程教育面向先进制造培养人才的关键[J].重庆大学学报(社会科学版),2019(4).

的精神理念。[①] 从定义上看，这些学者都把"精益求精"作为工匠精神的重要体现。二是伦理维度，张培培学者主张工匠精神是一种深深根植于工匠内心的职业伦理，体现为对职业的热爱与专注，以及对专业领域的持续深耕与不懈探索。[②] 李皓等学者则指出工匠精神是一种独特的价值现象，不仅是劳动者在职业行为中的高尚美德，也是劳动者群体共同遵循的一种劳动伦理规范。[③] 三是态度维度，齐善鸿学者对工匠精神的解释赋予了更广泛的意义，将其视为一种生活态度，强调创造、创新、开放以及不断学习、提升和完善的重要性。这种生活态度体现了人们对于生活质量的追求，以及对于个人成长和发展的不懈努力。[④] 席卫权学者主张工匠精神是一种工作态度，强调脚踏实地、注重品质、追求至善。[⑤] 四是价值观维度，王景会等学者强调工匠精神在劳动实践过程中的形成和发展，并将其视为一种包含行为、信仰与理想的价值观念综合体。[⑥] 高中华等学者则认为工匠精神本质上是一种特定的工作价值观。[⑦]

综上所述，执着专注、精益求精、一丝不苟、追求卓越，这正是众多优秀工匠所展现的珍贵品质。此外，学界关于工匠精神的界定展现出多维且丰富的特性。不同学者从不同理论框架或实践背景出发，对工匠精神进行多样化的解读和阐述。然而，大部分学者已经意识到工匠精神已经突破了"工"的限制，成为劳动者素质的重要组成部分，是劳动者对既有技术的持续改进与优化、对产品质量的精益求精、追求更完美的精神理念。

二、乡创工匠

通过以上对工匠精神内涵的梳理，下面将进一步分析和界定了乡创工匠的内

---

① 赵居礼,贺建锋,李磊,等.航空工匠精神培育体系的探索与实践[J].中国高等教育,2019(2).
② 张培培.互联网时代工匠精神回归的内在逻辑[J].浙江社会科学,2017(1).
③ 李皓,向玉乔.工匠精神：劳动实践的内在逻辑和价值引领[J].思想政治教育研究,2018(5).
④ 齐善鸿.创新的时代呼唤"工匠精神"[J].道德与文明,2016(5).
⑤ 席卫权.现代教学中"工匠精神"的挖掘与培养：以美术课程为例[J].中国教育学刊,2017(8).
⑥ 王景会,潘天波.工匠精神的人文本质及其价值：时空社会学的视角[J].新疆社会科学,2020(1).
⑦ 高中华,赵晨,付悦.工匠精神的概念、边界及研究展望[J].经济管理,2020(6).

涵特征，以便展开对乡创工匠的培育现状调查。作为乡村振兴一线的技能人才，乡创工匠的培育应当兼顾技艺、心性和品德，故将构成要素分为三大维度：匠术、匠心和匠德。匠术是匠心和匠德养成的基础，匠心是匠术和匠德的持续动力，匠德是匠术和匠心最终追求，三者相辅相成，形成一个有机的整体。

（一）匠术：技艺精湛、知行合一，是乡创工匠之基

工匠精神，匠术为基。所谓"匠术"，是指工匠的技术、技艺、专业能力和经验，这是工匠赖以生存的基础，也是当前社会应用型技能人才应具备的基本能力。技术技能型人才通过积累和熟练运用丰富的专业知识，提升实践能力，最终在自己所属的生产领域磨炼出精湛的技艺本领，为精益求精地实现目标提供技术支持，也为匠德的内化打下基础，构成要素主要包括技艺精湛和知行合一。

1. 技艺精湛

工匠最基本的标签是在技术和工艺方面的卓越能力和造诣，拥有精湛的技艺或独门绝技也是"工匠精神"的外在体现。千百年来，能工巧匠们最显著的共同品质，是他们对自己的产品精雕细琢时高度自信和冷静从容的态度，这与他们对技艺的不断精进、潜心钻研密切相关。只是拥有精湛的技艺并不代表具备了工匠精神，若没有扎实的技能功底作支撑，匠心和匠魂就像空中楼阁，工匠的理想和追求也难成现实。在技艺达到更高的水平后，行云流水的技能不再是一项机械式劳动，对自己的"技"游刃有余之人会对自己正在做的事情有更充分的感受和更深入的思考。推而广之，掌握娴熟精湛的专业技能是"工匠精神"的核心要素之一，提高劳动者的职业技能水平，是确保产品品质、提高服务质量的重要途径，培育和发扬"工匠精神"的直接目的便是提高从业者的素质和技能。因此，职业教育应以培养学生高水平的专业知识技能为目标，只有掌握过硬的本领，才能让学生真正实现职业生涯规划中的美好愿景。

2. 知行合一

古人云：纸上得来终觉浅，绝知此事要躬行。"知"是指胜任某一岗位所需的知识和理论，而"行"是指将所学理论用于生产实践，"知行合一"，就是把学到的知识运用到实际生活中，在不断的实践中认真思考、发现问题并解决问题，

实现学以致用。如果知识不能应用于实践或解决实际问题，那么就并没有获得真正的"知"，不过是纸上谈兵。工匠的实践活动是"知"和"行"有机统一的过程。在古代实行传统学徒制时期，师傅往往要求徒弟在研读课本和熟悉工具技巧之外，跟随自己进行模仿学习并多加练习，强调实践能力的培养，理论和技能的学习最终是为现实生活服务的。工匠创作或生产的过程中，不仅需要反复比较和总结自己的经验，不断改进，而且要大胆实践心中的想法，在对技术的追求中，理论知识在其头脑中灵活运用，隐性知识通过劳动成果得到显性表达，也实现了劳动者自身的价值。所以在培养"工匠精神"方面，职业院校应贯彻知行合一的理念，既要以知促行又要以行促知，实现理论与实践、思想与行动的统一。

（二）匠心：精益求精、勇于创新，是乡创工匠之本

工匠精神，匠心为本。所谓"匠心"，是指工匠在创作活动中所表现出的独特、灵巧的心思，是一种追求极致的心境和心态，强调在产品细节、服务质量上追求卓越，以及在生产制造方面的大胆创新。《2017年国务院政府工作报告》中指出："质量之魂，存于匠心。"匠心与匠术的有机融合是培养应用型人才形成工匠精神过程中稳定的驱动因素，构成要素主要包括精益求精和勇于创新。

1. 精益求精

精益求精是指工匠对产品、对服务认真细致、一丝不苟、追求卓越的态度，工匠们不满足于平庸或一般的成就，他们对自己的工作时刻保持高标准和高要求。无论是在产品设计还是在工艺或制造过程中，都严格把控每一个细节，注重工作的准确性，追求每个步骤的完美执行，力求做到精确、可靠和高效。他们对每一件产品都充满自豪感，相信只有卓越的品质才能赢得用户的信任和认可。在当前背景下，人们高度重视产品质量和服务水平，只有坚持精益求精、臻于至善的态度，树立更远的追求、更高的标准，实现工匠技艺深层次发展，才能打造出更精细的产品，提供更优质的服务，满足人们的期望，逐步实现中国由制造大国向制造强国的转变。这一精益求精、至善尽美的素养品质在高职院校学生群体中，表现为他们在学习能力、操作细节、职业态度等方面的不懈追求和自我完善。随着时间的推移，在积累和提炼知识、技能的过程中，逐渐拥有坚定的信念和积极乐观的心态，在将来所从事的岗位上成就更好的自己。

2. 勇于创新

工匠精神不仅体现在对产品精雕细琢的追求，更体现在对方法、技术和工艺的积极思考和探索上。创新是一个永恒的话题，现代化国家的建设、产品技术的更新以及社会需求的多元化，都要求新时期的工匠具有创新意识，拥有创新精神，永不满足，与时俱进。特别是在大量重复性和简单技能的工作被机器取代后，创造力成为当前从业者的重要素养。只有不满足于现状，保持对新技术和新发展的敏感度，专注于改进生产工艺和产品性能，才能更好地展示工匠的独特水平和自我价值，保持其成果和作品的长久生命力。创新精神即要求学生在学习中敢想、敢问、敢动手，不止步于传统的思维模式，具备独特的洞察力和创造力，在长期的学习训练中总结经验，勇于尝试新的理念和思维方式，能够提供独特的解决方法和创新方案，并结合自身技能，在实际生产中创造新产品，不断创新，为未来的工作奠定基础。

（三）匠德：爱岗敬业、协作共进，是乡创工匠之魂

工匠精神，匠德为魂。所谓"匠德"，是指工匠对工作的态度，所表现出的品行、德行与敬畏。全身心地投入工作中，对自己所处的岗位充满热爱，崇尚其价值，实现人与物的高度契合，对社会对他人有德行，是工匠内心品质的灵魂所在。没有好德，难成好技，只有秉持爱岗敬业、协作共进的初心，才能保证工匠精神的正确方向。

1. 爱岗敬业

爱岗敬业是工匠精神的力量源泉，有热爱才会有奉献，工作也是如此。正如《论语》所言：知之者不如好之者，好之者不如乐之者。熟练地掌握一项技能并非平庸，但工匠精神的境界远不止于此。只有真正热爱自己的事业，始终保持乐业和敬业的态度，注重诚信、责任和专业操守，以客户满意和产品质量为首要目标，全心全意地奉献自己，才能在所属的岗位上展现良好的职业道德，将产品和服务推向极致。"爱岗"，就是对本职工作的热爱。对于高职的学生来说，只有真正发自内心地接受自己未来的职业，热爱所学的专业，才能积极学习新知识，潜心钻研专业技能，提升专业素养。"敬业"，就是要一丝不苟，兢兢业业，负责任，

坚持初心。对于学生来说，意味着通过扎实的学习和在实践中积累经验、方法和本领，即使面对生产线上艰苦的工作环境，每天重复枯燥的加工过程，学生们也能克服困难，保持良好勤奋的工作态度，投身于自己的岗位，遵守道德规范，愿意将一生奉献给自己的事业。

2. 协作共进

如果说技艺精湛、精益求精、爱岗敬业等核心要素是传统工匠精神的内涵要求，那么协作共进便是工匠精神新时代的内涵要求。古人云，"积力为其所举，则无不胜；众智之所为，则无不成"。在如今大规模机器生产模式下，工匠特别是制造业工人的工作，仅需要分担复杂的生产过程中的一部分，任何项目的完成都需要团队的团结协作。在当前知识迅速更新和转化的背景下，协作共进是时代赋予高职生义不容辞的责任。在学习和工作中，学生应学会与他人协作，分工有序，共享知识和技能，让任务有条不紊地进行，团队成员一起努力，共同进步，同时在工作中能够调动团队积极性，通过团结实现"1+1>2"，具备良好的责任意识，为所在的领域作出贡献。

三、乡创工匠全息学域

全息学域是一个涉及多个学科领域的综合性研究领域，它主要关注全息技术在不同学科中的应用及其理论基础。全息技术是一种能够记录并再现物体三维图像的技术，它通过捕捉物体反射或透射的光波信息，利用干涉和衍射原理，重建出物体的三维影像。这一技术不仅在物理学中有广泛应用，如全息摄影和全息显示，而且在生物学、医学、工程学、信息科学等多个学科中都有着重要的研究价值和应用前景。在教育学领域，全息学域的运用涉及利用全息技术来构建教学场域的三维结构，这对于人才培育持续健康发展具有重要意义。人才培养模式是指在一定的现代教育理论、教育思想指导下，按照特定的培养目标和人才规格，以相对稳定的教学内容和课程体系及管理制度和评估方式，实施人才教育的过程的总和，它是为实现一定的教育目标而选择或构思的教育教学模式。全息学域主要包括"三界共商"+"三双共生"+"三术共长"三方面的育训内容。

（一）"三界共商"，实现需求全息和三界共振

"三界"即指政界、学界、业界。政界即县（市、区）政府；学界即培养学校；业界即产业界。"三界共商"指由政界主导、学界实施、业界参与形成的"需求导向"运行机制，即政府根据当地社会经济需求，乡创工匠需求数量和结构，落实编制，提出招生计划；产业界根据市场需求提出专业设置建议，提供乡创工匠实习基地和兼职教师；学校根据乡创工匠成长规律，面向社会招收相应专业学生，实行学校、企业联合定制培养。首先，政府主导乡创工匠培养办学方向、层次、结构和类型，也主导乡创工匠培养专业调控和经费投入。政府和学校之间建立一种"缓冲机制"，即政府对于乡创工匠培养院校的教育行为起到一种宏观指导和分类指导的作用，学校在乡创工匠培养上能够真正实现自主办学和开放办学。其次，学校和企业应该是共同的办学平台，尽管学校是办学的主体，但是现代企业也越来越多地扮演了主体角色，或者说起到了次主体作用，所以学校和企业之间应建立一种"互惠机制"。学校为企业培养人才，企业也要积极地介入学校人才和乡创工匠培养的过程，改变校企之间表面化、被动式合作现象。第三，学校和行业之间需要建立一种"互动机制"，行业协会在制定、指导、实施行业标准、规范等方面，其作用是不可或缺的。行业协会可以避免企业的短视行为，使乡创工匠培养具有可持续发展性。可见，政府、学校、企业、行业这四个重要的相关体，它们的功能、定位、作用不一样，但是必须四方联动。也就是说，"官校企行"已经构成了一个系统化的行动网络，推进"校企""校行"之间的合作，既需要政府和企业之间、行业之间进行统筹，又需要企业和行业之间进行协调，共同推动乡创工匠的培育。

（二）"三双共生"，实现过程全息和三双共振

"三双共生"，即"双导师、双基地、双证书"。在培养主体方面，确定校内学术导师和校外专业导师结合，分别开展理论指导和实践指导；在培养环境方面，建立校内理论教学基地、校外（专业教学基地和企业教学基地）专业教学基地，注重理论学习和实践锻炼；在功能方面，物资循环、能量流动和信息交流，

获得"学历证书"和"职业资格证书"，培养既具有扎实的理论基础又具有较强实践能力和创新精神的"双证书"（知识能力+实践能力）乡创工匠。该模式以"双基地"作为乡创工匠知行结合的学科平台，实施"双导师"制度弥补学术型师资队伍匮乏的不足，通过"双证书"的评价标准培育既具有高深的专业知识，又具有高新的专业技术，同时培养德智体美劳全面发展，掌握教育学、心理学、乡村发展等方面的基本知识，具备涉农专业知识和技能，能在农业生产相关领域和部门从事技术生产、经营管理等工作，也能在乡村职业学校从事教学、管理和科研等工作的"一专多能"型工匠人才。

（三）"三术共长"，实现效能全息和三术共振

基于分层教学原理和技能型人才阶段成长理论，构建乡创工匠"三术共长"育训内容，即"技术、教术、学术"融为一体。首先，技术是面向预备乡创工匠培养的阶段，即中职教育阶段。有学者认为："技术是人类为满足社会需要，依据自然和社会规律，对自然界和社会的能动作用的手段和方法系统。[①]"世界知识产权组织在1977年版的《供发展中国家使用的许可证贸易手册》中，给技术下的定义是："技术是制造一种产品的系统知识，所采用的一种工艺或提供的一项服务，不论这种知识是否反映在一项发明、一项外形设计、一项实用新型或者一种植物新品种，或者反映在技术情报或技能中，或者反映在专家为设计、安装、开办或维修一个工厂或为管理一个工商业企业或其活动而提供的服务或协助等方面。"这是至今为止国际上给技术所下的最为全面和完整的定义。技术型预备乡创工匠关键在于预备性，在其教育目标、教育内容、课程设置上更偏重实践性、社会性和基础性。中职学校在预备师资培养方面应注重学科性、职业性和师范性等基本属性，在培养目标上倾向于职业技术的教育导向，体现鲜明的目的性。其次，教术是面向优质乡创工匠培养的阶段，即本科教育阶段。教术，即教育方法。教育方法是指在一定的教育思想指导下形成的实现其教育思想的策略性途径。它包括教师直接指向教育内容的教学方法、学生学习方法指导及学前教育和家庭教育的方法。教术型优秀乡创工匠关键在于教育性，在其教育目标、教育

---

① 管晓刚.关于技术本质的哲学释读[J].自然辩证法研究，2001（12）：18-22.

内容、课程设置上更偏重理论性、专业性和引导性。技术型乡创工匠以技术型预备职业教师为起点，以卓越乡创工匠为终点，起到承上启下的过渡作用，以致在培养目标上倾向于专业职业理论知识和教育方法，突出高素质的特点。最后，学术面向卓越乡创工匠培养的阶段，即研究生教育阶段。学术，是指系统专门的学问，泛指高等教育和研究，是对存在物及其规律的学科化。学术是培养卓越乡创工匠的最高维度，开创了乡创工匠培养的顶层设计理念，对卓越乡创工匠提出了更高的要求。学术以技术和教术为起点，是技术和教术的终点，符合当今卓越乡创工匠终身教育的理念。学术型卓越乡创工匠关键在于研究性，在其教育目标、教育内容、课程设置上更偏重反思性、探索性和科学性。学术型乡创工匠是职业教育师资培养的终极追求，其在培养目标上倾向于科研思维和职业技术教育研究，突出卓越性的特点。

第二节 基础理论

一、马克思主义劳动观

劳动是人类的本质活动，是人类存在的基础和手段，是推动人类进步的根本力量。可以说，人类社会的发展进程也是一部劳动发展史。同时，在劳动过程中也会凝聚生成相应的精神，乡创工匠精神在工匠劳动过程中逐渐形成，其本质是一种关于劳动的精神。可见，马克思主义劳动观是乡创工匠精神研究的重要理论基础，主要从劳动创造人、劳动创造历史、劳动实现自由三个层面进行梳理。

一是劳动创造人。马克思认为"劳动首先是人和自然之间的过程，是人以自身的活动来引起、调整和控制人和自然之间的物质变换的过程"。[①] 人从自然界中获取所需的、足够的生活资料，从而满足个体在衣食住行等方面的要求。在这一过程中人是有意识、有目的劳动，使得人类的劳动行为与动物的本能式活动区

---

① 马克思恩格斯文集（第5卷）[M]. 北京：人民出版社，2009：56.

别开来。恩格斯则系统论述劳动在人类进化过程中具有至关重要的地位。从猿到人的演进经历了漫长时间，促进这种演进的关键要素则是劳动。在劳动实践过程中，逐渐有了手脚的分工、语言等，人凭借着自身在语言、行为和思维等方面的优势，在劳动过程中不断创造工具、提高效率，制造出更出色的产品供人类使用，由此为人类进化、生存以及生活提供保障。因此，劳动是人类赖以生存的条件，人类也在参与劳动的过程中不断丰富自我、完善自我。

二是劳动创造历史。唯物史观深刻揭示了劳动在人类社会历史发展中的核心地位，为理解全部社会史提供了重要的视角。劳动不仅为人类提供生存所需的物质资料，更在推动社会进步、促进历史发展中发挥关键作用。"整个所谓世界历史不外是人通过人的劳动而诞生的过程"[1]的论断揭示了劳动与世界历史的内在联系。世界历史是人类社会在生产力发展和普遍交往基础上逐渐走向一体化进程的历史，劳动则是推动这一进程的根本动力。劳动的形式和内容随着社会的演变而不断变化，但其本质始终未变，即作为人类生存和发展的基础。没有劳动就没有社会、没有人类历史，劳动的广度和深度都直接影响着人类社会生活面貌，如马克思所说："任何一个民族，如果停止劳动，不要说一年，就是几个星期也要灭亡。[2]"

三是劳动实现自由。马克思从纷繁复杂的社会现象中揭示了资本主义生产过程的双重性质。马克思明确指出，这一过程既是创造社会财富的劳动过程，同时也是实现价值增殖的过程。在资本主义生产条件下，劳动不再是单纯的人类活动，而是被异化为一种剥削手段，其本质在于资本家对劳动者剩余价值的占有。恩格斯进一步形象描述异化劳动造成的危害，"由于工人一切可以支配的时间都被占用，工人仅有的一点时间用于吃饭和睡觉，而无暇从事户外活动，没有机会从大自然获得一点享受，更不用说从事精神活动了"[3]。在这样的社会形态下，人们不再被束缚在单调乏味的劳动之中，而是可以根据兴趣和意愿自由地选择生活方式。

因此，马克思主义劳动观中的异化劳动理论和劳动价值论为我们理解和培育

---

[1] 马克思恩格斯全集（第3卷）[M]. 北京：人民出版社，2016：310.
[2] 马克思恩格斯文集（第10卷）[M]. 北京：人民出版社，2009：289.
[3] 马克思恩格斯文集（第1卷）[M]. 北京：人民出版社，2009：433.

第二章 乡创工匠之理论构建
DI-ER ZHANG XIANGCHUANG GONGJIANG ZHI LILUN GOUJIAN

工匠精神提供了重要的理论支撑。劳动不仅创造人也创造历史,同时也是人类实现自我价值、追求自由的必由之路。在当今社会,我们应以马克思主义劳动观为指导,尊重劳动者的主体地位,弘扬工匠精神,推动社会的进步和发展。工匠精神具有创造性、精神满足性和利他性等特点,能够有效克服异化劳动的四重规定,对异化劳动进行扬弃,缓解资本的压迫,因而是超越异化劳动的劳动解放。此外,通过强调劳动创造价值的重要性、具体劳动与抽象劳动的统一以及劳动的社会性和传承性等方面,更加深入地理解工匠精神的内涵和价值。注重发挥劳动价值论的作用,通过加强劳动教育、提高劳动者素质、推动技术创新和产业升级等措施,也可以为工匠精神的培育和发展提供有力的支持。

二、人力资本理论

人力资本表现为蕴含于人身上的各种生产知识、劳动与管理技能以及健康素质的存量总和。人力资本的形成过程中,资源投入非常关键,包括医疗保健费用、教育培训费用等,这些资源一旦投入,就会产生长期的影响。根据人力资本理论的演进过程,我们可以从以下几个方面展开分析:

1. 亚当·斯密的人力资本思想

尽管斯密并没有直接提出"人力资本"这一概念,但其的一些观点和理论可以被视为人力资本理论的早期思想。斯密强调了教育和技能对提高生产效率的重要性。他认为,通过教育和训练,人们能够提高自己的技能,从而增加其生产力和对社会的贡献。斯密在《国富论》中提到,分工的细化可以提高生产效率,而分工的细化又依赖于工人的技能和专业知识。这可以被看作是对人力资本重要性的早期认识。此外,斯密还认为,教育和技能的提高可以增加个人的市场价值,使他们能够获得更高的收入。因此,人们在教育上的投资是必要的,这样才能获得一定技能。教育一般并不免费,通常要付出成本,这种投入似乎依附于受教育者,从而构成自身资产的一部分。[1]这一点也与后来人力资本理论中的观点相吻合,即投资于教育和培训可以增加个人的生产力和收入潜力。

---

[1] 左聪颖,杨建仁.西方人力资本理论的演变与思考[J].江西社会科学,2010(6):196-199.

2. John Stuart Mill 的人力资本思想

Mill 作为 19 世纪的英国经济学家，继承并发展了古典经济学的一些观点。Mill 认为技能与知识都是对劳动生产率产生重要影响的因素，并强调取得能力应当与机器、工具一样被视为国民财富的一部分。同时，Mill（1948）[1]认为劳动者智力是劳动能力的一个重要因素，劳动者智力提升有助于提高劳动能力。如果将用体力工作的人训练成用脑力工作，必然提高未来的生产力。花费在学习制造技能上的劳动应该看作生产性的，从本质上说是有助于产品生产的。

3. Alfred Marshall 的人力资本思想

Marshall 是 19 世纪末 20 世纪初新古典经济学的代表人物，他对人力资本有着自己独到的见解。Marshall 认为，从抽象和数学的角度来看，人无疑是一种资本，因为人的知识、技能和健康等可以被视为一种能够带来未来收入的生产要素。然而，他也指出，在实际市场分析中，将人直接视作资本并不完全符合市场实际情况。Marshall 进一步强调了教育投资对经济增长的重要作用，他认为知识和组织是资本的重要组成部分，是最有力的生产力。他提出，教育投资可以提高人的智力水平和技术水平，从而促进经济的增长。这体现了 Marshall 对人力资本潜在价值的认识，尽管他没有完全接受人力资本作为一个完全符合市场实际的概念。以上三人都是古典人力资源理论的代表。到 19 世纪，许多经济学家逐渐将人的技能和能力看作是一种资本，并同意人力资本投资是最有价值的投资（Mill，1848；Marshall，1890）。后来研究人力资本的经济学家大都沿袭和发展了这种思想，如美国著名经济学家 Irving Fisher（1960）认为任何可以带来收入的财产都是资本，并专门阐述了关于人力资本的概念。[2]

4. Theodore William Schultz 的人力资本思想

Schultz 于 1960 年进行了一份人力资本投资的研究报告，发布了研究报告并出版了相应论著，开创了现代人力资本理论研究的先河。Schultz（1995）认为人力资源投资在经济增长中的贡献度要比物质资本投资大得多。他从经济增长的角

---

[1]Mills E J, Kanters S, Hagopian A, et al. The financial cost of doctors emigrating from sub-Saharan Africa: human capital analysis.［J］. Bmj, 2011（47）: 31-33.
[2]Ricardo D, Hartwell R M. On the Principles of Political Economy and Taxation［M］.The principles of political economy and taxation. G. Fischer, 1923: 62-74.

度第一次比较系统地阐述了人力资本理论。①Schultz 的人力资本理论强调了教育投资的高回报率，并认为通过教育可以提高个人处理经济条件变化的能力，即所谓的"分配能力"，从而促进经济增长和社会收入的增加。他还认为，教育是减少个人收入分配不平等的因素，因为教育水平的提高有助于缩小收入差距。

5. Gary S. Becker 的人力资本思想

Becker 在他的著作《人力资本》中系统阐述了人力资本的形成、投资及其产生的收益。②他认为，人力资本投资包括教育、在职培训、医疗保健、劳动力迁移等多个方面，这些投资不仅能短期内提高劳动生产率，而且具有长期效应。Becker 强调，人力资本不仅包括个人的才干、知识和技能，还涵盖了时间、健康和寿命等要素。他提出，人力资本具有私有性质，其使用效率取决于个人的努力程度，并且可以通过适当的激励提高。Becker 还建立了人力资本投资均衡模型，提出个人或家庭在追求效用最大化的基础上，会权衡人力资本投资的边际成本和未来收益的现值。后来，Jacob Mincer、Edwardton Denison 等多名经济学家从教育、培训、迁移、健康等方面对人力资本理论进行了丰富和深化。③④

在本研究中，人力资本理论发挥较为关键的支撑作用。成熟的人力资本思想和理论共同解释人力资源开发的一些基础理论和客观规律，也随之揭示了大学生成长成才的一般规律，提示高校创业教育和大学生创业能力发展过程，必须依据创业活动的客观规律、创业活动的本质和特点，培养和提高学生的创业基本素质，锻炼学生的事业心、进取心、创新精神和开拓精神，从而使得凝聚在学生身上的人力资本价值不断增加。

三、生态系统理论

生态系统理论又称人类发展生态学理论（The Ecology of Development），将

---

①Schultz T P, Peters G H, Hedley D D. Human capital and economic development. [C]. International Conference of Agricultural Economists. 1995.
②于伟. 基于建构主义理论的动态职业能力培养［J］. 科技创业月刊，2014（9）：145-148.
③Mincer J. Investment in Human Capital and Personal Income Distribution Author（s）［J］. Journal of Political Economy, 1958（4）：281-281.
④Becker G S. Human Capital: A Theoretical and Empirical Analysis with Special Referenceto Education（3rd Edition）［J］. Revue Économique, 1994（1）：556.

人生活于其中并与之相互作用的不断变化的生态环境称为生态系统，是人与其生态环境相互作用的生态系统理论模型。该理论深受达尔文进化论思想的影响，把人成长的社会环境（如家庭、机构、团体、社区等）看作是一种社会性的生态系统，强调生态环境（人的生存系统）对于分析和理解人类行为的重要性，注重人与环境间各系统的相互作用及其对人类行为的重大影响。其主要观点是：人生来就有与环境和其他人互动的能力，人与环境的关系是互惠的，并且个人能够与环境形成良好的调适关系；个人的行动是有目的的，人类遵循适者生存的法则。个人的意义是环境赋予的，要理解个人，就必须将其置于其环境之中；个人的问题是生活过程中的问题，对个人问题的理解和判定也必须在其生存的环境中来进行。最早提出社会生态系统理论的是著名的心理学家布朗芬布伦纳。布朗芬布伦纳的生态系统理论对环境的影响作出了详细分析，认为生物因素和环境因素交互影响着人的发展，也有学者称其为生物生态学理论。布朗芬布伦纳认为，自然环境是人发展（成长）的主要影响源，这一点往往被人为设计的实验室里的研究发展的学者所忽视。环境（或自然生态）是"一组嵌套结构，每一个嵌套在下一个中，就像俄罗斯套娃一样"。换句话说，发展的个体处在从直接环境（像家庭）到间接环境（像宽泛的文化）的几个环境系统的中间或嵌套于其中。每一系统都与其他系统以及个体交互作用，影响着发展的许多重要方面。在这个理论中，人的成长会受到四个系统的影响，由主到次分别是：微系统（microsystem）指个人在面对情境时，所经历的一种关于活动、角色及人际关系的模式，例如家庭；中系统（mesosystem）指各微系统之间的联系或相互关系；外系统（exosystem）指那些个体并未直接参与但却对他们的发展产生影响的系统，例如父母的工作环境；宏系统（macrosystem）包含了某文化、次文化及其他社会脉络在前述三个系统中所形成的模式。现代社会生态理论学家 Zastrow C（2004）进一步阐述了人的成长与社会环境的关系，提出了个体与环境的相互作用，他对生态系统的分层内容更丰富，在微观系统里面加入了个体生态等因素，注重分析个体本身对环境的反应，把个体存在的社会生态系统划分为三种基本类型：微观系统环境、中观系统环境以及宏观系统环境。

随着生态理论的发展和丰富，将生态系统理论在学者改进的基础上匹配到我国农村发展中，具有较强适用性。纵观这些不同角度的研究，结合本文的研究内容，体现在如下运用上：布朗芬布伦纳的生态系统理论模型从微观、中观、外观、宏观系统探讨人才所处的社会环境和社会生态关系的信息网络，结合Zastrow改进后的生态系统理论，根据与个体人才关系的远近，将人才生态环境分为内部与外部包括个人、家庭、教育等生态交际范围。乡创工匠的培育成长就是以人才内生态包括自身的个体生态环境、家庭的生态环境和人才外生态包括商业生态、制度生态、社会生态环境等，探讨不同生态环境要素与人才成长的相互作用机理。

第三节 文献回顾

一、乡创工匠的演变历程与研究发展

创业是工匠农民在应对生存压力和环境变迁时采取的关键策略（Stathopoulou et al., 2004），[①]同时，它也是推动农村经济结构升级的重要内在驱动力。自改革开放以来，我国农业剩余劳动力在转移与再配置的过程中逐步获得了劳动力的退出权、流动权及进入权（蔡昉，2017）。[②]以乡镇企业"异军突起"为开端，中国乡村创业历经了"脱农—离村—回乡"三大阶段（庄晋财，等，2019）。[③]前两个阶段（2008年以前）的乡创工匠尚处于萌芽与成长阶段，相关研究文献相对匮乏。直至2008年左右，相关研究才逐渐崭露头角。

据国务院发展研究中心农民工回乡创业问题研究课题组（2008）对全国301个村庄的实地调研，2006年回流农民工总数达到3.7万余人，其中创业者占比16.06%，标志着乡创工匠初露端倪。2008年后，金融危机导致城市对农民工的

[①] STATHOPOULOU S, PSALTOPOULOS D, SKURAS D. Rural Entrepreneurship in Europe: AResearch Framework and Agenda [J]. International Journal of Entrepreneurial Behaviour &Research, 2004, 10（6）: 404-425.
[②] 蔡昉. 改革时期农业劳动力转移与重新配置 [J]. 中国农村经济, 2017（10）: 2-12.
[③] 庄晋财, 尹金承, 庄子悦. 改革开放以来乡村创业的演变轨迹及未来展望 [J]. 农业经济问题, 2019（07）: 83-92.

需求骤减，约2000万农民工因此失业并被迫返乡。然而，在政府强力干预下经济回暖、经济发展模式转变以及"大众创业，万众创新"政策的推动下，这部分返乡人群得以继续发挥劳动价值，向农业生产、农产品加工、流通及农业服务等领域回归，农村劳动力流动呈现出由"单向转移"向"双向流动"的新态势，返乡创业步入了快速发展期。此时，乡创工匠的相关研究也迎来了快速增长，主要聚焦于农民工群体，以定性研究为主，探讨返乡创业意愿、面临的问题及应对策略等（辜胜阻，等，2009；程伟，等，2011）。[①②] 从2013年至2017年，随着我国城镇化建设的加速推进及农村产业的融合发展，返乡创业步入了新阶段。越来越多的农民工、大学生、退役军人及事业单位职员等群体加入了返乡创业的行列。此阶段的研究开始注重定性研究与定量研究的结合，从返乡创业决策、创业模式及创业绩效的影响因素等多个维度探讨农村创业的优化与提升。自2017年乡村振兴战略提出以来，各级政府积极倡导返乡创业，创业环境得到了全面优化。农业产业逐步转型升级，物流体系日益完善，"互联网+"在乡村市场中的渗透不断加深，新兴业态层出不穷，吸引了众多具备企业家精神的人才回归乡村。这一阶段的研究更加侧重于外出经历对创业的影响（周广肃，等，2017；徐超，等，2017），[③] 同时，"返乡者"的范畴也拓宽至包括城镇企业招工人员、大学生等在内的"城归"人口（林亦平，等，2018），[④⑤] 研究更加关注返乡创业的质量与深度。

二、乡创工匠的整体概况

丰富的文献研究勾勒出了我国乡创工匠的整体概况：从群体类型与特征上

---

① 程伟，陈遇春.多重理论视角下农民工的返乡创业行为研究[J].中州学刊，2011（01）：71-74.
② 辜胜阻，武兢.扶持农民工以创业带动就业的对策研究[J].中国人口科学，2009（03）：2-12.
③ 周广肃，谭华清，李力行.外出务工经历有益于返乡农民工创业吗？[J].经济学（季刊），2017，16（02）：793-814.
④ 林亦平，魏艾."城归"人口在乡村振兴战略中的"补位"探究[J].农业经济问题，2018（08）：91-97.
⑤ 徐超，吴玲萍，孙文平.外出务工经历、社会资本与返乡农民工创业：来自CHIPS数据的证据[J].财经研究，2017，43（12）：30-44.

第二章 乡创工匠之理论构建

看，吕诚伦（2016）[①]将返乡创业农民工分为精英农民工和普通农民工，前者在事业成就、资金、技术及管理经验上总体高于后者。从创业的动机来看，乡创工匠在高城市生活成本、户籍限制的城市推力，农村地区创业环境改善、产业梯度转移和地方创业政策号召等农村拉力的权衡下，出于生存压力或自我实现等动机作出返乡创业决策（毛新雅，等，2017），[②]主要可分为机会型创业和生存型创业（李长安，2018）。[③]创业的动力来源可概括为经验驱动型和资源驱动型两种模式（刘志阳，等，2017）。[④]从创业内容上看，乡创群体创办的实体组织以小型私营为主，初始创业网络规模较小，创业资金多数来源于自有储蓄资金或亲友支持，较少依靠金融机构和投资公司融资（赵西华，等，2006）。[⑤]创业经营内容主要涉及种养殖、餐饮、批发零售、居民服务、建筑建材等（魏凤，等，2012），[⑥]可分为农业产业化、乡村旅游、居民消费服务、家庭手工作坊及现代工业企业5种模式（吕惠明，2016），[⑦]倾向于农村电商、农产品加工和家庭农场等项目（檀学文，等，2016）。[⑧]从返乡创业活动对乡村建设的促进效应来看，返乡创业能推进农村产业结构的调整，改善农村生活方式，促进乡风文明建设，对推动农村富余劳动力农村就业、促进农民增收、带动脱贫减贫和驱动乡村振兴等各方面有重

[①] 吕诚伦.农民工返乡创业投资演化博弈分析［J］.江西社会科学，2016，36（12）：193-199.
[②] 毛新雅，魏向东.务工经历与返乡农民工收入：以中西部7省（市）为例的研究［J］.社会科学，2017（09）：66-76.
[③] 李长安.我国四次创业浪潮的演进：从"难民效应"到"企业家效应"［J］.北京工商大学学报（社会科学版），2018，33（02）：1-9.
[④] 刘志阳，李斌.乡村振兴视野下的农民工返乡创业模式研究［J］.福建论坛（人文社会科学版），2017（12）：17-23.
[⑤] 赵西华，周曙东.农民创业现状、影响因素及对策分析［J］.江海学刊，2006（01）：217-222.
[⑥] 魏凤，闫苊燕.西部返乡农民工创业模式选择及其影响因素分析：以西部五省998个返乡农民工创业者为例［J］.农业技术经济，2012（09）：66-74.
[⑦] 吕惠明.返乡农民工创业模式选择研究：基于浙江省的实地调查［J］.农业技术经济，2016（10）：12-19.
[⑧] 檀学文，胡拥军，伍振军，魏翔.农民工等人员返乡创业形式发展［J］.改革，2016（11）：85-98.

要贡献，返乡创业人才成为乡村建设的生力军。①② 从存在问题上看，返乡创业网络发育水平低，创业成长性不足。乡创工匠普遍"创业意愿强、创业绩效低"（王巧然等，2016），③ 创业成功者寥寥。返乡创业面临诸多滞碍，创业网络密度虽高，但异质性低、网络资源含量不足，乡创工匠通过网络获取资源能力较弱，制约了其新创组织的规范化成长。

三、乡创工匠的影响因素

返乡工匠选择创业的根本目的就是获得经济收益，创业绩效是其最为关注的部分，同时也是返乡创业研究领域的重要议题。Delmar等（2003）和Wong等（2005）指出，创业成长是经济、社会和文化等多元要素互动的复杂动态过程，对于乡创工匠影响因素的探究仍然众说纷纭。当前乡创工匠影响因素的研究视角从内生因素和外在因素两个方面展开：一方面，从内生因素来看，主要包括性别年龄等人口学特征（赵德昭，2016）④、人格特征（罗明忠，等，2015）⑤、人力资本禀赋（王轶，等，2020）⑥、社会资本（丁高洁，等，2013）⑦、先前经验（徐超，等，2017）⑧、家庭资本禀赋（朱红根，等，2016）⑨等创业者特质；另一方面，从

---

① 李彦娅，谢庆华．农民工返乡创业的动力机制研究：基于三次返乡创业高潮的调查［J］．重庆社会科学，2019（07）：99-110．
② 梁栋，吴存玉．论乡村振兴的精准推进：基于农民工返乡创业与乡村振兴的内在逻辑与机制构建［J］．青海社会科学，2019（02）：122-128．
③ 王巧然，陶小龙．创业者先前经验对创业绩效的影响：基于有中介的调节模型［J］．技术经济，2016，35（06）：24-34．
④ 赵德昭．农民工返乡创业绩效的影响因素研究［J］．经济学家，2016（07）：84-91．
⑤ 罗明忠，陈明．人格特质对农民创业绩效影响的实证分析：兼议人力资本的调节作用［J］．华中农业大学学报（社会科学版），2015（02）：41-48．
⑥ 王轶，陆晨云．财税扶持政策何以提升返乡创业企业经营绩效？：基于全国返乡创业企业的调查数据［J］．现代财经（天津财经大学学报），2021，41（06）：56-72．
⑦ 丁高洁，郭红东．社会资本对农民创业绩效的影响研究［J］．华南农业大学学报（社会科学版），2013，12（02）：50-57．
⑧ 徐超，吴玲萍，孙文平．外出务工经历、社会资本与返乡农民工创业：来自CHIPS数据的证据［J］．财经研究，2017，43（12）：30-44．
⑨ 朱红根，康兰媛．家庭资本禀赋与农民创业绩效实证分析［J］．商业研究，2016（07）：33-41．

第二章 乡创工匠之理论构建

外在因素来看，主要集中于对创业环境要素的界定和评价（韩勇，等，2020）[1]，验证了区域环境（胡俊波，2015）[2]，尤其是制度环境对农民创业绩效的影响，并提出优化策略（罗竖元，2020）。[3]由此可见，影响创业成长绩效的因素颇多，创业不仅是创业者主动选择与识别、抓住商机的过程，也是与社会经济环境互动的过程，需要进一步结合返乡创业的具体情境，系统构建返乡创业成长影响因素的研究框架。总的来说，乡创工匠具有以下特征。

第一，**先前经验影响其创业绩效**。相关研究表明，外出经历在"干中学"中再次发掘人力资本，积累创业所需的知识与能力（林龙飞，等，2019），[4]对乡创工匠的创业绩效产生了显著的正面效应。外出经历是一个充实储蓄、学习技术、提高能力、重塑观念和确立职业目标的过程，有助于帮助创业者尽快破除"新进入缺陷"难题，为返乡创业奠定了基础。然而，一些学者则提出，先前经验不一定能提升创业绩效，创业经历与后期创业绩效并不存在必然相关（Cassar et al.，2010）。[5]对于发展中国家农村地区的自雇创业者而言，多处于"地位劣势"和"教育劣势"，创业是其出于城市就业压力"被动回流"后不得已的选择。谢勇等（2020）[6]亦指出，外出务工经历能够提高农村劳动力创业的概率，但对其创业绩效影响不显著。

第二，**乡创工匠的社会资本积累具有复杂性**。返乡人才在外出过程中，构建了超越血缘、地缘和熟人关系的人际关系网络，积累了业缘资本、市场资本和契约信任（郭红东，等，2013），[7]扩展了社会资本的网络规模和网络资源（张鑫，

---

[1] 韩勇，武艳青，崔丽慧等．空间关联视域下河南省农民工返乡创业外部环境评价研究[J]．中国农业资源与区划，2020，41（07）：207-215．
[2] 胡俊波．职业经历、区域环境与农民工返乡创业意愿——基于四川省的混合横截面数据[J]．农村经济，2015（07）：111-115．
[3] 罗竖元．农民工返乡创业环境的结构优化[J]．华南农业大学学报（社会科学版），2020，19（05）：47-55．
[4] 林龙飞，陈传波．返乡创业青年的特征分析及政策支持构建——基于全国24省75县区995名返乡创业者的实地调查[J]．中国青年研究，2018（09）：53-61．
[5] Cassar, Gavin.Industry and Startup Experience on Entrepreneur Forecast Performance in New Firms [J]. Journal of Business Venturing, 2010, 29（1）：137-151．
[6] 谢勇，杨倩．外出务工经历、创业行为与创业绩效[J]．经济评论，2020（01）：146-160．
[7] 郭红东，丁高洁．关系网络、机会创新性与农民创业绩效[J]．中国农村经济，2013（08）：78-87．

等，2015），①兼具外出前乡土社会中已存在的"原始社会资本"和外出后建立起来的"新型社会资本"两部分。

第三，乡创工匠以机会型创业为主。在返乡创业浪潮的演化中，生存型创业在农村创业总量中的占比有所下降，而机会型创业的占比逐步提升，创业带动效应日渐显现。创业者选择"生存型创业"或"机会型创业"，取决于其人力资本水平的高低，返乡创业人才具有一定的企业家才能，拥有更高的教育水平、更丰富的经历和开阔的眼界，生存型创业将在这一群体中占主导。②

第四，乡创工匠创业是一种下沉式创业。下沉式创业则是指返乡创业者主动由资本、技术、人才等要素汇集的城市，向资源偏少、欠发达的农村地区转移的现象（彭小晶，等，2019）。③资本天然具有逐利性，劳动力及人才要素总是向高投资回报率的区域及行业流动，在我国城乡差异的影响下，一般而言，资本及人才要素应当向城市流动，而返乡人才创业却反其道而行，由城市向农村"逆向流动"。人才要素在向农村基层下沉的过程中，往往能够发掘在长期的城乡发展差异空间中蕴藏的创业机会。

本章小结

本章试图从学理层面系统性阐释乡创工匠的理论内涵，进而搭建本研究的总体设计与思路，以实现对本书及接续内容的统摄和总览。具体来看，首先，我们对乡创工匠、全息学域和乡创工匠全息学域等与本研究密切相关的"元概念"的审读和辨析；其次，在马克思主义劳动观、人力资本理论和生态系统理论等基础理论支撑下，我们对国内外有关乡创工匠的演变历程、整体概况以及影响因素的理论文献和实践案例进行了追踪和梳理，基本描绘了国内外理论实践界对于乡创工匠的研究图谱，为接续研究的顺利开展提供扎实的方向启迪。

---

① 张鑫，谢家智，张明.打工经历、社会资本与农民初创企业绩效［J］.软科学，2015，29（04）：140-144.
② 张玉利.创业研究经典文献述评［M］.北京：机械工业出版社，2018.
③ 彭小晶，王维平.农民工返乡创业条件供求对接的双向嵌入机制构建［J］.现代经济探讨，2019（05）：119-124.

第二章 乡创工匠之理论构建

案例分享

姚艳梅，一位90后女性，以农学为基，心怀乡土深情。2019年，她毅然决然地告别了城市的喧嚣，返回家乡，创立了静乐县静禾创意农业科技有限公司，迅速成为当地备受瞩目的"乡创工匠"。静乐县，作为农业大县，虽土地细碎，传统种植收益有限，却未能阻挡她创新的脚步。深思熟虑与实地调研后，姚艳梅决定另辟蹊径，投身于创意农业的浪潮中。五家庄村，坐落于汾河之畔，凭借其得天独厚的自然条件，成了她理想中的试验田。她投入20余万资金，承包了120亩土地，精心培育水稻，并将静乐县的非遗剪纸艺术巧妙融入其中，创建了独一无二的"剪纸稻田画"试验基地，精心规划了五谷游览区、稻草人游憩区、福田画游憩区及果蔬采摘区四大板块。尤为引人注目的，是她倾心打造的"七彩福"稻田栽培。这幅作品以多彩水稻为笔，将剪纸艺术的精髓生动地绘于大地之上，既展现了地域特色，又弘扬了农耕文明，为农业生产增添了无限乐趣与观赏性，是"文化+农业+旅游"模式的一次成功尝试。从空中俯瞰，这幅稻田画犹如一幅精美的工艺品，巨大的"福"字跃然眼前，既美观又震撼。姚艳梅深知，唯有不断创新，方能持续前行。稻田栽培项目初获成功后，她又将目光投向了乡村民宿、传统手工艺、直播电商等多个领域，计划通过自媒体平台，利用直播、短视频等形式，将乡村的魅力与风情展现给世界，为乡村振兴注入新的活力。她致力于整合各类资源，探索多元化的发展路径，在创意农业的基础上，融合乡村民宿、农耕研学、农产品深加工及电商等多个项目，形成多元化的产业体系。此外，她还积极采取措施，通过技能培训、项目推介、发展妇女合作组织等方式，为广大村民搭建起参与新农村建设的平台，激发他们的创业热情与潜能，拓宽就业渠道，带动村民共同增收致富。姚艳梅以她的实际行动，诠释着对家乡的热爱与责任，为乡村振兴贡献着自己的力量。

第三章 乡创工匠之发展规律

DI-SAN ZHANG XIANGCHUANG GONGJIANG ZHI FAZHAN GUILÜ

在乡村振兴的背景下,"乡创工匠"的生成与发展日益成为社会关注的焦点。乡创工匠不仅是传统技艺的承载者,更是将乡土文化与现代创新结合的关键推动力量。他们通过扎根乡村,利用本地资源和文化,将传统手工艺与现代设计理念相融合,赋予乡村经济与文化新活力。随着乡村经济结构转型与产业升级的加速,乡创工匠在传承与创新中,不断推动乡村经济高质量发展,也为乡村文化复兴注入了新的内涵。本章旨在揭示乡创工匠生成的内在规律,通过对乡创工匠个体成长路径、外部支持机制以及产业融合的研究,探索如何更好地促进乡创工匠的发展与创新。通过系统化的理论分析与实践探讨,试图为乡村人才培养与乡村经济文化发展提供新的思路与方法,从而为实现乡村振兴贡献智慧与力量。

第一节 乡创工匠生成规律

乡创工匠作为乡村振兴的重要推动力量,具有传统工艺传承者与创新者的双重角色。在社会快速发展的背景下,乡创工匠的生成受到多种因素的影响,这些因素既包括外部政策环境、市场需求的变化,也包括个体特质与学习能力等内在因素。本节将从乡创工匠的时代背景与社会需求、培育的生态系统、形成的关键影响因素,以及成长路径分析四个方面,系统探讨乡创工匠生成的规律。

一、乡创工匠的时代背景与社会需求

乡创工匠的生成离不开特定的时代背景和社会需求。近年来,全球化和城镇化进程的加快使得许多传统手工艺逐渐走向边缘化,然而,伴随着国家对乡村振兴战略的重视,以及现代消费者对个性化、定制化产品的需求增加,乡创工匠迎来了发展的新契机。

(一)政策导向对乡创工匠发展的引领

从国家政策角度来看,乡村振兴战略为乡创工匠的成长提供了重要契机。中共中央、国务院印发《关于实施乡村振兴战略的意见》[1]中明确指出,实施乡村振兴战略是实现"两个一百年"奋斗目标的必然要求,乡村工匠作为其中的核心力量,扮演着连接传统技艺与现代产业发展的重要角色。在这一战略下,政府通过制定一系列政策支持乡村工匠的成长,包括提供培训机会、设立专项基金、推动乡村文化创意产业等,为乡创工匠的生成与发展创造了有利的外部环境。

政策的引导为乡创工匠的成长提供了制度支持。近年来,中央和地方各级政府都高度重视农村人才的培育与引进。例如,2020年,农业农村部、国家发展改革委等9部门印发《关于深入实施农村创新创业带头人培育行动的意见》[2]指出,要培养一批具备乡村振兴理念和创新创业能力的"乡村创客",并对这些人才进行资金和资源上的支持。这些政策措施大大提升了乡村工匠的社会地位,鼓励更多年轻人回归乡村,致力于乡村文化创意产业的发展。

同时,政策的驱动也体现在对乡创工匠的职业技能培训和资格认定上。通过技工学校、职业培训机构等多渠道,政府推动了乡村工匠的职业化和正规化发展。许多地区还通过举办各类技能大赛,推动工匠精神的宣传和乡村工艺的推广。例如,国家级非物质文化遗产的传承人评定机制使得传统技艺得以传承,传统工匠也得以通过这一机制提升社会知名度并获得更多的社会支持。

---

[1] 中共中央、国务院.关于实施乡村振兴战略的意见[EB/OL].[2018 01 2].
[2] 农业农村部等.关于深入实施农村创新创业带头人培育行动的意见[EB/OL].[2020-06-13].

（二）市场需求对乡创工匠的推动

市场需求的变化为乡创工匠提供了广阔的发展空间。随着中国经济的持续增长和中产阶级的壮大，消费者对产品的设计品质和设计服务有了更高的要求，产品设计不但要注重物质的精致，同时也应注重情感的传达。[①] 消费者对文化创意产品、个性化手工制品的需求不断增加，形成了一个广阔且充满潜力的市场。特别是随着人们对环保、可持续发展和本土文化的关注度上升，乡创工匠的产品成为市场青睐的对象。

首先，乡创工匠的产品具有独特的文化价值。在全球化加速发展的今天，许多传统文化面临消失的威胁，而乡创工匠通过将传统文化元素融入现代设计与工艺中，为这些文化提供了新的生命力。无论是传统手工艺品、民间艺术品还是当地特色的非遗项目，都为市场提供了高度个性化和文化底蕴深厚的产品，满足了现代消费者对"文化归属感"的需求。

其次，乡创工匠的手工产品契合了现代人追求自然、环保和个性化的消费理念。相较于工业化大批量生产的商品，手工艺品因其独特性和限量性备受青睐。尤其是近年来崛起的"工艺复兴"潮流，使得手工制品被重新赋予了价值。这不仅提高了乡创工匠产品的市场吸引力，也为工匠们提供了更多的市场机会。

以我国为例，乡村地区的传统工艺品，如陶瓷、刺绣、木雕等，开始通过电商平台进入到更广泛的市场。电商平台的普及，使得乡创工匠能够直接面对终端消费者，缩短了流通环节，降低了成本，增加了产品的利润空间。近年来，乡村工匠通过电商平台将产品销售到全国乃至全球，实现了从"乡村到市场"的转型。这种变化不仅为工匠提供了更多收入来源，还使他们能够更加灵活地根据市场需求调整产品和经营策略。

此外，乡村旅游的兴起也为乡创工匠的发展提供了契机。许多地域通过发展乡村旅游，将乡村文化、自然景观和工艺美术相结合，打造出了一批具有地方特色的文化创意产品和体验项目。乡创工匠可以通过与旅游产业的融合，提升自己的知名度，扩大产品的市场影响力。例如，游客在乡村旅游中通过参观工匠作

---

① 席彬.技能型人才工匠精神培养路径研究：艺术设计专业为例［J］.中国职业技术教育，2019（01）.

坊、参加工艺体验课程等方式，深入了解当地的传统技艺。这种结合不仅提高了乡创工匠的收入，也为传统工艺提供了更广泛的传播渠道。

（三）技术革新与乡创工匠的融合

随着科技的进步，乡创工匠的生成和成长也受到了新技术的强力推动。数字化工具和新媒体的普及，不仅改变了传统手工艺的传播方式，也为乡创工匠提供了更多的创新和创作空间。

1. 数字化与工匠技艺的融合

数字化工具的普及为乡创工匠的技艺传承和创新提供了新的手段。通过3D打印、计算机辅助设计（CAD）等技术，乡创工匠可以更加高效地进行产品设计和生产。例如，传统的工艺流程，如雕刻、陶艺等，在现代技术的支持下得以简化，提高了生产效率，同时保证了产品的精度和质量。这使得乡创工匠能够在保持传统技艺精髓的同时，提升产品的竞争力和市场接受度。

同时，数字化工具的使用也为乡创工匠的作品创新提供了更多的可能性。通过现代技术，工匠能够更加自由地进行材料、形态和结构的创新，打破了传统工艺的限制。例如，使用3D建模技术，工匠可以在虚拟环境中进行设计，并通过数字化方式实现产品的可视化，大大缩短了从设计到生产的周期。

2. 新媒体与乡创工匠品牌传播

新媒体的快速发展为乡创工匠提供了全新的品牌传播途径。通过社交媒体平台，乡创工匠可以展示自己的作品，讲述自己的创作故事，与消费者建立更紧密的联系。相较于传统的广告模式，新媒体的传播更加灵活和个性化，能够更好地传递乡创工匠的独特文化价值和工匠精神。

乡创工匠通过社交媒体平台积累了大批粉丝，形成了独具特色的个人品牌。例如，手工艺人通过网络平台发布制作过程的短视频，吸引了大量关注，提升了自己的品牌影响力，并成功将流量转化为订单。这种"内容营销"模式，使得乡创工匠能够更加直接地向市场展示他们的价值主张，建立更强的品牌认知度。

（四）现代社会需求与乡创工匠的契合

乡创工匠的发展与现代社会的需求存在高度契合性。从某种程度上来说，乡创工匠的生成正是对现代社会需求的回应。随着社会消费观念的变化，消费者更加注重产品的文化属性、手工质感以及环境友好性，这为乡创工匠提供了广阔的市场空间。

首先，现代消费者越来越注重产品的文化价值。无论是城市居民还是乡村消费者，对手工制品和具有地方文化特色的产品都表现出了极大的兴趣。这一趋势在城市消费市场尤为明显，许多消费者愿意为具有传统文化内涵和手工技艺的工艺品支付溢价。乡创工匠正是通过将传统技艺与地方文化相结合，创造出具有文化意义的产品，满足了消费者对文化归属感的需求。

其次，现代社会对可持续发展与环保理念的推崇，也为乡创工匠的发展提供了契机。相较于工业化大规模生产的商品，手工制品因其在生产过程中对环境的较小影响，契合了现代消费者对可持续发展的追求。例如，一些工匠通过使用环保材料和传统的手工制作方法，生产出低碳、环保的产品。这不仅符合现代消费者的环保意识，也为乡创工匠的产品注入了更多的市场竞争力。

最后，乡创工匠的生成与现代社会对个性化需求的提升密切相关。随着大众消费模式的日益个性化，消费者不再满足于千篇一律的工业制品，而是更加青睐于具有个性化设计、手工制作的产品。乡创工匠通过定制化生产，能够为消费者提供独一无二的手工艺品，满足了市场对个性化产品的需求。这种个性化的生产模式，使得工匠能够更灵活地适应市场变化，同时也提升了产品的附加值。

总的来说，乡创工匠的生成是时代背景、社会需求与技术革新共同作用的结果。政策的支持、市场的推动、技术的进步背景下，乡创工匠得以蓬勃发展，成为乡村振兴和文化传承的重要力量。通过对时代背景与社会需求的深入分析，可以看出，乡创工匠不仅在满足现代社会对文化和手工制品需求的过程中发挥着重要作用，也为国家推动文化自信和乡村经济发展提供了重要助力。

第三章 乡创工匠之发展规律

二、乡创工匠培育的生态系统

乡创工匠的生成与成长是一个复杂的过程，受到多方力量的共同作用。这一生成过程可以被看作是一个生态系统，包含了政府、教育机构、市场和社会组织等多个主体的协同合作。理解这一生态系统的运作机制，对于推动乡创工匠的培育和成长具有重要的现实意义。

（一）政府与政策支持

政府是乡创工匠培育生态系统中的重要组成部分，特别是在乡村振兴战略的背景下，政府通过政策引导、资金扶持和资源配置，推动乡创工匠的职业发展。一方面，政府通过制定相关的产业政策、职业技能培训计划等措施，确保传统技艺能够在现代社会中得以传承和发展。另一方面，政府还为乡村工匠提供了广泛的市场支持，通过组织手工艺品展览、促进工艺品出口等方式，帮助工匠进入更大的市场。

政府的政策支持不仅体现在经济层面，还通过文化政策的引导，提升乡创工匠的社会地位。例如，通过非物质文化遗产的保护政策，工匠的技艺得到了国家和社会的认可，高质量工匠还被授予了"非遗传承人"的荣誉称号。这种社会认可度的提升，不仅增强了工匠的职业自豪感，还为工匠技艺的传承和创新提供了强大的精神动力。

（二）教育与职业培训

教育机构和职业培训机构是乡创工匠培育生态系统中的核心力量。传统的乡村工匠技艺大多通过师徒制或家庭传承的方式进行传授，然而，现代职业教育的发展为工匠技艺的传承提供了更加系统化的培养模式。

近年来，随着对传统技艺保护和传承的重视，各地技工学校、职业院校纷纷开设了传统工艺相关的专业课程，通过校企合作培养高素质技术技能型人才，[1]

---

[1] 孙杰.立德树人视域下工匠精神融入高职院校人才培养的价值意蕴、现实困境与实践路径[J].教育与职业，2023（22）.

培养具备现代创新意识的乡创工匠。例如，职业院校通过校企合作，将现代设计理念与传统工艺相结合，推动工匠技艺的创新。此外，政府主导的职业技能培训项目为大量农村青年提供了接受手工技艺培训的机会，通过这种方式，更多的人得以加入乡创工匠的队伍。

此外，师徒制在乡创工匠的培养中仍然发挥着重要作用。作为非物质文化遗产传承的重要形式，师徒制不仅帮助工匠在技艺传承上保持连贯性，还通过长期的技艺传授，培养工匠对传统文化和工艺精神的深刻理解。

（三）市场与消费需求

市场需求是乡创工匠生态系统中的内部驱动力。正如前文所述，随着现代消费者对个性化、环保化以及文化底蕴深厚的手工艺品需求的增加，乡创工匠在市场中迎来了前所未有的机遇。电子商务和社交媒体的发展，使得工匠能够直接与消费者对话，了解他们的需求和偏好，从而针对性地进行产品创新和设计。

乡创工匠通过市场需求的反馈，不断调整产品结构和创作方向。例如，一些工匠将传统手工艺与现代生活方式相结合，创造出具有实用性和装饰性的家居用品，受到了市场的广泛欢迎。同时，市场需求的多样性也为乡创工匠提供了更广阔的发展空间。无论是高端定制的手工艺品，还是面向大众消费的文化创意产品，都为工匠们提供了不同的市场定位。

（四）社会组织与文化传播

社会组织在乡创工匠生态系统中起到了连接政府、市场和工匠个体的重要作用。非政府组织（NGO）、手工艺协会以及文化传播机构通过组织展览、比赛、论坛等活动，推动乡创工匠的技艺传播和品牌推广。这些活动不仅帮助工匠提升社会影响力，还为他们搭建了与其他工匠、设计师和企业合作的平台。

同时，社会组织还通过媒体宣传、出版书籍等形式，记录和传播工匠的成长故事和技艺发展。例如，一些纪录片、书籍和展览，通过展示工匠的创作过程和工艺技巧，不仅提升了工匠技艺的社会知名度，还使得工匠文化成为公众关注的焦点，进一步推动了工匠技艺的传承与发展。

三、乡创工匠形成的关键影响因素

乡创工匠的生成过程受到多重因素的综合影响，除了外部的政策、市场和教育支持外，工匠个体的特质、学习能力和社会环境也在其中扮演着重要角色。理解这些影响因素，有助于更好地把握乡创工匠生成的内在机制。

（一）政策与文化的影响

政策引导是推动乡创工匠生成的重要外部因素。通过国家和地方政府的政策支持，乡村手工艺获得了更多的资源投入和社会关注，工匠们得以在政策的保护和扶持下，进一步传承和发扬传统技艺。同时，文化政策的引导为乡创工匠的技艺赋予了更高的文化价值，推动了乡村工匠的职业化进程。

文化环境也是影响乡创工匠生成的重要因素。乡村地区的文化传统与风俗习惯，往往是工匠技艺的重要来源和灵感。例如，乡村手工艺品如剪纸、刺绣、木雕等，都带有浓厚的地方文化印记。乡创工匠通过传承和创新这些技艺，将地方文化与个人创作相结合，形成了具有地域特色的艺术作品。

（二）个体特质与创新能力的影响

在乡创工匠的生成过程中，工匠个体的特质与创新能力是决定其职业发展和技艺传承的重要因素。不同工匠的个体特质，包括创造力、动手能力、学习能力、职业动机等，都会对其技艺的掌握程度和创新水平产生深远的影响。特别是在当今市场竞争激烈的环境中，拥有较强创新能力的工匠，能够将传统技艺与现代设计和市场需求相结合，创造出更加符合时代审美的产品，从而在市场中占据竞争优势。

创造力是乡创工匠在职业生涯中的核心动力之一。一些工匠能够在传统技艺的基础上进行大胆的创意创新，他们不仅掌握了传统技艺的精髓，还通过现代设计理念为其注入了新的元素。这种创新能力往往来源于工匠的个体特质和成长环境。创意型工匠通常具有较强的求知欲和好奇心，善于从周围的文化、自然和市场需求中汲取灵感，从而推动了技艺的创新和发展。

此外，个体特质与工匠的职业动机密切相关。一些工匠具备较强的职业动机，追求技艺的精进与市场的认可，他们积极参与技艺的传承与创新，努力通过不断学习和实践提升自身的能力。这类工匠往往愿意与其他工匠、设计师以及企业合作，拓展自己的创作思路，提升产品的市场价值。而另一类工匠则可能更倾向于坚守传统，较少进行创新，这类工匠的职业发展可能受到创新能力不足的限制。

（三）技术与市场变化的影响

随着现代技术的飞速发展，特别是数字化工具、互联网平台的广泛应用，传统工匠的生产模式和市场销售渠道发生了根本性的变化。新技术为工匠们提供了全新的创作工具和销售方式，同时也为技艺传承和创新带来了新的可能性。

首先，数字化工具的应用使得乡创工匠能够更高效地进行产品设计和制作。例如，计算机辅助设计（CAD）和3D打印技术的普及，帮助工匠们在保留传统工艺精髓的基础上，大大提升了产品设计和生产的效率。这些技术手段不仅缩短了工匠从设计到成品的周期，还提高了产品的精度和一致性，使得乡创工匠的作品能够更加精准地满足市场需求。

其次，互联网和电商平台的崛起为乡创工匠提供了全新的销售渠道。通过电商平台，工匠们可以直接面向全国乃至全球的消费者销售产品，打破了传统的地域限制。同时，社交媒体的普及也为乡创工匠提供了展示技艺和传播品牌的新途径。工匠通过直播平台、短视频平台展示自己的创作过程和工艺技巧，不仅提升了社会知名度，还赢得了更多的消费者关注。

市场的变化也对乡创工匠的生成和发展产生了重要影响。现代消费者的需求日益多元化，他们不仅追求产品的美观性和实用性，还注重产品的文化内涵、环保性和定制化服务。乡创工匠通过对市场变化的敏锐感知，不断调整产品的设计和制作方式，以满足消费者的多样化需求。例如，一些工匠通过开发定制化手工艺品，满足了消费者对个性化产品的追求，从而在市场中获得了更大的竞争优势。

（四）社会与文化环境的影响

社会与文化环境是乡创工匠生成过程中不可忽视的因素。乡村社会中，传统的手工技艺往往与地方文化、宗教信仰、民俗活动等密切相关，工匠的成长深受这些社会文化因素的影响。乡创工匠不仅是手工技艺的传承者，也是乡村文化的守护者和传播者。

第一，地方文化的传承为乡创工匠提供了丰富的创作素材和灵感。例如，乡村地区的手工艺品，如剪纸、刺绣、木雕等，都是地方文化和风俗习惯的象征，工匠通过传承这些技艺，将地方文化融入自己的创作中，形成了独具地域特色的艺术作品。乡创工匠通过传承与创新地方文化技艺，不仅满足了现代社会对传统文化的需求，还推动了地方文化的传播和发展。

第二，社会环境的支持对乡创工匠的生成起到了积极的推动作用。近年来，随着国家对传统文化的重视和政策支持，社会各界对工匠技艺的关注度逐渐提升。许多非政府组织（NGO）和文化传播机构通过举办展览、比赛、文化交流活动等方式，推动了乡创工匠技艺的传承与传播。这些活动不仅为工匠提供了展示和推广技艺的机会，还为工匠与市场、消费者建立了更直接的联系。

四、乡创工匠成长路径分析

乡创工匠的成长路径经历了技艺传承、创新、职业发展等多个阶段，每个阶段都面临不同的挑战和机遇。通过分析乡创工匠的成长路径，可以更好地理解工匠生成的内在机制和外在环境对其发展的影响。

（一）早期技艺启蒙与学习

乡创工匠的成长往往从早期的技艺启蒙开始。许多工匠在年少时便受到家庭传承或受到地方手艺人的影响，接触到了传统的手工技艺。这种早期的技艺启蒙，通常是通过观察、模仿和实践的方式进行，工匠通过不断地动手操作，逐渐掌握了技艺的基础技能。

在这一阶段，师徒制是技艺传承的重要形式。经验丰富的老工匠通过言传身教，将技艺的精髓传授给年轻一代工匠。在师徒制下，工匠不仅学习到了技艺的制作技巧，还通过与师傅的长期相处，深刻体会到了工艺背后的文化价值和工匠精神。这种师徒之间的技艺传承，确保了乡创工匠技艺的延续性和稳定性。

（二）职业技能提升与市场探索

随着工匠技艺的逐渐成熟，他们开始进入职业技能提升和市场探索的阶段。在这一阶段，工匠不仅要通过不断地实践精进技艺，还要开始探索产品的市场定位和消费者需求。工匠通过参与手工艺品展览、市场销售等活动，了解市场的动态和消费者的偏好，从而调整自己的产品结构。

职业技能的提升往往通过系统化的学习和实践积累实现。近年来，职业教育的发展为乡创工匠提供了更加广泛的学习平台，工匠通过职业技能培训和技工学校的学习，不仅提高了技艺水平，还接触到了现代设计理念和市场营销技巧。例如，工匠们通过学习计算机辅助设计（CAD）和数字化生产技术，能够更加高效地进行产品设计和制作，提升了市场竞争力。

（三）技艺创新与个人品牌建立

随着技艺的不断精进，乡创工匠逐步进入技艺创新和个人品牌建立的阶段。在这个阶段，工匠们不仅需要在技艺上进行创新，还需要通过市场推广和品牌建设，提升个人的知名度和市场影响力。工匠通过对传统技艺的创新，结合现代设计理念，创造出具有市场竞争力的独特产品，从而在市场中树立了自己的品牌形象。

个人品牌的建立，不仅需要工匠具备高超的技艺，还需要他们具备一定的市场意识和推广能力。通过参加展览、比赛以及与设计师和企业的合作，工匠逐渐提升了自己的社会影响力和市场认知度。此外，社交媒体和电商平台的普及，为工匠提供了直接与消费者沟通的渠道，进一步推动了个人品牌的建立和推广。

（四）技艺传承与职业发展

乡创工匠的职业发展并不止步于个人技艺的提升，他们还肩负着技艺传承的责任。在技艺成熟期，工匠往往会通过师徒制或职业教育的方式，将自己的技艺传授给年轻一代的工匠,确保传统技艺的延续与发展。技艺的传承不仅是工匠个体职业发展的延续,更是对乡村文化与手工技艺的保护与传递。在这个阶段,工匠们逐步从技艺的学习者转变为技艺的传承者和创新者,他们不仅要确保传统技艺的纯粹性,还要通过不断地创新,使其在现代社会中继续焕发生命力。

1. 师徒制中的技艺传承

师徒制是乡创工匠技艺传承的核心方式之一。这种模式不仅有助于确保传统技艺的代际传递,还通过面对面的教学,使得年轻工匠能够在实际操作中掌握技艺的精髓。在这一过程中,老工匠作为技艺的守护者,将技艺的细节、制作过程中的注意事项以及工匠精神传递给年轻一代。在这种传承机制下,工匠的技艺不仅得以保留,还随着每一代的传承逐渐改进和精进。

与现代教育系统相比,师徒制更加注重实践中的技艺传授和经验积累。乡创工匠通过数年的跟随学习,逐步掌握了从简单到复杂的手工制作技巧,并在师傅的指导下不断改进。通过师徒制传承,工匠的职业发展不仅限于个人技艺的成长,还涵盖了对传统文化的责任感和对工艺传承的使命感。

2. 职业教育中的技艺创新

随着现代职业教育的发展,技艺传承的方式逐渐多元化。职业教育机构和技工学校为乡创工匠提供了系统化的学习平台,不仅帮助工匠提高技能,还为他们提供了更多的创新机会。在职业教育体系中,工匠不仅学习传统技艺,还接触到现代设计、材料科学以及市场营销等知识,这为他们的技艺创新提供了理论基础和技术支持。

职业教育的一个重要特点是将传统工艺与现代技术相结合。例如,在陶瓷工艺课程中,工匠不仅学习了传统的手工成型和上釉技术,还通过使用现代窑炉技术提升了烧制效率和产品质量。同样,刺绣工匠可以通过学习现代纺织材料和染色技术,丰富其传统工艺的表现力。在这个过程中,工匠通过不断创新,拓宽了传统技艺的应用范围,使其更加符合现代市场的需求。

3. 文化保护与技艺传承的社会责任

在乡创工匠的成长路径中,技艺传承不仅是工匠个体的职业选择,更是一种社会责任。特别是在国家非物质文化遗产保护政策的推动下,乡创工匠成了非遗传承人，承担起了保护和发扬传统文化的使命。作为非遗传承人，工匠们不仅要确保技艺的传承，还要通过社会宣传、文化交流等方式，提升公众对传统技艺的认知和重视。

近年来，乡创工匠通过参与非遗传承项目，获得了更多社会资源的支持。例如，政府和文化组织通过举办技艺展览、非遗技艺进校园等活动，帮助工匠扩大了技艺的影响力。这些活动不仅使得更多人了解和学习了传统技艺，还为工匠提供了传承技艺的资金和平台。通过这种方式，乡创工匠的技艺传承与文化传播工作得以更加有效地推进。

4. 技艺创新与职业路径的多元化

乡创工匠的职业发展路径呈现出多元化的特点。随着市场需求的多样化和技术的发展，工匠们在职业生涯中不断面临新的机遇和挑战。他们不仅可以选择继续从事传统技艺的传承和创新，还可以通过跨界合作、开设工作室、参与文化创意产业等方式，拓展自己的职业发展空间。

例如，乡创工匠通过与设计师、艺术家合作，创作出具有现代艺术风格的手工艺品，这种跨界合作使得工匠的作品能够进入更广泛的艺术市场，提升了作品的文化和商业价值。与此同时，工匠通过开设个人工作室或电商店铺，直接面向消费者销售定制化手工艺品，增加了收入来源。此外，随着文化创意产业的兴起，乡创工匠的技艺被广泛应用于影视、文创产品等领域，进一步拓宽了其职业发展的可能性。

（五）乡创工匠成长路径的多阶段特征

综上所述，乡创工匠的成长路径具有明显的多阶段特征。工匠的职业发展从早期的技艺启蒙开始，经历了职业技能提升、技艺创新和品牌建立的阶段，最终进入技艺传承与社会责任的阶段。在每个阶段，工匠都面临着不同的挑战和机遇，而外部的政策支持、市场需求、技术进步以及个体的学习能力和创新意识，都是推动工匠成长的重要动力。

工匠的成长路径并非线性发展，而是随着市场变化和个体需求的调整，不断迭代和进化。例如，一些工匠在技艺成熟后选择回归传统，专注于技艺的精雕细琢，而另一些工匠则通过创新和跨界合作，走向更加多元化的职业发展道路。这种多样化的成长路径，反映了乡创工匠职业发展的灵活性和广阔的可能性。

乡创工匠的生成规律是一个复杂的、多因素交织的过程。通过分析工匠的时代背景与社会需求、培育的生态系统、形成的关键影响因素以及成长路径，我们可以看出，工匠的成长不仅受到外部政策、市场、技术和文化环境的推动，还依赖于工匠个体的创新能力、职业动机和学习能力。在现代社会的背景下，乡创工匠不仅承担着技艺传承的责任，还通过不断创新和市场探索，推动了传统手工艺与现代社会的深度融合。

在未来，随着乡村振兴战略的深入推进，乡创工匠将在促进乡村经济、文化自信中发挥更为重要的作用。政府、市场、教育机构和社会组织等多方力量的协同合作，将继续为乡创工匠的成长提供支持和动力，使其在现代社会中不断焕发新的生命力。同时，工匠个体在技艺传承与创新中的自主探索和职业规划，也将决定其未来的发展方向和职业成就。

对乡创工匠生成规律的探讨为我们更好地理解乡创工匠的成长提供了理论依据，同时也为政策制定者、教育者以及社会各界如何更好地支持乡创工匠的发展，提供了有价值的参考。在今后的研究和实践中，我们还会进一步探讨工匠在全球化、数字化背景下的发展趋势，从而挖掘出更多推动乡创工匠生成和成长的深层动力。

第二节　人才个体差异性规律

人才个体差异性是指在技能掌握、学习能力、创造力、职业动机等方面，不同个体表现出的显著差异。这些差异直接影响到个人职业发展的路径、成就和创新能力。对于乡创工匠而言，个体差异性规律尤为关键，它不仅影响到工匠技艺的传承和发展，还影响到工匠在市场中的竞争力和团队协作中的角色。本节将从乡创工匠个体差异性表现、个体特质与技能发展的关系、个体学习能力与职业发展的协同，以及个体差异性在团队中的作用四个方面进行深入探讨。

一、乡创工匠个体差异性表现

在乡创工匠的职业发展中，个体差异性体现在多方面。无论是技艺掌握的深度、创造力的发挥，还是社会适应能力和职业动机的表现，不同工匠的成长轨迹和表现形式都存在显著差异。这些个体差异性不仅影响到工匠的职业成长路径，还决定了其在市场中的定位与竞争力。

（一）技艺掌握深度的差异

技艺掌握的深度是乡创工匠个体差异性中最为显著的一种表现形式。尽管所有工匠都从事传统手工艺的传承和创新，但不同工匠的技艺水平和技能深度往往存在很大的差距。一些工匠通过多年的经验积累，能够精通复杂的工艺流程并不断进行创新；而另一些工匠则可能仅掌握了基础技能，难以突破传统技艺的局限。

这种差异通常与工匠的学习经历、投入时间以及个人专注力密切相关。技艺精湛的工匠往往拥有更多的实践机会，并能通过反复的实验与修正，不断提升技艺水平。这种深度的积累通常源于长期的专注和坚持，而不仅仅依靠天赋或短期的努力。因此，工匠在技艺掌握深度上的差异，直接影响到他们的职业成就和市场认可度。

（二）创造力与创新能力的差异

创造力和创新能力也是乡创工匠个体差异性的一个重要表现维度。在现代市场环境中，工匠的创造力决定了他们能否在传统技艺的基础上进行创新，创造出符合现代审美和消费需求的产品。具有高创造力的工匠往往能够敏锐地捕捉市场趋势，并将现代设计元素与传统工艺相结合，形成独特的风格。

然而，不同工匠在创造力和创新能力上的差异，源自他们的个体特质和社会经验。那些具有高创造力的工匠通常乐于接受新事物，愿意打破传统的束缚进行大胆尝试，而创造力较弱的工匠则可能更加依赖于已有的技艺，不愿或无法进行

第三章 乡创工匠之发展规律
DI-SAN ZHANG　XIANGCHUANG GONGJIANG ZHI FAZHAN GUILÜ

创新。这种差异直接影响了工匠在市场中的表现和竞争力，创造力较强的工匠能够通过独特的设计吸引消费者，而创造力较弱的工匠则可能难以在激烈的市场竞争中脱颖而出。

（三）社会适应能力的差异

社会适应是人的认知、行为方式和价值观随着社会环境的变化而发生与之相应的变化，亦是指社会大环境或文化倾向。[①] 乡创工匠的社会适应能力体现在他们如何应对快速变化的市场环境以及现代技术的应用。随着互联网和数字技术的普及，传统工艺行业的市场模式和生产方式发生了显著变化，工匠们需要具备较强的社会适应能力，才能够在新的市场环境中生存和发展。

在这一点上，个体差异性表现得尤为明显。一些工匠能够迅速适应互联网时代的变化，通过电子商务平台和社交媒体推广自己的作品，获得了更广泛的市场认可。而另一些工匠则可能由于年龄、知识背景或技术接受能力的限制，难以适应这种变化，仍然依赖传统的销售渠道。这种社会适应能力的差异，直接影响到工匠在现代社会中的职业发展轨迹和市场表现。

（四）职业动机与个人发展目标的差异

乡创工匠在职业动机和个人发展目标上也表现出显著的差异。一些工匠拥有明确的职业目标，他们不仅追求技艺上的精进，还希望通过创新与市场营销扩大个人品牌的影响力。这类工匠通常更加注重产品的设计和市场推广，愿意花费时间和精力提升个人技艺和市场竞争力。

相比之下，另一些工匠则可能更关注技艺本身的传承和保留。他们的职业动机更多体现在对传统文化的敬畏和技艺传承的责任感上，而不是市场利益的最大化。这类工匠往往不愿过多关注市场需求和变化，而是专注于保持传统技艺的纯粹性。这种职业动机的差异，直接影响了工匠在职业发展过程中的选择与成就。

---

① 方从慧.当代大学生社会适应现状调查研究[D].重庆：西南大学，2008.

二、个体特质与技能发展的关系

乡创工匠的个体特质在其技能发展过程中起着至关重要的作用。个体特质，如认知能力、创造力、情绪管理能力和职业动机等，直接影响到工匠技能的掌握、创新能力的提升以及职业生涯的长期发展。不同的个体特质与技能发展的相互关系，可以帮助我们更好地理解工匠如何通过自身特质推动技艺的不断进步与创新。

（一）认知能力与技能学习

认知能力是影响乡创工匠技能发展的重要个体特质之一。认知能力强的工匠通常具备较高的学习效率，他们能够快速理解和掌握复杂的工艺流程，并通过反复实践将所学技能运用于实际操作中。认知能力较强的工匠，通常在面对新的技艺或工艺难题时，表现出较强的解决问题的能力。他们能够通过分析和理解问题的本质，找到创新性解决方案。

然而，认知能力较弱的工匠在技能学习的过程中，可能需要更多的时间和实践积累才能达到同样的技艺水平。这并不意味着他们无法成为优秀的工匠，而是他们在技能发展上更依赖于实践和经验的积累。这类工匠通常通过长期的反复练习逐渐掌握技艺的精髓，并在这一过程中形成自己独特的工作方式和风格。

（二）创造力与技艺创新

创造力是工匠在技艺创新过程中至关重要的个体特质。创造力强的工匠不仅能够在现有技艺基础上进行创新，还能够在材料、工艺流程和产品设计等方面进行大胆尝试，打破传统技艺的局限性。例如，一些具有创造力的工匠，通过结合现代设计元素和传统手工艺，创造出符合当代消费者审美需求的手工艺品。

然而，创造力较弱的工匠在技艺创新上可能表现得较为保守。他们更倾向于遵循传统的工艺流程，不愿尝试新的设计或材料。这种保守的态度虽然在某种程度上确保了传统技艺的纯粹性，但也限制了工匠的职业发展和市场竞争力。在现代市场环境中，工匠只有通过不断创新，才能够适应变化的市场需求，保持竞争力。

（三）情绪管理与技能提升

情绪管理能力是一种心理特征，是使人顺利实现情绪和情感活动所需的心理条件。[①]这种能力是工匠在技能提升过程中不可忽视的个体特质。情绪管理能力强的工匠在面对失败或挑战时，通常能够保持冷静、积极的态度，继续努力提升自身的技艺水平。在手工艺的制作过程中，工匠常常面临繁琐的工序和高强度的体力劳动，情绪波动可能直接影响到产品的质量和完成度。因此，情绪管理能力对于工匠职业发展的稳定性和长期性具有重要影响。

相比之下，情绪管理能力较差的工匠在面对失败或市场压力时，容易产生挫败感，从而影响工作效率和职业发展。这类工匠在面对挑战时，往往表现出较低的耐心和信心，进而限制了他们在技艺上的突破。因此，情绪管理能力不仅影响到工匠的职业成长，还在很大程度上决定了他们能否在市场竞争中保持长久的活力。

（四）职业动机与技能发展

职业动机包含激励个体做出职业选择和维持调节工作状态两部分，影响着个体的就业态度，并能够支配个体的行为。[②]职业动机是决定工匠技能发展的核心驱动力之一。不同的职业动机直接影响到工匠在技能发展中的专注程度、学习投入以及创新动力。乡创工匠在职业动机上的差异，反映了他们对职业目标的不同追求，进而影响到其技能发展的速度和深度。

职业动机强的工匠通常具有明确的目标和方向，他们不仅希望精通技艺，还希望通过创新和市场推广，实现个人职业的全面发展。这类工匠在技能学习过程中表现出较强的主动性，他们不断寻找机会学习新的技艺，更新传统工艺流程，以应对市场需求的变化。同时，他们也更加重视个人品牌的打造，积极探索创新的设计理念和销售渠道，以提升个人在市场中的知名度和竞争力。

相反，职业动机较弱的工匠往往对个人技能的提升表现出较低的兴趣。他们

---

① 马向真，王章莹.论情绪管理的概念界定[J].东南大学学报（哲学社会科学版），2012（04）.
② 赵培.基层公务员职业动机与职业倦怠的关系研究[D].天津：天津商业大学，2023.

可能满足于现有的技能水平，缺乏进一步学习和创新的动力。这类工匠通常更专注于保持传统工艺的稳定性，而不愿意冒险进行创新。这种职业动机的差异不仅影响到工匠的技能发展，还决定了其职业路径的多样性。职业动机强的工匠往往能够通过不断地技能提升和创新，拓展职业发展空间，而职业动机较弱的工匠则可能更多地局限于传统技艺的传承。

三、个体学习能力与职业发展的协同

学习能力是乡创工匠职业发展过程中不可忽视的因素。工匠的学习能力不仅影响其技艺的掌握速度，还决定了其能否在市场中通过学习适应新技术和新趋势的变化。个体学习能力与职业发展的协同作用，在乡创工匠的成长过程中表现得尤为明显。

（一）学习途径的多样化

乡创工匠的学习途径随着时代的发展逐渐多样化，传统的师徒制传授、现代职业教育、在线学习平台等，都为工匠提供了丰富的学习资源。学习能力强的工匠往往能够利用这些多样化的学习途径，不断更新和提升自己的技能。

首先，师徒制仍然是传统技艺传承的重要途径之一。在师徒制下，工匠通过长时间的手把手教学，学习到复杂技艺的操作细节和技巧。学习能力强的工匠能够通过观察和实践，迅速掌握技艺的核心要点，并在师父的指导下逐步形成自己的工作方法。

其次，现代职业教育体系为工匠提供了更加系统化的学习途径。职业院校和技工学校开设了传统工艺课程，帮助工匠掌握更加现代化的工具和技术，如计算机辅助设计（CAD）和数字化生产技术。这种职业教育不仅帮助工匠提升了技能水平，还通过课程设置培养了工匠的市场意识和创新能力。

在线学习平台的兴起也为乡创工匠提供了灵活的学习机会。工匠们可以通过互联网随时随地学习新技术和设计理念，这种灵活的学习方式特别适合那些希望在工作之余提升技能的工匠。学习能力强的工匠通常能够迅速适应这种在线学习模式，并将所学知识应用于实践中。

（二）学习能力与创新发展

学习能力强的工匠不仅在技艺传承中表现出色，还能够通过学习新的设计理念和技术手段进行创新发展。在现代市场环境下，工匠不仅需要精通传统技艺，还需要具备灵活应对市场变化的能力。学习能力强的工匠通过不断学习和创新，能够在设计、材料应用和工艺流程上进行突破，提升产品的市场竞争力。

例如，工匠通过学习现代艺术设计理念，将传统手工艺与现代审美相结合，设计出独具特色的产品。这些产品不仅保留了传统工艺的精髓，还通过创新设计迎合了现代消费者的审美需求。学习能力较强的工匠能够快速吸收这些新的理念，并灵活运用于自己的创作中，从而实现了技艺的现代化和市场化。

与此同时，学习能力较弱的工匠则可能更多地依赖于已有的技艺，较少进行创新和突破。这类工匠在职业发展中往往表现得较为保守，他们更倾向于保持现有的工作方式，而不愿尝试新的设计和技术手段。尽管这些工匠在传统技艺的传承上表现出色，但在现代市场中，缺乏创新能力可能会限制其职业发展空间。

（三）学习能力与市场适应性

市场适应性是乡创工匠职业发展中一个至关重要的因素，而学习能力在其中扮演了关键角色。市场需求的变化往往是突如其来且多变的，工匠们需要通过学习新的技艺、设计理念和市场营销策略，才能及时调整产品方向，以应对市场变化。

学习能力强的工匠能够通过市场调研、消费者反馈等方式，迅速捕捉市场需求的变化，并据此调整创作方向。例如，工匠通过学习电子商务和社交媒体推广技巧，将传统手工艺品推向更广泛的市场。在电商时代，这种适应市场变化的能力，使得工匠们能够突破地域限制，直接与全国乃至全球消费者进行交流和交易，从而扩大了市场覆盖面。

相反，学习能力较弱的工匠可能在面对市场变化时反应迟缓。他们往往依赖传统的销售渠道和营销手段，难以适应数字化时代的市场需求变化。这种市场适应性的差异，决定了工匠在现代社会中能否保持长久的竞争力。学习能力较强的工匠，能够通过持续学习，不断更新自己的技艺和市场策略，从而在激烈的市场竞争中保持领先地位。

四、个体差异性在团队中的作用

随着手工艺行业的发展，乡创工匠的创作活动逐渐从单打独斗转向团队协作。在这一过程中，工匠的个体差异性在团队中发挥了重要作用。不同工匠在技艺、创造力、学习能力等方面的差异，不仅影响到个人职业发展，也在团队合作中展现出重要的互补性和协同性。

（一）技艺互补与团队合作

在乡创工匠团队中，个体的技艺差异往往能够形成互补优势。不同工匠在不同技艺领域拥有各自的专长，通过团队合作，这些专长可以相互补充，形成更加完整的创作链条。例如，一位擅长雕刻的工匠与一位擅长上釉的工匠合作，能够共同制作出具有独特风格的陶瓷作品。

这种技艺互补的团队合作模式，不仅提高了作品的质量，还增加了作品的多样性。每位工匠在团队中发挥自己的特长，同时也从其他工匠的技艺中获得启发。这种合作方式，使得每位工匠都能够在团队中找到适合自己的位置，从而形成良好的协作氛围。

（二）创造力多样性与团队创新

创造力的多样性是乡创工匠团队中创新的重要来源。不同工匠在创作过程中表现出的创造力差异，能够为团队带来更加丰富的创作灵感。一些工匠更擅长传统技艺的精雕细琢，而另一些工匠则擅长突破常规，进行大胆的设计创新。这种创造力的多样性，为团队创新提供了更多的可能性。

通过团队合作，工匠们可以通过头脑风暴和实际操作，集思广益，形成更加创新的设计方案。例如，在陶艺团队中，一位工匠可能擅长传统的器型设计，而另一位工匠则能够通过现代设计理念对器型进行改良，最终两者结合创造出既符合传统工艺要求又具有现代审美的作品。这种团队中的创造力多样性，不仅提升了作品的市场竞争力，还推动了传统技艺的不断创新和发展。

（三）学习能力与知识共享

在乡创工匠的团队中，个体的学习能力差异对团队的知识共享和技能提升起着重要作用。学习能力强的工匠通常能够迅速掌握新的技艺和设计理念，并通过团队合作将这些新知识传递给其他成员。例如，一位掌握了现代数字化设计工具的工匠，可以将其知识传授给团队中的其他工匠，帮助他们更高效地完成创作任务。

知识共享是乡创工匠团队推动整体技能提升和创新的重要途径。学习能力强的工匠不仅能够更快地掌握新技术，还能够通过与团队成员的交流与合作，将这些知识进行传递和扩展。团队中的其他成员则可以通过这些交流，逐步学习和掌握新的技艺，从而形成一个良性循环，推动整个团队在技艺水平和市场竞争力上的提升。

在一些情况下，学习能力强的工匠还会主动承担培训和指导其他工匠的责任。例如，在一个陶艺团队中，一位掌握了现代窑炉技术的工匠，可以为其他成员提供相关的技术培训，帮助他们优化烧制流程，提高产品质量。这种知识共享的机制，使得整个团队的技能水平得以均衡提升，不仅增强了团队的创新能力，也提升了团队的生产效率和整体竞争力。

此外，团队中的学习能力差异还可以通过合作实现互补。那些学习能力相对较弱的工匠，虽然在掌握新技术时可能需要更多的时间和精力，但他们往往具有更加扎实的传统技艺基础。在团队中，学习能力强的工匠可以从这些传统技艺中获得启发，而学习能力较弱的工匠则能够通过与学习能力强的工匠合作，快速适应现代技术和市场变化。这种合作机制不仅促进了团队内部的知识流动，还在很大程度上增强了团队的凝聚力和协作精神。

（四）个体差异性对团队角色分工的影响

在乡创工匠团队中，个体差异性直接影响到团队的角色分工和协作效率。每个工匠在技能、创造力、学习能力等方面的差异，使得他们在团队中的角色定位有所不同。合理利用这些差异性，能够帮助团队形成高效的分工合作模式，提升整体创作效率。

首先，技能水平较高的工匠通常承担着团队中最复杂、技术要求最高的工作任务。他们往往在产品设计和制作的关键环节中发挥核心作用，负责确保作品的工艺质量和创新性。同时，这些工匠也可能承担起团队的指导角色，帮助其他成员提升技能水平。

其次，创造力突出的工匠则更多地负责作品的设计和创新环节。他们通过灵感和设计能力，为团队带来新的创作方向和产品理念。这类工匠在团队中发挥了重要的创新引领作用，推动着团队整体的创意输出和市场适应性提升。

学习能力强的工匠则往往在团队中扮演着桥梁和纽带的角色。他们能够快速掌握新知识和新技能，并通过与团队成员的合作，将这些新技术和方法传递给其他成员。在团队中，这类工匠通常负责引入和推广新的创作工具和工艺流程，从而提升整个团队的创作效率。

同时，社会适应能力强的工匠在团队中的角色也十分关键。这些工匠能够敏锐地感知市场需求的变化，并将消费者的反馈融入产品设计和生产过程中。他们在团队中通常负责市场调研、销售和宣传等工作，通过有效的市场对接，帮助团队实现产品的市场化和品牌推广。

（五）团队协同中的个体差异性平衡

乡创工匠团队协作的成功，依赖于个体差异性在团队中的合理平衡。每个工匠在技能、创造力和适应能力方面的差异，决定了他们在团队中的分工和角色定位。通过将这些差异性优势进行优化组合，团队能够在技艺传承、创新设计和市场推广等各个环节中实现高效协作。

在实际的团队协作中，工匠之间的差异性不仅带来了多样化的创作思路和工作方式，还可能引发一定的冲突或不协调。因此，团队领导者或项目经理在组织团队工作时，必须充分考虑个体差异性的影响，合理分配任务，并通过有效的沟通机制，确保团队成员之间的协作顺畅。例如，在一个涉及多工种合作的手工艺项目中，团队领导者需要协调各个工种的进度，并确保每个工匠都能根据自身优势，承担最适合的工作任务。

第三章　乡创工匠之发展规律
DI-SAN ZHANG　XIANGCHUANG GONGJIANG ZHI FAZHAN GUILÜ

团队中的个体差异性平衡还体现在合作的长期性和灵活性上。通过在项目中不断调整角色分工，团队可以根据项目的不同需求，充分发挥每位工匠的优势。例如，在产品开发的早期阶段，创新能力强的工匠可能扮演核心角色，而在产品投产阶段，技术熟练度高的工匠则承担更重要的任务。这种灵活的分工模式，有助于团队在不同发展阶段保持高效运转，并通过合作实现整体创新和发展的目标。

乡创工匠的人才个体差异性规律，揭示了不同工匠在技能、创造力、学习能力和社会适应能力等方面的差异如何影响其职业发展和团队协作。通过分析乡创工匠个体差异性的表现，以及个体特质与技能发展的关系，我们可以看出，工匠的职业成就与其个体特质密切相关。在现代手工艺市场中，创造力、学习能力和社会适应能力强的工匠，往往能够通过不断地创新和市场拓展，提升自身的市场竞争力。

个体学习能力与职业发展的协同作用进一步说明了学习能力在工匠成长中的关键作用。学习能力强的工匠能够通过多样化的学习途径，快速掌握新技艺和新技术，并通过创新实现技艺的现代化和市场化。在团队协作中，个体差异性不仅为团队带来了多样化的创作思路，还通过技艺互补和知识共享，实现了团队整体技能的提升和创新能力的增强。

乡创工匠的个体差异性规律，不仅为手工艺行业的人才培养和团队组织提供了理论依据，也为政策制定者、教育者和企业提供了新的思路。通过充分认识和利用乡创工匠的个体差异性，我们可以更好地推动乡村手工艺的传承与创新，提升工匠个体的职业成就和团队的整体竞争力。

第三节　螺旋式上升的增长规律

乡创工匠的职业成长过程具有螺旋式上升的特点，这意味着其发展轨迹并非线性，而是伴随着不断地反馈、改进与创新，逐渐在技艺、市场影响力和文化传承等方面实现多维度的提升。螺旋式上升的职业发展模式反映了工匠在成长过程中如何通过反复地实践、反思与创新，逐步构建个人风格，并在市场中占据独特的地位。本节将围绕乡创工匠的职业成长模型、螺旋式上升与创新能力发展、工匠精神与持续学习的关系，以及工匠发展的内在驱动力进行系统探讨。

一、乡创工匠的职业成长模型

乡创工匠的职业成长是一个不断重复、不断提升的过程。职业成长模型不仅包括技艺的积累和创新，还涵盖了工匠如何通过学习、实践和市场反馈进行自我改进与提升。随着时间推移，工匠的职业成长路径逐渐由模仿阶段过渡到创新阶段，最终在成熟期实现个人风格和市场影响力的巩固。

（一）职业成长的初级阶段：技艺传承与模仿

在职业成长的初期，乡创工匠通常处于技艺传承与模仿的阶段。此阶段的工匠处于传统手工技艺的学习者角色，主要目标是掌握传统工艺的基本技术和流程。学习的来源通常是通过师徒制或职业教育培训。通过重复操作和不断试错，工匠逐渐熟悉工艺的各个环节，从最基础的手工技艺入门，逐渐走向精通。

这一阶段的学习特点是工匠大量模仿前辈的技艺，他们的创作往往与个人风格的建立无关，主要目的是通过实践积累经验。在此过程中，工匠需要解决技艺中最基本的技术问题，逐步提高手工技艺的熟练程度。这种学习方式虽然略显单一，但为未来的技艺创新打下了坚实的基础。

（二）职业成长的中级阶段：技艺精进与个人风格形成

随着工匠对基本技艺的掌握逐渐成熟，他们的职业成长进入了技艺精进与个人风格形成的中级阶段。这一阶段的工匠已经积累了较为丰富的经验，他们不仅能够掌握复杂的手工技艺，还能够通过反思与实践找到技艺创新的切入点。在此阶段，工匠逐渐尝试在作品中加入个人的设计理念，通过调整技艺流程或引入新材料进行技术突破。

中级工匠的职业成长关键在于技艺的精进和对传统技艺的创新。这一过程中，工匠通过对市场需求和消费者反馈的敏感度，开始思考如何在保留传统技艺精髓的同时，通过创新设计满足现代市场的审美和功能需求。此时，工匠不仅是技艺的传承者，还是创新者，他们通过对材料、工艺流程和设计的调整，逐步形成个人的创作风格。

（三）职业成长的高级阶段：品牌建立与文化传承

当工匠进入职业生涯的高级阶段，他们的技艺已经达到炉火纯青的水平，个人品牌的建立成为职业发展的核心任务。在这一阶段，工匠的创作不仅仅是技艺的表现，更是一种文化的传承与创新。工匠通过作品表达自身的艺术观念、文化理念，并将这些内涵注入品牌的建设中。这一阶段的工匠通常有着清晰的职业定位，他们能够有效地管理自己的创作流程，并通过团队合作、跨界合作等形式扩大品牌影响力。

职业成长的高级阶段通常伴随着市场认知和品牌影响力的提升。此时，工匠不仅关注产品的设计与制作，还要通过市场推广、文化活动等方式，扩大个人品牌的影响力。同时，作为行业中的领军人物，成熟的工匠往往还肩负着技艺传承和创新的双重责任。他们通过开设工作坊、举办培训班或加入非遗传承项目，培养下一代工匠，确保技艺能够得以传承。

二、螺旋式上升与创新能力发展

乡创工匠的职业成长表现为螺旋式上升的模式，这意味着工匠通过不断地反馈、反思与改进，逐步提升技艺水平和创新能力。创新是乡创工匠职业发展的核心动力，它不仅使得工匠能够在传统技艺的基础上有所突破，还帮助工匠适应不断变化的市场需求。螺旋式上升的成长规律充分体现了工匠如何在实践中不断提升创新能力，实现职业生涯的持续进步。

（一）创新驱动力：市场反馈与技术进步

乡创工匠的创新能力通常是在职业成长的不同阶段逐步形成的。在初级阶段，工匠的创新能力较为有限，他们更多地依赖传统技艺的传承和模仿。然而，随着技艺掌握的逐步深入，工匠开始在现有的框架内进行探索，尝试通过创新设计提升作品的独特性和市场竞争力。

创新能力的形成依赖于多种因素的共同作用。首先，市场反馈为工匠提供了大量的改进信息。消费者的需求变化、市场趋势的转变，都为工匠的作品创新提供了直接的动力。在此过程中，工匠能够通过与客户的互动，了解市场对产品功能、设计和质量的期望，并在作品中做出相应的改进和创新。其次，技术进步为工匠的创新提供了更多的工具和手段。例如，数字化设计工具的广泛应用，使得工匠能够在产品设计阶段进行更加精确的预览和调整，提升了创作效率和设计精度。同时，现代化生产技术的引入也为传统手工艺增添了新的表现形式，使得工匠能够在材料选择、工艺流程和成品效果上进行更多元化的尝试。

（二）螺旋式上升中的创新反馈循环

在螺旋式上升的职业成长过程中，工匠的创新能力不断通过实践与反馈循环得到提升。这一循环通常由以下几个阶段组成。

初期实践与反馈：工匠根据市场需求进行初步的创新尝试，将新的设计或工艺投入实践，并通过市场反馈评估其成效。反馈可以来自消费者的直接评价、市场销售情况，以及社会舆论的反应。

反馈后的反思与调整：工匠通过对反馈的分析，认识到作品的优劣，并有针对性地进行调整。这种调整可能体现在设计改良、工艺优化或产品功能的调整上。

创新与再实践：在对反馈进行充分分析后，工匠通过进一步的创新实现技艺提升，并再次将改进后的作品推向市场。每一次创新与调整都成为工匠成长的一个新起点，使得职业发展呈现出螺旋式上升的模式。

长期的反馈积累与突破：通过多次反馈循环，工匠逐渐积累了丰富的市场经验和技艺改进经验。在螺旋式上升的职业成长中，这些经验帮助工匠实现长远的技艺突破，最终形成个人风格，并在市场中占据稳固的地位。

这种循环式的创新模式，不仅帮助工匠逐步提升了技艺水平，还使得他们在市场中保持竞争力。通过不断地反馈与调整，工匠能够敏锐地适应市场变化，保持作品的创新性和独特性。

三、工匠精神与持续学习

工匠精神是指工匠对技艺的极致追求、对质量的严格要求以及对创新与传承的持续关注。这种精神不仅表现在工匠日复一日地操作中,还体现在工匠对持续学习的坚持上。持续学习是工匠精神的重要体现,也是推动乡创工匠职业成长的重要驱动力。

(一)工匠精神的核心要素

工匠精神可以被概括为对技艺的执着、精益求精的追求、对工作质量的责任感以及对产品的尊重与热爱。乡创工匠往往在多年沉淀和积累中,形成了对技艺的深刻理解和对每一个制作环节的严谨态度。他们相信细节决定成败,因此在每一次创作过程中,都会投入高度的专注力和责任感,力求将作品做到极致。

这种精神不仅表现在工匠的工作态度上,还体现在他们对传统技艺的传承与创新责任上。乡创工匠不仅仅是手工技艺的实践者,也是文化的守护者。他们不仅致力于将传统技艺发扬光大,还通过创新和持续学习,使得技艺能够在现代社会中继续焕发出新的生命力。

(二)持续学习与技艺精进

持续学习是工匠精神的重要组成部分,也是工匠成长中的关键环节。随着市场需求和技术的不断变化,工匠必须通过持续学习来保持技艺的进步和创新能力。对于乡创工匠而言,持续学习不仅是提高自身技能的方式,更是他们在快速发展的市场中立足的重要手段。工匠的持续学习过程包括技艺的深化、市场趋势的分析、新技术的掌握以及文化认知的更新。

首先,技艺的深化是工匠持续学习的核心内容。在工匠精神的驱动下,工匠往往会投入大量时间和精力去钻研技艺的细节,以便将作品中的每一个环节做到极致。在这一过程中,工匠不断通过实践积累经验,并通过与其他工匠的交流合作,不断获取新的灵感和技术。同时,工匠通过学习新的材料处理技术、手工具和制作流程，不断优化创作效率和作品质量，从而在市场中赢得更多的认可。

其次，市场趋势的分析是工匠持续学习的重要组成部分。在现代市场中，消费者的需求快速变化，工匠需要不断了解市场的新趋势和消费偏好，才能设计出符合时代潮流的产品。学习市场分析的方法，包括通过消费者调研、社交媒体分析以及行业展会的交流，及时掌握市场动态。通过这些学习过程，工匠能够将市场反馈融入作品中，实现产品的创新与优化。

新技术的掌握则是乡创工匠持续学习的另一个重要领域。在现代技术迅猛发展的背景下，工匠需要通过学习新的设计工具、生产技术和数字化手段，提升产品的设计与制作效率。例如，3D打印技术、计算机辅助设计（CAD）和数字化雕刻设备的应用，使得工匠能够在传统手工艺的基础上进行更复杂的创作。这种对新技术的掌握，不仅提升了工匠的竞争力，也拓展了他们在市场中的创作空间。

最后，文化认知的更新也是乡创工匠持续学习的关键环节。乡创工匠不仅是技艺的传承者，更是文化的传播者和创新者。在文化全球化的背景下，工匠需要不断更新自己的文化认知，通过对其他文化的学习，丰富自身的创作理念。这种跨文化的学习与交流，有助于工匠在全球化市场中找到新的发展机会，同时也增强了作品的文化内涵和艺术价值。

通过持续学习，工匠能够不断提升技艺的精度和创新性，在市场中保持长久的竞争力。持续学习不仅帮助工匠应对市场变化和技术进步，还增强了他们在技艺传承和文化创新中的责任感和使命感。

四、乡创工匠发展的内在驱动力

乡创工匠的发展不仅受到外部因素的影响，更依赖于其内在的驱动力。这种驱动力包括对技艺的热爱、对职业成就的追求、对文化传承的责任感，以及自我实现的渴望。这些内在驱动力推动着工匠不断进行自我提升和技艺创新，最终实现职业上的螺旋式上升。

第三章 乡创工匠之发展规律
DI-SAN ZHANG　XIANGCHUANG GONGJIANG ZHI FAZHAN GUILÜ

（一）对技艺的热爱与专注

对技艺的热爱是乡创工匠最核心的内在驱动力。这种热爱源于工匠对手工制作过程的深刻认同，以及对传统技艺的文化价值和艺术魅力的追求。工匠在日复一日的实践中，通过对每个制作细节的深入钻研，不断提升自身技艺的水平。这种热爱不仅体现在工匠的作品中，也成为他们面对职业挑战时的精神支柱。

工匠对技艺的热爱使得他们愿意在繁琐的手工制作过程中保持高度的专注力和耐心。无论是雕刻一件复杂的木雕作品，还是编织一件精致的传统刺绣，工匠都以极大的热情投入其中，追求每一个细节的完美。这种专注力不仅推动了工匠技艺的持续提升，还为他们的作品注入了独特的情感与价值，使得作品在市场中脱颖而出。

（二）对职业成就的追求

对职业成就的追求也是乡创工匠发展的重要内在驱动力。工匠不仅希望通过技艺获得经济收益，还渴望在市场和社会中得到广泛的认可和尊重。职业成就的实现不仅体现在作品的市场销售上，还包括工匠个人品牌的建立、社会地位的提升以及技艺传承的贡献。

随着乡创工匠在职业生涯中的不断成长，他们逐渐从单纯的技艺实践者转变为独立的设计师和品牌创建者。在这一过程中，工匠通过建立自己的工作室、参与国内外展览、与其他艺术家和设计师合作等方式，逐步实现个人职业成就。他们的作品不仅得到了市场的肯定，还通过在文化创意产业中的积极参与，进一步拓展了个人职业发展的空间。

这种对职业成就的追求，推动了工匠不断提升技艺水平、创新产品设计，并通过市场推广和品牌建设实现自我价值。这种职业成就感也进一步激发了工匠在技艺传承中的责任感，使得他们愿意将自己的经验和技艺传授给下一代，推动乡创工匠群体的整体发展。

(三）对文化传承的责任感

乡创工匠的发展过程中，对文化传承的责任感是他们的重要内在驱动力之一。作为传统技艺的守护者，工匠不仅要继承前辈的技艺，还肩负着在现代社会中传承和发展这些文化遗产的使命。乡创工匠深知，传统技艺的消亡不仅是手工技艺的失传，更是文化价值的丧失。因此，他们通过不断地学习和创新，确保这些技艺能够适应时代的变化，并继续传承下去。

对文化传承的责任感，使得乡创工匠在面对职业挑战时表现出极高的韧性与毅力。他们不仅注重作品的市场价值，还强调技艺背后蕴含的文化意义和历史传承。在许多情况下，工匠会通过参与非物质文化遗产的保护项目、技艺展示和文化教育活动，向公众传播传统技艺的价值，增强社会对文化传承的认同感。

这种责任感激励着工匠不断进行创新与改进，以确保传统技艺能够在现代市场中继续焕发出新的生命力。同时，工匠也通过文化的传播和交流，提升了自身在社会中的影响力，增强了他们在职业生涯中的使命感和归属感。

(四）自我实现的渴望

自我实现的渴望是乡创工匠职业成长的深层次内在驱动力。工匠在追求技艺和职业成就的过程中，逐步实现了自我的价值。在传统技艺的实践中，工匠不仅获得了物质上的回报，还在精神上找到了自我认同和个人价值的实现。

自我实现的过程，体现在工匠通过技艺创新和作品创作，表达个人的情感、思想和文化观念。工匠通过作品与消费者和社会进行交流，将个人的艺术追求融入产品，实现了技艺与艺术的结合。在这种创作过程中，工匠不仅是手工技艺的传承者和创新者，还是文化的传播者和思想的表达者。

这种自我实现的渴望，促使工匠不断挑战自我，追求更高水平的技艺和职业成就。工匠在职业生涯中的每一次创新和突破，都是自我实现的一个新的高度。在这一过程中，工匠的职业成长不仅体现在技艺和市场价值上，更体现在个人精神和文化追求的实现上。

五、螺旋式上升模式的实际应用

通过对螺旋式上升增长规律的理解，乡创工匠能够有效运用这一模式推动个人和团队的发展。以下将列举这一模式在实践中的几个具体应用场景，以说明其在工匠职业成长中的实际作用。

（一）技艺传承与创新的动态平衡

螺旋式上升模式在乡创工匠的技艺传承与创新中，表现为一种动态平衡的实现。工匠在传承传统技艺的过程中，通过不断的实践和市场反馈，找到了创新的契机。这种平衡确保了工匠既能够保持传统技艺的文化价值和历史传承，又能够通过创新适应现代市场的需求。

通过螺旋式上升模式，工匠能够在保持传统工艺核心技法不变的基础上，结合现代设计理念和材料，开发出符合当代审美的产品。例如，传统木雕工匠通过引入新材料和数字化设计技术，在保持手工雕刻工艺的精细度和传统风格的同时，设计出更加符合现代家居需求的产品。这种技艺传承与创新的平衡，使工匠能够在市场中找到更广泛的发展机会，并提升个人品牌的独特性。

（二）个人品牌建设与文化传播

乡创工匠的职业成长不仅依赖于技艺的提升，还涉及个人品牌的建设和文化传播。在螺旋式上升模式中，个人品牌的建设是一个逐步积累和反馈优化的过程。工匠通过不断推出新产品、参与市场竞争和文化活动，逐渐形成了具有辨识度的个人品牌形象。

品牌的建设与工匠的技艺创新相辅相成。在螺旋式上升的职业发展过程中，每一次成功的创新和市场反馈都为品牌的塑造提供了基础。工匠在打造个人品牌的同时，也通过文化传播的形式，扩大了个人的社会影响力。例如，一些乡创工匠通过社交媒体展示自己的创作过程，与消费者建立更紧密的联系，从而提升了品牌的知名度和市场认同度。

通过这种品牌与文化的双重传播，工匠不仅提升了个人市场价值，还促进了传统文化的传播与复兴。他们的作品不仅作为商品存在，更成了文化的载体，通过市场渠道将传统文化传播到更广泛的消费者群体中。

（三）团队协作与集体成长

螺旋式上升模式不仅适用于个体的职业成长，还可以应用于团队协作中的集体成长。乡创工匠往往通过团队合作，结合各自的特长，形成互补的创作模式。这种合作不仅体现在技艺的共享与创新上，还包括市场推广和品牌建设等环节。

通过螺旋式上升的反馈循环，团队能够不断调整内部合作模式，提升整体创作效率和产品创新能力。例如，在一个由多个工种组成的工匠团队中，雕刻工匠、绘画工匠和设计师通过紧密合作，形成了更加丰富多样的作品风格。在每一个创作项目完成后，团队通过对市场反馈的总结，优化分工与合作方式，从而在下一个项目中实现新的创新突破。

团队协作中的螺旋式上升模式，不仅提升了团队的整体创作能力，还通过持续地反馈与反思，促进了每个成员的个人成长。工匠在团队中不仅是个体的技艺传承者，还是集体创作中的创新推动者。这种集体成长模式为乡创工匠的发展提供了更多元的职业路径，使他们能够在更大范围内发挥个人与集体的价值。

螺旋式上升的增长规律为乡创工匠的职业成长提供了有效的理论框架。通过不断地实践、反馈和创新，工匠在职业成长中逐渐实现了技艺的提升、市场价值的增强和文化传承的责任感。在这一过程中，工匠精神与持续学习紧密相连，推动了工匠在技艺上的不断突破和个人品牌的逐步建立。同时，工匠发展的内在驱动力——对技艺的热爱、对职业成就的追求、对文化传承的责任感以及自我实现的渴望，为工匠的持续成长提供了动力。

通过这种螺旋式上升的职业成长模式，乡创工匠能够在技艺传承与创新之间找到平衡点，实现个人职业发展的螺旋式上升。工匠们不仅通过技艺的不断精进在市场中赢得了竞争优势，还通过个人品牌的塑造和文化责任的承担，逐步扩大了社会影响力和个人成就感。在现代市场环境和文化自信的双重背景下，螺旋式上升的职业成长规律为乡创工匠提供了一条可持续发展的路径。

乡创工匠通过自我反思与反馈循环不断推动创新，在技艺实践中积累经验、调整策略，逐渐形成了独特的个人风格。在市场竞争和文化需求的双重驱动下，他们不仅仅是手工技艺的传承者和创新者，更是乡村文化复兴的践行者。这一螺旋式上升的增长规律，赋予了工匠职业生涯以持续提升的动力，使他们能够在不断变化的社会环境中持续保持创造力和市场竞争力。

第四节　职业发展规律

乡创工匠的职业发展规律是在复杂社会背景下，由个人能力、社会环境、市场需求和文化传承等多维因素共同作用的结果。职业发展不仅包括技艺的不断提升，还涉及工匠对个人职业生涯的规划、职业瓶颈的突破、自我效能感的提高以及多维支持体系对工匠成长的支持作用。本节将从职业生涯规划、职业瓶颈与突破策略、自我效能感的提升，以及多维度支持体系对工匠职业发展的影响四个方面，深入探讨乡创工匠的职业发展规律。

一、职业生涯规划与乡创工匠的长期成长

职业生涯规划是乡创工匠实现长期职业发展的关键。对于任何职业而言，规划未来职业路径是确保个人成长的基础。在乡创工匠的职业生涯中，合理的职业规划不仅帮助工匠明确职业目标，还能帮助其在成长过程中找到方向、实现持续创新和技艺的传承。工匠通过设定短期、中期和长期的职业目标，可以更有效地应对职业挑战，并在职业生涯的各个阶段获得成长。

（一）乡创工匠的短期规划

乡创工匠的职业生涯规划通常从短期目标开始。在职业初期，工匠的重点通常放在技艺的学习和技能积累上。短期规划主要包括如何在特定时间内掌握核心技艺、熟悉制作流程，以及通过实践提升作品质量和市场认可度。工匠通常会通

过师徒制、技艺培训或自我学习的方式，积累经验并逐步建立自己的技能基础。

短期规划的核心是技艺的扎实积累和市场适应性。工匠在短期内需要通过模仿、实践和反馈，不断提升个人技艺水平。在此过程中，他们逐渐意识到市场需求的多样性，并开始探索如何将个人风格融入作品，以吸引更多的消费者。通过清晰的短期规划，工匠能够为职业生涯的进一步发展奠定坚实的基础。

（二）中期规划：从技艺精通到品牌建立

在乡创工匠的职业生涯中，中期规划通常侧重于技艺的精通与品牌的建立。经过一段时间的技艺积累，工匠开始进入技艺精通阶段，此时他们不仅能够灵活运用所学技艺，还能够通过个人的创造力和市场反馈进行创新。

中期规划的目标是将工匠的个人风格逐步体现在作品中，并通过品牌化的运作，在市场中占据一席之地。工匠们需要通过持续的创新和市场推广，扩大个人作品的影响力，并通过合作、展览或社交媒体推广，提升个人品牌的知名度。这一阶段，工匠的职业发展开始与市场紧密结合，个人品牌的建立不仅需要精湛的技艺，还需要对市场趋势的敏锐把握。

在中期规划中，工匠还需要培养跨领域的合作能力。通过与设计师、策展人、艺术家或企业合作，工匠可以拓展职业发展的可能性。合作能够为工匠带来更多的资源和创作灵感，从而加速职业成长并增强个人品牌的市场影响力。

（三）长期规划：从个人品牌到文化传承

乡创工匠的长期规划通常超越了个人职业成就的范畴，转向文化传承和行业影响力的扩展。在职业生涯的后期，工匠不仅需要维护和提升个人品牌，还肩负着技艺传承和推动行业发展的责任。此时的工匠，不仅是技术专家，也是文化守护者和创新者。

长期规划的核心在于如何将个人的技艺和品牌转化为文化资产，并通过技艺传承培养新一代工匠。乡创工匠在职业成熟期，通过师徒制或教学活动，传承技艺，并通过出版、展览和公共教育等形式，推动传统工艺的现代化发展。通过这种方式，工匠不仅实现了个人职业生涯的延续，还为整个行业的未来发展奠定了基础。

在长期规划中，工匠还需要注重行业领导力的培养。通过不断创新、提升技艺水平，并带动行业发展，工匠可以成为行业的意见领袖，推动整个乡创工匠群体的职业发展。这种领导力的发挥，不仅有助于提升工匠个人的社会地位，也能够推动整个行业的繁荣与可持续发展。

二、乡创工匠的职业瓶颈与突破策略

职业瓶颈是乡创工匠在职业发展中不可避免的阶段。当工匠进入技艺的中级或高级阶段时，往往会遇到职业成长的瓶颈，这不仅是技艺层面的困境，还包括市场拓展、品牌推广以及创新能力的提升等方面的挑战。如何突破这些职业瓶颈，成为工匠进一步成长的关键。

（一）技艺停滞与创新困境

乡创工匠的职业瓶颈首先体现在技艺停滞和创新困境中。经过一段时间的技艺提升，工匠可能会感到难以在已有技艺的基础上进行进一步突破。这种技艺停滞现象，通常源于工匠长期从事同一工艺流程，缺乏新的创作灵感和突破点。

要突破技艺停滞，工匠需要通过不断地学习和探索，寻找新的创新灵感。例如，工匠可以通过跨领域学习或参与不同文化活动，获取新的创作灵感。此外，工匠还可以尝试使用新的材料、工具或技术，在传统技艺的基础上进行创新性尝试。通过跨界合作和技艺融合，工匠能够突破技艺停滞，实现技艺的进一步提升。

（二）市场拓展的局限性

市场拓展的局限性是乡创工匠在职业发展中面临的另一个重要瓶颈。尽管工匠的作品在一定范围内获得了市场认可，但市场的局限性可能限制其进一步发展。工匠在特定市场中的销售增长遇到瓶颈，可能源于市场容量有限、消费者需求变化或竞争加剧等因素。

为了突破市场拓展的局限性，工匠需要拓展新的市场渠道和推广手段。例如，工匠可以通过电子商务平台和社交媒体进行全球化销售，打破地域限制，将作品推广到更广泛的消费者群体中。此外，工匠还可以通过参加国内外展览、与跨国公司合作等方式，进一步拓宽市场渠道，提升个人品牌的国际影响力。

（三）个人品牌发展瓶颈

在职业发展过程中，个人品牌的推广和维护也是乡创工匠面临的一大挑战。当工匠进入职业发展的中后期，个人品牌的影响力可能进入瓶颈期，难以进一步扩大。在这个阶段，工匠需要通过创新的市场策略和品牌运作手段，重新激发消费者对品牌的兴趣。

突破品牌瓶颈的策略之一是进行品牌的多元化发展。例如，工匠可以尝试将自己的品牌与其他文化元素、产业相结合，推出更加丰富多样的产品线。同时，工匠还可以通过跨界合作和品牌联名，进一步拓展品牌影响力。此外，品牌故事的讲述和文化内涵的传播也是增强品牌吸引力的重要手段。通过讲述品牌背后的故事，工匠能够与消费者建立更加紧密的情感联系，从而推动品牌的进一步发展。

三、职业发展中的自我效能感提升

自我效能感是人们对自己实现特定领域行为目标所需能力的信心或信念。[①]乡创工匠的自我效能感直接影响到其职业发展的动力和成就感。自我效能感的提升不仅可以增强工匠对职业发展的信心，还能够激发他们在技艺创新和市场拓展中的积极性。

（一）自我效能感与职业成就

自我效能感的提升对工匠的职业成就具有重要影响。高效能感的工匠更容易在面对职业挑战时表现出积极的态度，并且能够通过自我激励，不断追求技艺的提升和创新。这种效能感的提升，通常来自工匠在职业发展中的成功经验和正向反馈。

工匠在职业生涯中通过逐步积累技艺和市场经验，逐渐形成了对自身能力的

---

①Bandura A.Self-efficacy: toward a unifying theory of behavioral change［J］.Psychological Review, 1977, 84（2）: 191-215.

高度自信。这种自信不仅推动工匠在市场中表现出更多的主动性，还使得他们在面对挑战时更有韧性和耐心。例如，当工匠在技艺创新过程中遇到困难时，具备高自我效能感的工匠往往会更加积极地寻找解决方案，并通过实践和反馈逐步提升作品的质量和市场吸引力。这种正向的职业成就感，不仅帮助工匠克服职业发展的瓶颈，还推动他们在个人品牌建设和文化传承上取得更大的突破。

相反，自我效能感较低的工匠在面对挑战时可能表现出较强的不确定性和自我怀疑，甚至可能因此停滞不前。他们更容易在技艺创新和市场拓展中遭遇挫折，缺乏继续提升自我和突破现状的动力。因此，自我效能感的提升是工匠职业成长中的重要因素，它决定了工匠能否在长时间的职业发展中保持积极性和创造力。

（二）提升自我效能感的策略

为了帮助工匠提升自我效能感，可以通过以下几种策略进行。

1. 树立具体而可行的目标

目标设定是提升自我效能感的第一步。工匠可以根据自身的技艺水平和市场需求，设定一系列具体的、短期内可实现的目标。通过逐步实现这些目标，工匠会获得正向反馈，从而增强自我效能感。随着经验的积累，工匠可以逐步设定更具挑战性的中长期目标，不断推动职业生涯的发展。

2. 获得社会支持和鼓励

工匠在职业发展过程中，不仅需要个人的努力，还需要来自社会的支持。无论是家人、同行还是客户的认可与鼓励，都可以增强工匠的自信心。例如，参与技艺展览、获得专业评审的认可或赢得消费者的好评，都会为工匠带来正向反馈，帮助他们建立和巩固自我效能感。

3. 通过成功经验提升效能感

工匠可以通过回顾过去的成功经验，提升自我效能感。成功的技艺突破或市场营销策略，都会为工匠提供有价值的经验。这些经验不仅可以为未来的挑战提供借鉴，还能帮助工匠在面对困境时增强信心，推动职业发展。

4. 持续学习与技能更新

工匠通过持续学习和更新技艺，能够不断提升对自我能力的认知。每一次的技艺提升和市场反馈，都会增强工匠对自身职业发展的信心。学习新的材料、工具和设计理念，能够帮助工匠在技艺创新和市场拓展中建立更高的自我效能感，从而推动职业生涯的持续发展。

（三）自我效能感与职业满意度的关系

自我效能感不仅影响工匠的职业成就感，还与其职业满意度密切相关。自我效能感高的工匠往往更容易在职业生涯中获得满足感和成就感，因为他们能够通过自身努力不断突破职业瓶颈，取得新的职业成就。职业满意度的提升，不仅增强了工匠对自身技艺的认同感，还激发了他们在职业发展中的持久动力。

职业满意度的提高，通常伴随着工匠自我效能感的增强。例如，工匠通过完成复杂的手工艺项目、赢得市场认可或得到社会的广泛关注，都会显著提升职业满意度。这种内外部反馈的正向循环，能够推动工匠在职业生涯中保持高度的积极性和主动性，从而实现长远的职业发展目标。

四、多维度支持体系对职业发展的影响

乡创工匠的职业发展不仅依赖于个人努力和自我效能感的提升，还需要来自社会、政府、市场和教育等多方面的支持。多维度支持体系为工匠提供了更广阔的发展平台和更多的资源，帮助他们在职业生涯中实现更高的目标。理解多维度支持体系对职业发展的影响，能够帮助乡创工匠更好地规划职业生涯，突破发展瓶颈，实现职业目标。

（一）政府政策支持

政府政策的支持是推动乡创工匠职业发展的重要外部力量。随着乡村振兴战略的实施，国家和地方政府逐步出台了一系列扶持政策，促进乡村手工艺的发展。这些政策包括财政补贴、市场推广、文化遗产保护以及技艺培训等多个方面，旨在为乡创工匠提供更多的资源和机会，推动传统手工艺的复兴与现代化发展。

通过政府政策的支持，乡创工匠不仅能够获得更多的培训和资源，还能够通过政府主导的非物质文化遗产保护项目，提升自身的社会影响力。乡村手工艺项目得到了政府的资金支持和推广渠道，为工匠的职业发展提供了强有力的保障。例如，政府通过组织手工艺展览、文化交流活动以及跨地区的市场推广，帮助工匠拓展市场，提高个人品牌的知名度。

（二）市场与商业支持

市场支持对乡创工匠的职业发展起着关键作用。市场为工匠的技艺提供了直接的反馈和经济回报，帮助工匠了解消费者需求，调整产品设计和创新方向。在现代市场环境中，电子商务、社交媒体等平台为乡创工匠提供了更加便捷的销售渠道，使他们能够突破地域限制，将作品推广到更广泛的市场。

商业合作也是推动工匠职业发展的重要途径之一。通过与企业、设计师或品牌的合作，工匠能够获得更多的市场资源和创作机会。例如，工匠可以与知名设计师合作推出联名产品，或通过与文化创意产业的深度结合，打造独特的工艺品系列。商业合作不仅提升了工匠的市场影响力，还为其提供了更加多样化的发展路径。

（三）教育与培训支持

教育和培训支持是推动乡创工匠职业发展的核心资源之一。通过系统化的职业教育和技能培训，工匠能够在职业生涯的各个阶段不断更新技艺，并获得新兴技术和设计理念的指导。职业培训不仅帮助工匠掌握了现代化的生产工具和工艺流程，还提高了他们的市场意识和品牌管理能力。

近年来，职业院校和技工学校开设了专门的手工艺课程，为乡创工匠提供了全面的技能培训。这些培训项目不仅涵盖了传统技艺的深度传承，还引入了现代设计、市场营销和品牌管理等内容，帮助工匠在技艺传承与创新中找到新的突破点。通过这些教育和培训，工匠不仅能够提升技艺水平，还能够更加有效地应对市场变化和职业挑战。

（四）社会与文化支持

社会与文化支持在乡创工匠的职业发展中发挥着重要作用。通过社会组织、非政府机构（NGO）以及文化传播机构的支持，工匠能够获得更多的资源和展示机会。例如，社会组织通过举办手工艺展览、技艺大赛以及文化传播活动，帮助工匠提升社会知名度，并为他们提供了更多与消费者和市场直接互动的机会。

文化支持也体现在非物质文化遗产的保护与推广中。工匠作为非遗技艺的传承者，不仅需要通过个人努力保持技艺的纯粹性，还需要通过社会和文化的支持，将传统技艺融入现代社会。例如，文化传播机构通过纪录片、书籍和网络平台，向公众展示乡创工匠的成长故事和技艺传承，增强了工匠的社会影响力和职业认同感。

乡创工匠的职业发展规律揭示了个人规划、自我效能感、职业瓶颈突破以及多维支持体系在工匠成长中的关键作用。职业生涯规划为工匠提供了明确的成长路径，帮助他们在不同的职业阶段设定合理的目标。突破职业瓶颈的策略，使工匠能够通过技艺创新和市场拓展，持续推动职业发展。自我效能感的提升，不仅增强了工匠的职业自信，也帮助他们在面对挑战时更加积极主动。最后，多维度的支持体系为工匠的职业发展提供了坚实的外部支持，推动了乡创工匠在技艺传承、品牌建立和文化传播中的长远发展。

在职业生涯规划、突破职业瓶颈、自我效能感提升以及多维度支持体系的影响下，乡创工匠能够不断实现职业成长，逐步从技艺传承者发展为行业领导者和文化传播者。螺旋式上升的职业成长路径，使工匠能够在现代社会中保持竞争力，并在技艺传承与创新中找到平衡点，最终实现职业的可持续发展。

未来，随着乡村振兴战略的深入推进和市场环境的不断变化，乡创工匠的职业发展将面临更多的机遇和挑战。通过合理的职业生涯规划、有效的瓶颈突破策略和持续的自我提升，工匠们将在更广阔的市场和文化领域中发挥重要作用，推动乡村手工艺的复兴与创新。同时，多维度支持体系的不断完善，将为工匠的职业发展提供更多的可能性，确保他们在职业生涯中实现个人价值和社会贡献的双重目标。

本章小结

本章详细探讨了乡创工匠的生成规律，分析了工匠职业发展的核心影响因素

第三章 乡创工匠之发展规律
DI-SAN ZHANG　XIANGCHUANG GONGJIANG ZHI FAZHAN GUILÜ

和螺旋式上升的成长模式。工匠的职业生成既受到外部环境如政府政策、市场需求、技术革新等因素的推动,也依赖于工匠个人的内在特质,如技艺创新能力、职业动机和自我效能感。乡创工匠的职业成长可以被描述为一个从技艺传承到创新突破、再到文化传承的过程,其中每一个阶段都伴随着不断地自我反思与改进,逐步实现职业成就与个人价值的提升。首先,乡创工匠的职业生成具有鲜明的时代背景和社会需求。在乡村振兴战略的推动下,工匠群体得到了国家政策、市场和社会的多方面支持。市场对个性化、环保化产品的需求增加,为工匠提供了广阔的发展空间。同时,互联网技术的发展,使得工匠能够打破传统地域的限制,将手工艺产品推向更广泛的市场。其次,乡创工匠的生成是多方力量共同作用的结果。政府的政策支持、职业培训和市场反馈构成了工匠培育的生态系统,帮助工匠在技艺传承与创新中找到平衡点。教育机构和社会组织也在工匠职业生涯中扮演着重要角色,为工匠提供了技艺培训和文化传播的平台。本章还详细探讨了工匠生成过程中的关键影响因素,包括政策引导、文化环境和个体特质。工匠的职业成长不仅受外部环境的推动,更依赖于个人特质和创新能力。创造力强的工匠在技艺创新中往往表现出独特的风格和市场竞争力,而学习能力和社会适应能力也决定了工匠能否在市场变化中实现自我突破。螺旋式上升的职业成长模型强调工匠的成长是一个动态的反馈与改进过程。工匠通过不断实践、获取市场反馈,并进行技艺创新,逐步提升个人技能和市场竞争力。螺旋式上升的职业发展模式,使工匠能够在职业生涯的各个阶段保持持续进步,并在技术、品牌和文化传承上实现平衡。此外,工匠精神与持续学习的关系也是工匠生成规律的重要组成部分。工匠精神不仅体现在对技艺的执着追求上,还通过持续学习和自我提升,推动工匠在创新中不断进步。工匠在职业生涯中通过对技艺的精益求精,实现了从技艺传承者到文化传播者的转变。总体而言,乡创工匠的生成规律是个人努力与外部环境相互作用的结果。工匠通过螺旋式上升的职业成长模式,在技艺传承、创新设计、品牌建设和文化传播中不断实现自我突破与成长。

案例分享

在乡村振兴的大背景下,李明强(化名)是一位来自中国南方小村庄的木雕工匠。他从小便跟随父亲学习传统木雕技艺,在师徒制的教育下逐步掌握了雕刻的基本功。起初，李明强的作品以仿制传统样式为主，主要销往附近的市场。随着市场需求的变化和互联网的发展，李明强意识到，仅靠传统技艺难以满足现代消费者日益多样化的需求。他开始关注市场的反馈，发现消费者更加青睐既具有文化底蕴又符合现代审美的定制化产品。

为了突破职业发展的瓶颈，李明强开始自我革新，寻求技艺创新的突破。他通过在线学习现代设计工具，如计算机辅助设计（CAD），并引入新的雕刻设备和环保材料，结合传统木雕技法，设计出适合现代家庭装饰的创新产品。同时，他通过电子商务平台将产品推向全国市场，大大扩展了销售渠道。他的作品不仅吸引了国内的消费者，还通过跨境电商进入了国际市场。

在品牌推广上，李明强通过社交媒体展示自己的雕刻过程，分享木雕的文化背景，讲述手工艺的传承故事，赢得了广泛的关注。他的个人品牌逐渐形成，品牌故事与文化价值也让消费者对产品产生了更深的情感认同。他不仅获得了经济回报，还在行业内获得了广泛认可，成了木雕行业的创新代表。

通过不断学习和市场反馈，李明强成功突破了职业瓶颈，走出了一条从技艺传承到品牌创新的职业成长之路。他的案例很好地诠释了乡创工匠如何通过螺旋式上升的职业发展模式，在传承与创新中找到平衡，并实现职业成就与文化传承的双赢。

第四章 乡创工匠之胜任能力

DI-SI ZHANG XIANGCHUANG GONGJAING ZHI SHENGREN NENGLI

据不完全统计，全国目前有乡村工匠 13 万多人，他们有的土生土长，是远近闻名的"土专家""田秀才"；有的是返乡"归雁"，大都具备一定的见识和资源，有为家乡作贡献的情怀；有的是外引人才，在外部"推力"（政策吸引、工作需要等）作用下来到乡村，具备一定的知识、技术和资金，有融入乡村发展的积极性；还有的是在学乡创人才（在校大学生、待就业群体等），具备一定的理论知识，渴望在乡村这片充满希望的田野上耕耘，但欠缺技术技艺者。本章引入胜任力模型，依照选、育、用、留四个标准，搭建乡创工匠胜任素质模型并进行乡创工匠胜任素质测评，以提升乡创工匠胜任能力，让能干实干肯干的工匠多起来，实现农村群体增收致富。

第一节 乡创工匠胜任素质模型研究

一、乡创工匠胜任素质评价的重要性

进入新时代，乡村振兴的新命题是：如何让我们的乡村被看见。让我们的乡村被看见就是乡村从"建设"转向"经营"的过程，从乡建到乡创，人才是关键。因此，推进乡村全面振兴，实施基于职业胜任力理论指导的乡创工匠胜任素质评价已十分迫切。乡创工匠胜任素质评价的重要性表现为以下几点，见图 4-1。

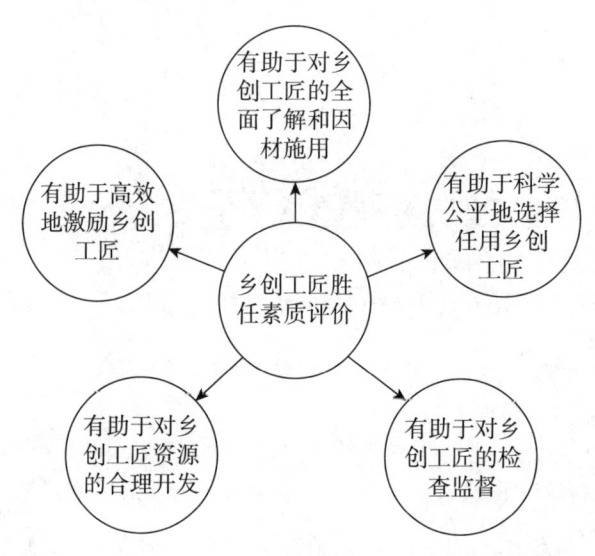

图 4-1　乡创工匠胜任素质评价的重要性示意图

（一）有助于对乡创工匠的全面了解和因材施用

乡创工匠胜任素质评测是一个全面了解工匠的过程。一方面可以对乡创工匠进行人品考察、乡村文明行为考察、文化素养考评、技能水平检测、创新能力检测、问题诊断和优缺点鉴别，有利于组织机构得到其真实确切的个人材料，并能够给予正确、全面的培养与评价；另一方面，可以做到乡创工匠的优化组合，实现人职匹配。这样的全面了解有助于发现每位工匠的独特优势和潜在不足，从而实现因材施用，将每位工匠安排在最适合其发挥才能的岗位上。例如，对于擅长传统手工艺的工匠，可以将其安排在文化传承项目中；对于具有创新思维的工匠，则可以鼓励其参与乡村创新项目，推动乡村产业的转型升级。

巴菲特对内布拉斯加大学的学生们说："如果你们和我有任何不同的话，那就是我每天起床后都有机会做我最爱做的事，天天如此。如果你们想从我这里学什么，这就是我对你们的最好忠告。"换句话说，当人职匹配时，个人的兴趣爱好与当前所从事的工作一致时，个人的潜能才能得到最大限度的发挥。此外，构建乡创工匠素质评价体系可以为国家提供一个系统地评价乡创工匠的工具，从而在一定程度上避免在乡村人才选用中由于信息不对称而产生的"逆向选择"与"道德风险"问题。

（二）有助于科学公平地选择与任用乡创工匠

苹果公司的创始人乔布斯用四分之一的时间招贤纳士，他觉得一个出色的人能代替五十名平庸的员工。管理学之父泰勒在《科学管理原理》中提出：首先科学地选择工人，然后对工人进行教育和培养。可见，科学合理地选择与任用乡创工匠是多么的重要。

乡村全面振兴，乡创工匠的选择与任用是关键环节。乡创工匠胜任素质测评将改变单纯权力化、意志化、领导倾向化的"人治式"组织工作模式，使人才选拔变得更科学规范，更少出现失误。确保每位工匠都能在公平的环境下接受评价，从而避免任人唯亲、裙带关系等不公平现象的发生。同时，在现实生活中强化正气和科学民主之风。

（三）有助于对乡创工匠的检查与监督

乡创工匠的胜任素质评价也是一个持续的监督过程。乡创工匠胜任素质评鉴有利于社会各阶层更透彻地了解乡创工匠阶层内部的真实情况，以便更好地改善和实施管理；有利于发现潜在的和现实的不称职者。乡创工匠测评中的民主测评和360度反馈等在这方面的作用尤其明显。通过定期的评价，可以检查乡创工匠的工作表现，及时发现问题并进行指导和改进，不仅能够确保工匠的工作质量，还能够促进工匠之间的良性竞争，激发他们的工作热情和创新精神。

（四）有助于对乡创工匠资源的合理开发

乡创工匠是乡村振兴的重要资源。对于乡创工匠资源来说，只使用而不开发，它是有限的；既使用又开发，它是无限的。借助乡创工匠胜任素质测评的技术手段，对各类乡创工匠的品德素质、能力表现、心理需要、价值取向、绩效考评等进行测试评价，反映出人才的功能与其实际岗位、担负使命及其期望之间的距离，这就为每个人的培养目标和培训计划提供了科学依据，从而能高效地开发现有的乡创工匠资源。而且，乡创工匠胜任素质评测有利于乡创工匠认识和发现自己的性格特征、能力素质、兴趣培养、道德品质方面的不足，帮助他们更加客观、准确、深刻地了解和认识自己。

（五）有助于高效地激励乡创工匠

乡创工匠的胜任素质评价还是一种有效的激励机制。安东尼·罗宾说："这个世界上赚钱的行业很多，但是没有哪一个行业可以比帮助别人成功和帮助别人改变命运更加有价值、有意义。"乡创工匠胜任素质测评的一项重要内容就是人才考核。运用科学的测评手段，定期对乡创工匠进行考核，一方面可以给予公平的报酬与奖励，这是从外部给予激励。另一方面，可以使人才随时在纵向上了解自己在能力和个性方面的优势，这是自觉地接受组织培训，加强自身的学习、训练并提高修养，以达成目标。每个人都有自尊和进取的需要，希望自己在人才测评中取得好成绩、好结果，这就迫使人们发奋努力、不断进取。从行为修正激励理论观点来看，获得肯定性评价的行为将会趋于高频率出现，而获得否定性评价的行为趋于低频率出现。因此，乡创工匠素质测评是促使乡创工匠个体素质的培养与修养向着社会所期待的方向发展的强化手段。

胜任力模型研究与应用的开创者麦克利兰（McClelland）认为："我们从超级明星身上学到的东西最多。"管理学家彼得·德鲁克认为："不能量化就不能管理。"战略大师加里·哈默认为："把从每个经验中获得的观察进行扩大的能力是资源杠杆性运用的关键组成部分。"乡创工匠胜任力模型的构建与测评是乡创工匠管理的两个关键问题，建模解决了人才"质的标准"，测评则解决了胜任力"量的测量与鉴定"，只有解决了这两个关键问题，人才管理才能收到事半功倍的效果。

二、胜任素质的定义及相关研究

（一）胜任素质的定义

胜任力（胜任素质）的内涵最早源于古罗马时代，用胜任力来评价优秀的罗马战士。学界普遍认为胜任特征研究的开端始于20世纪初Taylor对科学管理的研究。他对工厂中的员工进行的"时间—动作"研究，其实就是一项对胜任特

第四章 乡创工匠之胜任能力
DI-SI ZHANG XIANGCHUANG GONGJAING ZHI SHENGREN NENGLI

征的探索和分析的研究。Robert White 在 1959 年在他的文章《再谈激励：胜任力的概念》中第一次提到了胜任力（Competence）一词，并对胜任力作了详细的解释：胜任素质是指个人完成某些工作具备的一些能力。哈佛大学心理学教授 McClelland 被称为"胜任素质理论之父"，他在 1973 年发表的文章《测量胜任素质而非"智力"》中清晰地表达了自己对胜任素质的看法，他认为当时流行的智力测验并不能有效地判断工作成果，二者之间并没有直接的联系。他认为，决定一个人在工作上能否取得好的成就，除了拥有工作所必需的知识、技能外，更重要的取决于其深藏在大脑中的人格特质、动机及价值观等，这些潜在的因素能较好地预测个人在特定岗位上的工作绩效。麦克利兰把这些能区分组织环境中特定工作岗位绩效水平的个人特征定义为胜任素质，也叫胜任力。

McClelland 提出胜任素质的概念后，胜任素质的研究逐渐受到广泛重视。对于胜任素质的概念，许多学者都从不同的角度作了诠释。总的来说可以形成特征观（能够取得高工作绩效的潜在的、持久的个体特征的总和）、行为观（从业者履行工作职责的行为表现的总和）以及折衷观（个体特征和行为表现的综合）等三大界定视角。下面分别介绍三种观点。

1. 特征观

特征观认为胜任素质是个体的潜在特征，它与一定工作或情境中的、效标参照的、有效的或优异的绩效有因果关系。根据这种观点，胜任素质可以分为五个种类或层次，由低到高分别为：动机（个体想要的东西）、特质（个体的生理特征和对情景或信息的一致的反应）、自我概念（个体的态度、价值观或自我形象）、知识（个体所拥有的特定领域的信息、发现信息的能力、是否能用知识指导自己的行为）和技能（完成特定生理或心理任务的能力）。其中，知识和技能素质是可以看见的、相对较为表层的个人特征，而自我概念、特质和动机素质则是较为隐蔽、深层和中心的部分。该观点认为，所有的个体特征，不管是生理的还是心理的，也不管是潜在的还是外显的，只要能将绩效优异者和绩效一般者区分开，都可以界定为胜任素质。

胜任素质即指与工作绩效或生活成就直接相关的知识、技能、能力、特质或动机（McClelland，1993）;[1]Spencer（1993）指出，胜任素质是指能将某一工作（或组织、文化）中表现优异者与表现平平者区分开来的个人的潜在的、深层次特征，它可以是动机、特质、自我形象、态度或价值观、某领域的知识、认知或行为技能等任何可以被可靠测量或计数的，并且能显著区分优秀绩效和普通绩效的个体特征，并且只有当这种特征能够在现实中带来可衡量的成果时，才能称作为胜任素质，并提出了"胜任素质结构冰山模型"（见图4-2）。[2]Richard（1997）指出胜任素质就是知识、技术、能力以及与工作中的高绩效相关的特征的总和。[3]

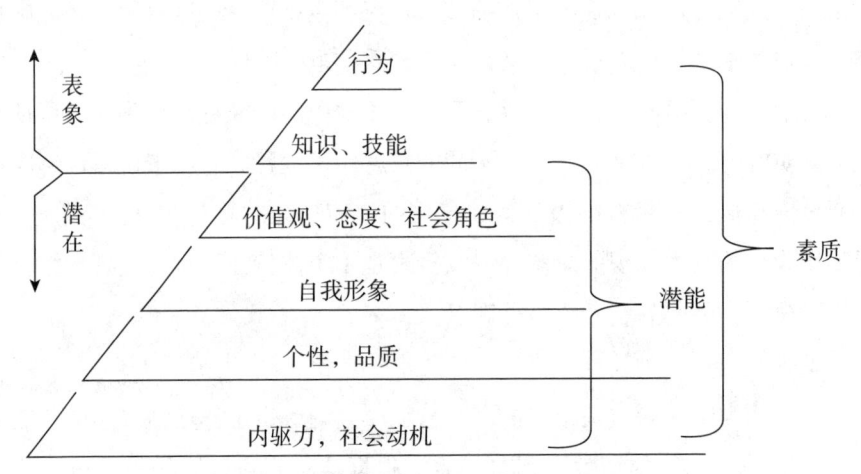

图 4-2 胜任素质结构冰山模型示意图

美国学者 Richard Boyatzis 对 McClelland 的素质理论进行了深入和广泛的研究，提出了"素质洋葱模型"，展示了素质构成的核心要素，并说明了各构成要素可被观察和衡量的特点，如图4-3所示，素质洋葱模型中的各核心要素由内至外分别是动机、个性、自我形象与价值观、社会角色、态度、知识、技能等。动

---

[1] D，C，McClelland.Testing for competence rather than for "intelligence"．[J]．American Psychologist，1973．
[2] Spencer L M，Spencer S M，Wiley.Competence at work：models for superior performance[M]．Wiley，1993．
[3] Mirabile，Richard，J.Everything you wanted to know about competency modeling[J]．Training & Development，1997．

机是推动个体为达到目标而采取行动的内驱力；个性是个体对外部环境及各种信息等的反应方式、倾向与特性；自我形象是指个体对其自身的看法与评价；社会角色是个体对其所属社会群体或组织接受并认为是恰当的一套行为准则的认识；态度是个体的自我形象、价值观以及社会角色综合作用外化的结果；知识是个体在某一特定领域所拥有的事实型与经验型信息；技能是个体结构化地运用知识完成某项具体工作的能力。在素质洋葱模型中，知识、技能等外层要素易于培养和评价，而个性和动机等内层要素则难以评价与后天习得。[1]

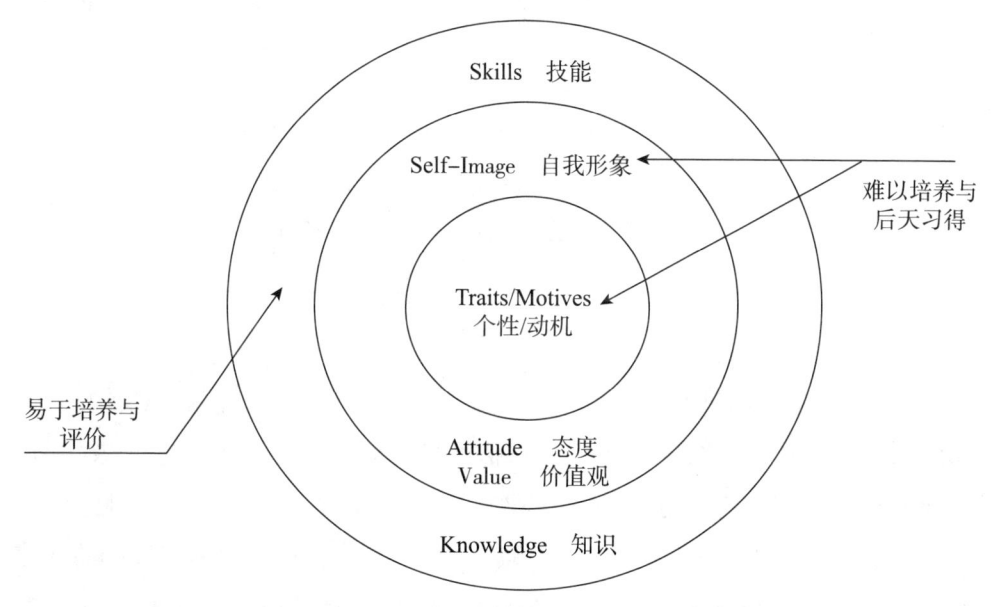

图 4-3　胜任素质结构洋葱模型示意图

彭剑锋等人认为，胜任素质是驱动一个人产生优秀工作绩效的各种个性特征的集合，它反映的是可以通过不同方式表现出来的个人的知识、技能、个性与内驱力等，胜任素质是判断一个人能否胜任某项工作的起点，是决定并区别个人绩效差异的个人特征。如图 4-4 所示，胜任素质可以分为通用素质、可迁移素质与专业素质三个层次。[2]

---

[1] Boyatzis R E. The Competent Manager. A Model For Effective Performance [J]. competent manager a model for effective performance，1982.DOI：10.5465/AME.1995.9506273286
[2] 彭剑锋，荆小娟. 员工素质模型设计 [C]. 北京：中国人民大学出版社，2003.

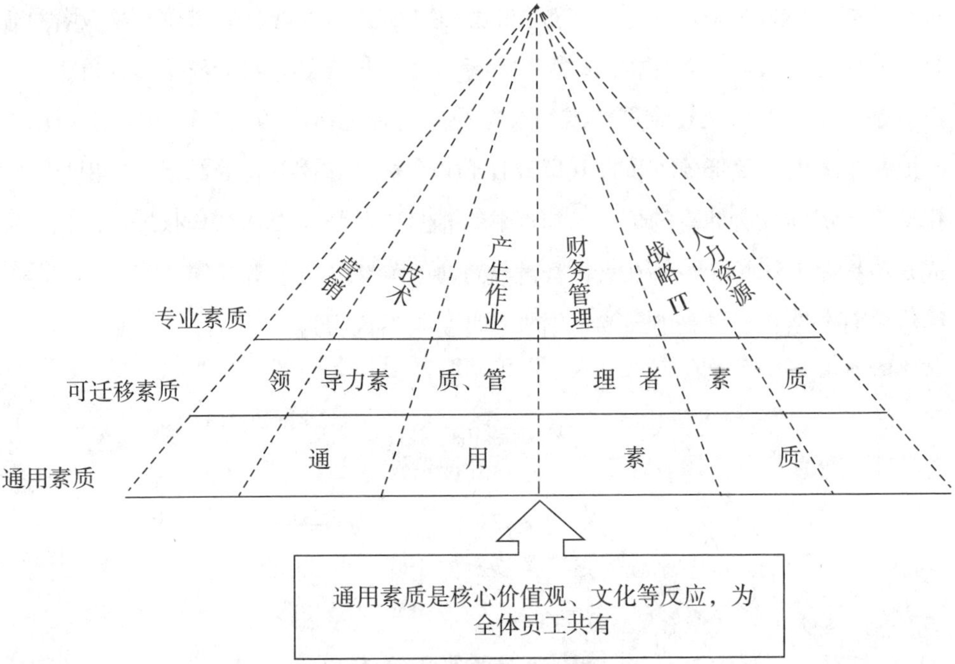
营销
技术
产生作业
财务管理
战略IT
人力资源
专业素质
可迁移素质
领导力素质、管理者素质
通用素质
通用素质
通用素质是核心价值观、文化等反应，为全体员工共有

图 4-4　胜任素质分类示意图

国际人力资源管理研究院何志工等人认为，胜任素质是指个体所具备的、能够以此在某个或者某些具体职位上取得优秀绩效表现的内在的稳定特征或特点，包括技能、知识与态度，思考方式与思维定式，内驱力、社会动机与自我意识等的具体组合。可用图 4-5 所示的胜任素质塔形来描述。图 4-5 中分为四个层级，图形最上端的为“绩效行为”，也就是个体在具体职位上的工作绩效表现。“绩效行为”下面的三个层级共同决定了个体在工作中的绩效行为。下面的三个层级存在着递进关系，最底层的因素在决定个体的行为表现上起着更稳定的决定性作用。也就是说，是“自我意识—内驱力—社会—动机”因素决定了一个人的思考方式和思维定式等个体特质，然后才是个体所具备的知识、技能和态度等因素发挥具体的作用，最后由这些因素共同决定了个体在实际工作和生活上的行为表现。

第四章 乡创工匠之胜任能力

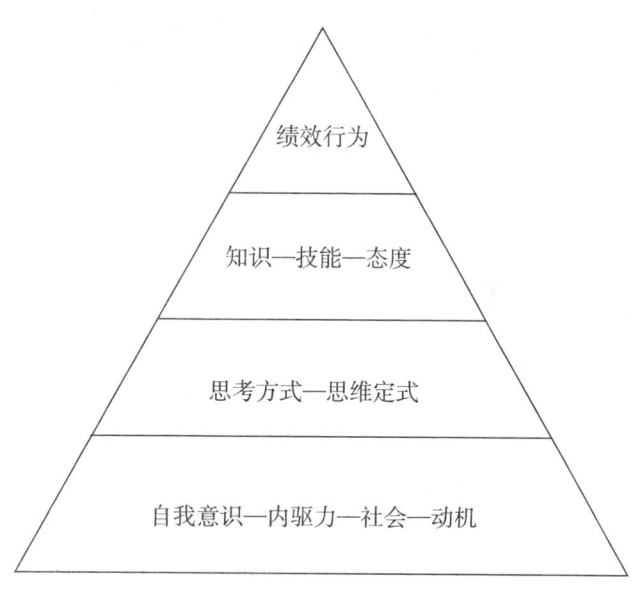

```
        绩效行为
      知识—技能—态度
    思考方式—思维定式
  自我意识—内驱力—社会—动机
```

图 4-5　胜任素质塔形图

2. 行为观

行为观的持有者把胜任力看作是人们履行工作职责时的行为表现，是个体的潜在特征满足工作标准时的输出（行为），是特定情境下对知识、技能、动机等的具体运用和实际行为表现。目前，英国的人力资源实践中普遍接受该观点，认为胜任素质是保证一个人胜任工作的、外显行为的维度，如努力取得结果、深刻理解和对他人的观点敏感等。胜任素质是指与优异绩效有因果关系的行为特征或维度，是在工作中的具体行为表现。包括：需要做什么、完成具体工作、让其他人共同工作等。Fletcher（1992）认为胜任素质是指与工作要求相关的一类行为，这些行为是具体的、可以观察到的、能证实的，并能按照某种逻辑进行归类的。[1] 我国学者仲理峰和时勘（2003）认为胜任特征是能把某职位中表现优异者和表现平平者区别开来的个体潜在的、较为持久的行为特征。[2]

3. 折衷观

Byham 和 Moyer（1996）认为胜任素质是所有与岗位有关的，这些动机、知

---

[1] Fletcher S. NVQs, standards and competence: A practice guide for employers management and trainers. London: Kogan, 1992.
[2] 仲理峰, 时勘. 胜任特征研究的新进展 [J]. 南开管理评论, 2003 (02): 4-8.

识与行为是可以被分类的。[①] 胜任素质可分为行为胜任素质、知识胜任素质和动机胜任素质。Ledford（1995）认为胜任素质是个人可验证的特质，即个人所拥有的与产生优秀绩效相关的知识、技能及行为。[②]

（二）胜任素质的相关研究

McClelland 提出胜任素质后，其团队 Mcber 公司对全球 200 余个工作进行观察研究，对胜任素质的行为指标进行统计整合，最终将 360 个行为指标整合成 21 个胜任素质，最终形成胜任素质辞典的胜任素质簇群。见表 4-1。因其基于多行业、多岗位的大量研究整合而成，通用性极强，该辞典也成了 Spencer 夫妇的通用胜任素质模型的基础。可以说，该胜任素质辞典至今仍为学界及企业对于胜任素质研究的基本范本之一。

表 4-1 胜任素质辞典

簇群	胜任素质
成就动机与行动	成就导向；注重秩序、质量与精确性；主动性；寻求资讯
协助他人与服务	人际沟通；客户服务导向
影响力	影响；组织知觉能力；关系建立
管理	培养他人；命令；团队合作；团队领导
认知	分析式思维；概念式思维；技术的/专业的/管理知识
个人效能	自我控制；自信；灵活性；组织承诺；其他个人特色与能力

尽管理论界对于胜任素质的界定视角与具体概念不一，但仍达成"胜任素质必须与工作任务相联系，由多种要素组合，可以通过工作行为等具体表达形式被观察、测量以及预测绩效"等共识。而由于不同行业、不同工作、不同岗位，其胜任素质的要素结构必然不同。因此，在关于"胜任素质"异彩纷呈的过往研究文献中，本文重点选取与乡创工匠有较高相关性的"创业领域（侧重大学生创

[①] Byham w C, Moyer R P. Using competencies to build a successful organization. Development Dimensions International, Inc., 1996.
[②] Ledford, G. E. Paying for the Skills, Knowledge, and Competencies of Knowledge Workers[J]. Compensation & Benefits Review, 1995, 27（4）：55-62. DOI：10.1177/088636879502700409.

业）"管理岗位"等研究领域对国内外具有代表性的胜任素质研究成果进行选择性梳理，如表4-2所示。

表4-2 国内外具有代表性的胜任素质研究成果

研究领域	研究者	胜任素质特征要素
创业领域胜任素质	Adam，1993	企业战略、市场战略、财务战略和人力资源
	Murray，1996	商业经验、身份地位、商业机敏、生产和市场经验、创新历史、创业经验、挫折反弹、与风险投资者的接触经验
	Thompson，1996	销售和市场、控制、组织、技术创新、人力资源以及投入
	Damon，2008	对成功人士的观察、学习能力、处理问题的效率
	徐国亮、顾保国，2005	企业管理、市场开拓和企业家基本素质
	王重鸣，2005	机遇、关系、概念、组织、战略和承诺
	刘容志、张丽旻、朱永跃，2020	知识结构、创业技能、个人品质、内在动机、能力潜质
	罗文、蒋根丁、胡雪晴，2024	创业驱动力、创业特质、创业能力、创业知识
管理岗位胜任素质	Boyatzis，1982	目标和行动管理、领导、关注他人和知识、人力资源管理、指导下属
	Ulrich，1995	商业知识、人力资源实施、变革管理
	Aldredge，2000	基本领导、必备领导、愿景领导
	Olesenetal，2007	基准胜任素质、鉴别胜任素质和未来导向胜任素质
	王重鸣，2002	价值倾向、诚信正直、责任意识、权力取向等
	尹希果、陈彪，2010	知识、能力、思想、品格四个维度，十六项胜任素质特征
	邹凯、徐萍萍等，2021	知识、技能、特质、态度和价值观
	邢明强、曹鹏，2022	知识技能类胜任素质：知识、技能、专业技术 能力类胜任素质：沟通能力、组织能力、协调能力 特质类胜任素质：个性、态度、价值观、动机
乡村人才职业胜任素质	苏敬肖、焦伟伟，2017	农业专业知识、思维能力、诚信正直、营销知识与能力、农业生态环保责任等二十二项胜任特征

续表

研究领域	研究者	胜任素质特征要素
乡村人才职业胜任素质	薛彩霞、刘超、姚顺波，2018	基本职业素质与专业技能、农业及其政策法规、互联网＋思维与能力、文化创意思维与能力、产业融合思维与能力
	易洪莲，2023	经营管理素质、农业专业素质、基本能力、职业素养、个人品质
	武小龙、王涵，2023	基础知识、专业技能、个体特质、意识态度
乡村人才职业胜任素质	罗文、李臣宏、谢君，2023	专业知识与技能、团队合作与沟通、情感态度与价值观、问题能力、综合素养与领导能力

三、胜任素质测评的相关研究

胜任素质测评是解决不同行业人职匹配的一条专业化途径，即将胜任素质和人才测评结合起来，以胜任素质作为人才测评的新标准，通过测评以此实现人职匹配。在介绍胜任素质测评的相关研究之前，先来介绍传统的人才测评。

（一）传统人才测评

所谓人才测评，即一个收集和评估有关候选人信息的过程，以便作出针对某职位的人事决策。它有两层含义：一是收集有关某个体的各种信息，分析评估其素质特点；二是将其素质与其即将从事的岗位进行对照评估，确定其匹配程度。人才测评需要采用科学的方法收集真实准确的信息，并从这些信息中推断个体素质特性。那么应该收集哪些信息，推断哪些内容，又依据什么作出人事决策呢？这是人才测评的核心问题。

为解决这一问题，McClelland早期的观点比较激进，完全否认一般智力测验的作用，并在《测试胜任特征而不是测试智力》一文中提出以胜任特征评估取代智力测量，并认为用智力测验等来预测工作绩效或生活的成功，其预测效度比较低而且有大的偏差。在此论断的基础上，他综合了"关键事件法"和"主题统觉法"设计了"行为事件访谈"的方法，对情报官员进行访谈，并通过客观的编码，找出该工作的胜任特征，同时，以此作为选拔新官员的依据取得了很好的效

第四章 乡创工匠之胜任能力

果，他也进而提出了管理者胜任特征的概念。此后，Spencer 等人运用 McClelland 的方法对各行各业进行了 286 例研究，历时 20 年，完善了这一方法，推出了一套胜任特征字典，并有效地应用到人力资源管理中。

相反，Nathan 通过元分析，发现能力测验不仅对学校表现有较好预测价值，对实际工作中的表现也有预测价值。

美国耶鲁大学的心理学家 Sternberg 作为实践智力的提出者，其研究也是从对传统测验的批评开始。不过，他选择了一条较为温和而又坚实的路径对胜任特征研究作出贡献。Wagner 和 Sternberg 使用以知识为基础的方法对商业管理者和心理学家所面对的实践任务进行调查，他们认为实践智力的标志是获得和运用内隐知识，内隐知识的水平是非常好的预测管理绩效的指标。Sternberg 在他的成功智力理论中，将分析性智力、创造性智力和实践性智力列为成功智力的三个关键成分。其中，实践性智力是为了区别一般智力即学使用的知识，内隐知识是实践智力的一个重要成分。Horvath 提出内隐知识的获取和运用对于现实努力取得令人满意的绩效是非常重要的。

Sternberg 提出实践智力是构成胜任特征的核心，从而将实践智力与 Sternberg 的胜任特征概念融到一起。可以说，Sternberg 的实践智力和内隐知识从智力方面大大加深了对胜任特征认知层面的研究。

情绪智商简称情商，其概念最初由美国心理学家 Salover 和 Mayer 于 1990 年提出，用于描述对成功至关重要的情绪特征。Goleman 在 1995 年初步建立情商的理论体系。情商的研究选择了一条突破传统智力只注重认知能力的局限，强调了情感处理中的人际层面因素对于个体成就的作用。Boyatzis 和 Goleman 近年又推出情绪胜任特征的概念与新的情商框架，与胜任特征概念融合。可以说，情商的概念加深和拓展了胜任特征的非智力因素的研究，增加了新的研究视角和人才测评标准的范围。

国内学者苏永华等（1998）经过研究认为，在组织无领导小组讨论时，应选择责任感强、能力水平高并具有一定人才测评或管理经验的人担任测评者。李斌（2010）认为影响主观评分一致性的评分者自身特征结构为责任心、自信心、情绪稳定性、评分经验以及决断力。王慧琴、余海斌（2012）构建了我国人才测评专业人才胜任力模型并进行了实证研究，发现我国人才测评专业人才胜任力包括职业道德、专业知识和操作技能3个维度共计17个指标。李育辉、唐子玉等（2019）探讨了大数据背景下传统人才测评技术，得出结论：指出信度和效度作为测评的核心本质并未改变，而动态性和趣味性将伴随大数据技术的加入进而推动传统测评内容和形式的快速变革。陈新明（2022）在进行数字政府时代干部政治素质测评时，认为传统层级化组织中产生的"范畴构念→行为表现"设定式测评已不再适用，顺应以客观事实为中心的循证管理理念，构建"数据处理—样本训练—检验测试"的循证式测评。陈明旭（2024）探讨了人才测评在高潜人才选拔及培养中的应用，将领导能力、管理能力、专业素养、思维能力、个人特质、品质与态度作为人才胜任力的指标。

（二）基于胜任素质的人才测评

基于胜任素质的人才测评就是以胜任素质为标准进行测评，而且这里的胜任素质概念是广义上的胜任素质，不仅指麦克利兰（McClelland）流派的胜任素质理论，实际已经融合了上述一般智力理论、实践智力和情商等理论，共同构成人才测评标准的基础，使得测评标准更加全面客观，更有利于提供选择最佳的测评方法。

谷向东与郑日昌等（2004）提出了基于胜任特征的人才测评的观点。余鸣、夏瑞峰（2005）构建了由政治素质、思想素质、道德思想、心理素质、业务素质、身体素质、思维素质、魅力素质等八项素质构成的决策者素质模型。他们认为，对单项素质的评价可以采取评价中心、素质访谈、工作样本测试、能力测试、人格测试、背景资料分析、传统访谈、背景核查等方法，但决策者素质评价指标体系是一个多层次、多目标的体系，可以用上述方法对单个指标进行测评，并在此基础上进行综合，进行模糊评价法得出决策者的综合评价结果。

谷向东、王璞（2015）采用访谈法和问卷法，以大样本的党政领导干部为研究对象，开发出符合中国党政干部特点的胜任素质字典。首先，以工作分析为基础，构建了符合党政领导职位要求的胜任素质词典；其次，按照党政领导干部工作职能的不同特点，建立了党政局、处、科三个职级六个岗位类型的胜任素质模型；最后，根据"冰山模型"中的潜在素质，重点开发了党政领导干部的能力、领导特质、工作价值观、心理健康、行为动机等方面的心理素质标准和测试工具。

娄娜、邵慧卓（2020）以 HT 公司为例，提出构建基于胜任力素质模型和大五大人格构建人才测评体系。刘抒瑶、张艳、刘彦伯（2024）以胜任力模型理论为指导，对青年农民培训的应用价值进行分析，并从培训需求、培训内容、培训方法、培训评估体系和政府支持力度等角度提出相应青年农民培训策略。

第二节　乡创工匠胜任素质模型建构

一、乡创工匠胜任素质模型的理论构架

在对国内外相关研究进行文献分析的基础上，借鉴 Spencer 胜任素质辞典（表4-1）和国内外具有代表性的胜任素质研究成果（表4-2）以及其他相关研究成果，根据各胜任素质出现的频率高低，选择了其中的专业知识技能、敬业精神、成就导向、进取心、创新意识、学习发展、计划推行、洞察力、沟通协调、数字思维、灵活性、人际理解、影响力、团队合作、自信心、自我控制、责任心、诚信正直、资源整合、概念式思维、全局观念、绩效导向、信息搜集、排除疑难、组织意识、关注品质、培养他人、激励/授权、识人用人等29项胜任素质构成乡创工匠胜任素质模型。[1][2][3][4] 由此，得出乡创工匠胜任素质的理论框架，每个素质的具体行为阐释见表4-3所示。

---

[1] 安托尼特·D.露西亚，查理兹·莱普辛格，著.胜任：员工胜任能力模型应用手册[M].郭玉广，译.北京：北京大学出版社，2004.
[2] 刘容志，张丽昊，朱永跃.学生创业胜任力模型的构建及测评应用研究[J].江苏大学学报（社会科学版），2020，22（04）：111-124.
[3] 贾亚娟.乡村养老机构经营者胜任素质模型构建：基于439个样本的实证调查[J].江苏大学学报（社会科学版），2020，22（03）：56-66.
[4] 陈敏，张钱，郝帅凤等.基于胜任力模型的建筑产业工人职业素质评价[J].土木工程与管理学报，2020，37（01）：57-63.

表 4-3　乡创工匠胜任素质模型的指标阐释

胜任素质	行为解释
专业知识技能	专业知识量大且丰富，知识门类齐全；知识结构良好；能在理论知识与实践知识、显性知识与隐性知识间灵活转化；具有丰富的相关工作经验
敬业精神	热爱自己的职业，有良好的职业道德和强烈的职业使命感，工作兢兢业业、任劳任怨，为了自己的职业而乐于奉献
成就导向	朝向高标准，设置具有挑战性的工作目标，希望获得优秀成绩的愿望，喜欢竞争和冒险，追求成功和卓越
进取心	渴望有所建树，争取更好的发展；为自己设定较高的工作目标，勇于迎接挑战，要求自己的工作成绩出色
创新意识	求知欲旺盛，强烈的好奇心，富有冒险精神，喜欢尝试新东西，喜欢从新的角度去认识、组织事物和信息，形成新的观点和方法
学习发展	通过汲取自己或他人经验教训、科研成果等方式，增加学识、提高技能，从而获得有利于未来发展的能力
计划推行	做事有条理，善于计划，能迅速估计情况，适时做出调整并执行决定
洞察力	看穿事物的真相，透过现象看本质的能力
沟通协调	妥善处理与上级、下级、平级之间的关系，促成互相理解，获得支持与配合的能力
数字思维	能用数字技术（如大数据、人工智能、区块链技术等）解决自己或他人在生活、工作中的问题，帮助自己或他人数字素养与技能双提升
灵活性	个体在思想、行为、脾性等方面的可塑性程度以及应变能力，思维敏捷，反应迅速，能自如应对各种场合的复杂局面和突发事件
人际理解	有想去理解他人的意识和愿望，能够帮助个人体会他人的感受，把握他人的需求，能准确把握非言语信息，抓住隐含的信息
影响力	不依靠物质刺激或强迫，全凭个人的人格魅力或用适当的人际交往方式和技巧来领导和鼓舞他人，使别人接受自己的想法和计划
团队合作	有亲和力，喜欢与人交往；善于容忍他人、体谅他人；容易赢得他人的信任和支持，关心人；能正确地处理团队间的冲突，有效地消除分歧
自信心	自我肯定，挑战自己，不盲从权威，有克服困难的决心和勇气
自我控制	善于调控心理状态，情绪稳定，独立自主，自主性高，有主见，不盲从
责任心	对所从事的职业有高度的认同感，能爱岗敬业，有很强的责任感，做事严谨细致，善于自我克制，对目标执着、有始有终，明确自己的角色和职责，并能对自己的行为负责，有担当感
诚信正直	在行使权力、履行义务时，能言行一致，行为表现和个人的价值观一致；在个人利益、公司利益受到威胁或诱惑时，能够始终坚持诚信原则
资源整合	从宏观上考虑资源的配置，将各种资源（人力、物力和财力）合理组织起来，尽可能地提高资源利用效率，促进资源的增值和发展

续表

胜任素质	行为解释
概念式思维	着眼于事物之间的有机关系，注重定性分析
全局观念	能够从公司的全局、整体和长远利益出发进行思考、决策并开展工作，善于灵活应对复杂问题，能洞察潜在的业务增长机会和风险，从全局的角度制定公司战略，并采取相应的措施保证战略的实现
绩效导向	在与客户的交往中有为其提供专业、精湛的技艺的欲望和念想，深入了解客户需求，提出恰当的建议或方案，采取积极行动，以满足客户需求和为客户带来价值
信息搜集	具有很强的市场调研能力，能及时把握市场新动向，对市场信息敏感，能准确地捕捉机遇
排除疑难	对于工作中出现的问题，能够抓住其本质，提出创造性的解决方案，并付诸实践
组织意识	了解组织中的内部权力关系，能准确理解组织内潜规则、关键关系和关键人物，并有效地利用这些潜规则，以帮助自己和团队提升工作绩效
关注品质	对品质、秩序和精确的重视，督导和检查员工的工作
培养他人	有培养他人的意愿与倾向，并关注他们的潜能与可塑性，且在实际工作中帮助其成长
激励/授权	能依据实际情况，灵活采取相应的领导方式；善于激励或授权，能够有效地调动他人的工作积极性，促进忠诚和信任
识人用人	具有明确的识人用人意识，善于激励团队成员的工作热情，能让团队成员清楚且充分了解共同的目标和远景，能采取一系列有效措施来形成高效团队，并鼓励他们为团队目标作贡献

二、乡创工匠胜任素质模型实证研究

为了对构建的乡创工匠胜任素质模型进行验证，特此进行了专家效度检验。

（一）研究工具

社会的发展和国家对高技能人才的需求，为乡创工匠的职业发展提供了机会，是培育乡创工匠的牵引力。根据初步确定的乡创工匠胜任素质的理论框架，自行设计专家调查问卷。专家调查问卷的内容是针对乡创工匠胜任素质的构成进行评议，即评议各胜任素质特征对乡创工匠的重要性。整个问卷采用10点量表计分方法，1表示最不重要，10表示最重要。

（二）被试

选取 3 名专家和教授对问卷进行评议。

（三）统计结果

采用统计产品与服务解决方案软件（SPSS）对问卷进行统计、分析和整理，得出乡创工匠各项胜任素质的平均数如表 4-4 所示。

表 4-4　乡创工匠各项胜任素质的平均值

胜任素质	平均值
专业知识技能	9.33
敬业精神	10.00
成就导向	9.00
责任心	9.33
进取心	8.67
排除疑难	9.63
学习发展	10.00
信息搜集	5.00
沟通协调	8.67
人际理解	7.67
全局观念	7.00
影响力	8.33
洞察力	4.67
灵活性	7.67
自信心	8.67
诚信正直	9.00
数字思维	7.67
培养他人	8.67
团队合作	9.00
计划推行	9.33
自我控制	4.67
创新意识	8.00

续表

胜任素质	平均值
关注品质	7.67
概念式思维	8.33
资源整合	8.33
绩效导向	8.00
识人用人	5.00
组织意识	8.67
激励/授权	5.00

从表中可以看出，除了洞察力、信息搜集、自我控制、识人用人和激励/授权5项素质特征的平均值小于或等于5.00，其他素质特征的平均值都在7.00及以上，说明此次理论构建的模型比较理想。将平均值高于8.5的胜任力保留，作为胜任力模型的构建要素；将平均值低于8.5的胜任力视为次要胜任力，不予保留。该模型所选取的胜任素质从表中可以看出，专业知识技能、敬业精神、成就导向、责任心、进取心、排除疑难、学习发展、沟通协调、自信心、诚信正直、培养他人、团队合作、计划推行、组织意识等14项胜任素质是乡创工匠应具有的核心素质特征。

借鉴彭剑锋的FPEB素质模型的构建，考虑乡创工匠的特征，可将14项胜任素质分成四个素质族群：专业胜任素质、心理胜任素质、职业道德素质和行为胜任素质。设计的乡创工匠胜任素质模型如图4-6所示。

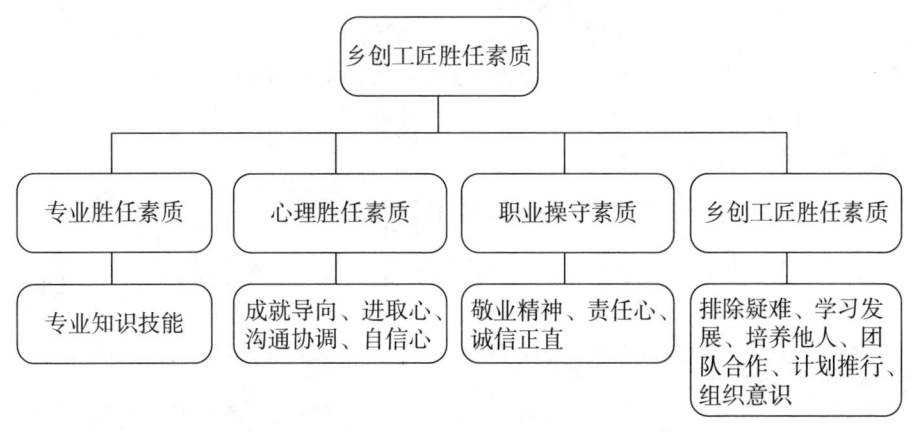

图 4-6 乡创工匠胜任素质模型图

由图 4-6 可知，新构建的乡创工匠模型包含 4 个维度，共 14 项素质，其中，专业胜任素质包含专业知识技能；心理胜任素质包括成就导向、进取心、沟通协调、自信心等 4 项；职业操守素质包括敬业精神、责任心、诚信正直等 3 项；行为胜任素质包括排除疑难、学习发展、培养他人、团队合作、计划推行、组织意识等 6 项。根据 Boyatzis 提出的胜任力洋葱模型，对这些胜任力进行洋葱模型的构建。洋葱模型从内到外划分为不同层面，形成一种层层包裹的结构，内层代表着胜任力构成的核心要素，外层代表着胜任力构成的简单要素，越趋于内层越难以培养和衡量，越趋于外层越易于培养和评价。[①] 该模型同时强调各胜任力要素之间的层次关系，内层对外层具有驱动作用。[②] 根据麦克利兰胜任力辞典中对不同胜任力的定义与行为描述，并结合洋葱模型中不同层级的属性特点，对提取出的胜任力进行分类汇总，将其归属到不同层级。[③] 本研究的洋葱模型如图 4-7 所示。

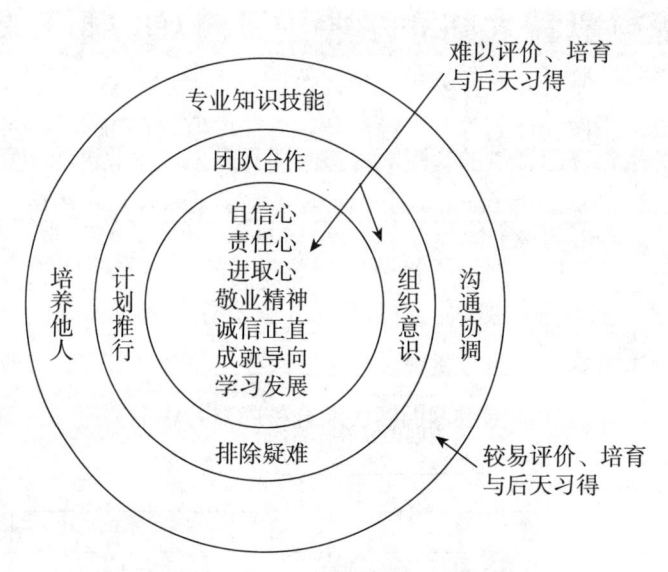

图 4-7 乡创工匠胜任力洋葱模型

[①] 李菲，朱先洋.基于洋葱模型的公民参与铁路文化建设探究［J］.重庆交通大学学报（社会科学版），2020，20（03）：38-43.
[②] 宋雪雁，李溪萌，邓君.数字时代档案文献编纂人员胜任力模型研究［J］.图书情报工作，2020，64（03）：32-41.
[③] 梁肖裕，姜卉，尤完.大国工匠的职业发展与成长路径：一项基于个案的研究［J］.工程研究－跨学科视野中的工程，2021，13（02）：187-195.

三、研究结论

（一）乡创工匠胜任素质模型的构建

首先，在对国内外相关研究进行文献分析的基础上，从国内外近40个研究结果中筛选出出现频率比较高的29项乡创工匠胜任素质，从而构建乡创工匠胜任素质的理论模型。[①]理论模型中的29项胜任素质分别是专业知识技能、敬业精神、成就导向、进取心、创新意识、学习发展、计划推行、洞察力、沟通协调、数字思维、灵活性、人际理解、影响力、团队合作、自信心、自我控制、责任心、诚信正直、资源整合、概念式思维、全局观念、绩效导向、信息搜集、排除疑难、组织意识、关注品质、培养他人、激励/授权、识人用人。其次，通过聘请3位专家教授进行专家效度实证研究，请专家分别对29项胜任素质按重要性1~10级打分，再通过SPSS统计软件计算出每项胜任特征对乡创工匠的重要性的平均值，然后抽取了平均值在8.5及以上的项目，最后得出乡创工匠胜任素质的实证模型。该模型包括专业知识技能、敬业精神、成就导向、责任心、进取心、排除疑难、学习发展、沟通协调、自信心、诚信正直、培养他人、团队合作、计划推行、组织意识等14项胜任素质。参考庞剑锋的FPEB的分类模型，可将14项胜任素质分成四个素质群：专业胜任素质、心理胜任素质、职业道德素质和行为胜任素质。其中，专业胜任素质包含专业知识技能；心理胜任素质包括成就导向、进取心、沟通协调、自信心等4项；职业操守素质包括敬业精神、责任心、诚信正直等3项；行为胜任素质包括排除疑难、学习发展、培养他人、团队合作、计划推行、组织意识等6项。

（二）乡创工匠胜任素质模型的测评

本次构建的乡创工匠胜任素质模型的测评方法参见下表（表4-5）。

[①] 李雪枫，姜卉，尤宗等．建筑业大国工匠胜任力模型构建研究［J］．工程研究－跨学科视野中的工程，2021，13（04）：323-333.

表 4-5　乡创工匠胜任素质模型

胜任素质族群	胜任素质指标	胜任素质指标测评方法
专业胜任素质	专业知识技能（包含知识、技能、经验）	笔试（知识考试）；履历分析；面试（关键事件访谈法）；书面案例分析、管理游戏等评价中心技术
心理胜任素质	成就动机	成就动机量表；模拟面谈、角色扮演等评价中心技术；面试
心理胜任素质	进取心	九型人格测验、天赋解码仪、MBTI、CPI、16PF 等心理测验；公文处理、模拟面谈、即席发言、无领导小组讨论等评价中心技术；面试
心理胜任素质	沟通协调	
心理胜任素质	自信心	
职业操守素质	敬业精神	天赋解码仪、信用调查法；360 度评价；CPI、16PF、组织忠诚度等心理测验
职业操守素质	责任心	
职业操守素质	诚信正直	
行为胜任素质	排除疑难	公文处理、无领导小组讨论、案例讨论、模拟面谈、角色扮演、管理游戏等评价中心技术；领导风格量表、管理能力量表、智力量表等心理测验；面试
行为胜任素质	组织意识	
行为胜任素质	学习发展	模拟面谈、角色扮演、公文处理、无领导小组讨论、管理游戏、案例讨论、角色扮演等评价中心技术；CPI、16PF、领导力量表等心理测验；面试
行为胜任素质	培养他人	
行为胜任素质	计划推行	
行为胜任素质	团队合作	

第三节　乡创工匠胜任素质测评

一、乡创工匠胜任素质的测评

（一）专业胜任素质评价

本研究中的专业胜任素质主要是针对乡创工匠所具备的必备知识、技能和专业经验等方面的素质进行测评，体现了岗位任职资格的要求，主要用于乡创工匠的招聘选拔、专业知识与技能的培训、职业生涯规划与职业发展等人力资源管理领域。在乡创工匠胜任素质测评中，专业胜任素质的评价是一个初选的过程，目的在于提供"门槛"标准，剔除那些不合格候选人。

第四章 乡创工匠之胜任能力
DI-SI ZHANG XIANGCHUANG GONGJAING ZHI SHENGREN NENGLI

1. 必备知识评价

乡创工匠必备知识主要是完成涉农工作必须具备的基础知识，包括基本的管理知识、各领域的专业知识以及技艺技能。专业知识包括乡创工匠各类领域的专业知识，如技艺技能类乡创工匠具有包括民间美术（含农民画、插画、雕刻、泥塑等方向）、乡村戏剧（含乡村戏曲等方向）、民间音乐（含音乐表演、民间歌唱、舞蹈等方向）、民间杂技（含杂技、表演等方向）、传统工艺（含印染、漆器、彩扎、剪纸、刺绣、陶艺、盆景制作、古典家具、制茶、手工编织等方向）、烹饪（含中式烹调、中式面点、点心制作、潮式、客家、广府风味菜烹饪等方向）、家政（含母婴服务、居家服务、养老服务、家政管理等方向）、民间建筑（含砌筑、古建筑等方向）等知识。

必备知识的评价一般以笔试（即知识考试）为主。可以根据素质模型中的必备知识要求建立题库，通过规范的考试与阅卷，客观地评价乡创工匠具备的知识水平。在评价必备知识水平时还可以运用履历分析法，参照各专业领域职业资格考试的等级证书。

2. 专业技能评价

专业技能是指通过练习而获得的操作方式和习惯。乡创工匠必备的农副产品加工、开发、销售技巧以及岗位分析与评价技能、面试技能等；市场营销经理人必备的市场调研、客户满意度调查等专业技能。

专业技能的评价也可以采取纸笔测试的评价方式，但题库的建立应注重理论与实践相结合，侧重操作技能，主要针对各专业领域中具有代表性的工作和行为进行测试。除了传统的纸笔考试外，还可以通过关键事件访谈法获取相关信息；还可以采用评价中心技术，将应试者置于模拟情境，考查他的专业技能和能力；或要求应试者进行书面案例分析，以考查其专业技能。

3. 专业经验评价

专业经验是指乡创工匠职业生涯中在其专业领域取得的工作绩效。如适用于农业产前、产中、产后专业从事某一方面生产应用活动的农业人才在种植、畜禽养殖、水产养殖、农产品加工等方面的经验以及以往工作的业绩。

专业经验的评价主要通过履历分析法，追溯乡创工匠的职业发展历程，通过背景调查和职业信用档案了解其在本专业及相关领域的工作经验进行评价。因此，政府可以针对知识考试、专业技能与经验评价分别制定等级标准，对乡创工匠进行评价定级。

（二）心理胜任素质评价

心理胜任素质属于"素质冰山模型"中隐藏在水下的那部分潜质，具有内隐性、稳定性、一致性等特点，一般不能直接反映当前的工作业绩，而主要决定个人职业发展的潜力。

一般来说，乡创工匠的心理胜任素质主要是采用标准的心理测验进行评价。

1. 智力品质评价

乡创工匠的智力品质评价一般可以选择韦氏（韦克斯勒）成人智力量表、瑞文标准推理测验和语言逻辑推理测验。韦氏成人智力量表是世界上最有影响力和应用最为广泛的智力测验。韦克斯勒认为，智力是个人有目的的行动、理智的思考以及有效地应对环境的整体的或综合的能力。基于该定义，他的量表共设计了11个分测验，其中由6个分测验组成言语量表，5个分测验组成操作量表。在测验时，每个分测验均可单独计分。因此既可以了解受测验者的总体智力水平，还可以了解其智力结构。韦氏成人智力量表的内容见表4-6。

表4-6 韦氏成人智力量表的内容

分测验名称		所预测的内容
言语量表	常识	知识的广度、一般学习能力及对日常事务的认知能力
	背数	注意力和短时记忆能力
	词汇	言语理解能力
	算术	数学推理能力、计算和解决问题的能力
	理解	判断能力和理解能力
	类同	逻辑思维和理解能力
操作量表	填图	视觉记忆、辨认能力、有视觉理解能力
	图片排列	知觉组织能力和对社会情景的理解能力
	积木图	分析综合能力、知觉组织及视觉动作协调能力
	图形拼凑	概括思维能力与知觉组织能力
	数字符号	直觉辨别速度与灵活性

2. 个性品质评价

对乡创工匠进行个性测验可选择加州心理测验（California Psychological Inventory，简称 CPI）、卡特尔十六种人格因素测验（16PF）、霍兰德职业兴趣测验、迈尔斯类型指标（MBTI）、天赋解码仪等。

加州心理测验是国际上经典的个性测验之一。该测验从 18 个维度对人的个性进行测量，18 个分量表测试个体四个方面的能力：第一类是人际关系适应能力的测验，该测验包括支配性、上进心、社交性、自在性、自我接纳、幸福感 6 个分量表；第二类是社会化、成熟度、责任感、价值观测验，包括责任感、社会化、自制力、宽容性、好印象、从众性 6 个分量表；第三类是成就潜能与智能效率测验，包括遵循成就、独立成就、智能效率 3 个分量表；第四类是个人生活态度与倾向方面的测验，包括心理感受性、灵活性、女性化 3 个分量表。各分量表测试的内容及高分和低分的主要特征总结如表 4-7 所示。

表 4-7　加州性格测验各分量表及高分者和低分者的主要特征

因素	分量表	测量的内容	高分者特征	低分者特征
人际关系适应能力的测验	支配性	领导能力、支配性及社会主动性	自信/有毅力/有说服力/有领导潜能/工作主动	拘谨/思维和行动迟缓/自信不足/缺少激情
	上进心	个人积极争取达到某种地位的能力	有雄心/积极主动/精力旺盛/兴趣广泛等	和善/朴实/淡泊名利/兴趣不广
	社交性	外向性、参与社交活动的能力	喜欢交往/有事业心/有竞争意识和上进心	顺从/传统/态度超然与世无争/易受他人影响
	自在性	与社会交往情境下的自在性及自信力	机敏/热情/自然不拘谨/健谈/充满活力	稳健/有耐心/自我克制/易犹豫不决/较为呆板
	自我接纳	自我接纳、独立思考及行动的能力	聪慧/自信/机敏/语言表达和说服能力强	保守/传统/安静/自责/行动消极/兴趣狭窄
	幸福感	一个人烦恼与抱怨的程度	精力充沛/上进/积极工作能力强	胸无大志/懒散/谨小慎微/缺乏热情/自我防御
社会化、成熟度、责任感、价值观测验	责任感	责任心、可靠性或事业心、道德感	善于计划/进取/独立/有能力/高效率/讲良心	不成熟/情绪化/懒惰/易变不可信/行为易冲动

续表

因素	分量表	测量的内容	高分者特征	低分者特征
社会化、成熟度、责任感、价值观测验	社会化	社会成熟度、完整性及正直性程度	严肃／诚实／勤奋／谦虚／善良／真诚／稳重／自我克制	保守／挑剔／怨恨／固执、不安分／狡猾／掩饰自己
	自制力	自我调节、自我控制的程度	平静／有耐心／深思熟虑／严于自律／宽容待人	冲动／自我中心／具有攻击性且武断
	宽容性	心胸的宽广、对人宽容、接纳的程度	进取／忍让／机智／聪慧／善于言辞／兴趣广泛	疑心重／心胸狭窄／冷漠／机警／退缩／态度消极
	好印象	制造良好印象，并关心别人的反应	合作／进取／外向／热情／乐于助人／给人以好印象	压抑／谨慎／警惕／冷淡／自我中心／不关心他人
	从众性	测量一个人与量表常模符合的程度	和气／信赖／真诚／有耐心／稳定／现实／诚实有良知	易变化／不耐心／复杂／富于想象／不安／狡猾
成就潜能与智能效率	遵循成就	在集体创造活动中能起积极促进作用的那些兴趣和动机	有能力／合作／讲效率／组织性／负责任／有毅力／注重智力活动及其成就	固执／冷漠／笨拙／紧张状态下易惊慌失措／对自己的前途常悲观
	独立成就	在独立自主创造活动中能起积极促进作用的兴趣与动机	成熟／有能力／支配性强／有预见性／独立自强／高超的智力和判断能力	保守／焦虑／谨慎／不满足／戒备心重／屈从于权威／缺乏内省和自我了解
	智能效率	智能水平或精干性	有效率／头脑清楚／有能力／有计划／做事彻底	谨慎／糊涂／防卫／思维模式固化／缺乏自律
个人生活态度与倾向方面	心理感受性	对别人需求、动机和兴趣的敏感性	善察言观色／敏捷／善谈／随机应变／社会化程度高，不愿受约束	富有同情心／平静／严肃／细致／反应较慢／对权威绝对服从／传统
	灵活性	思维与社会行为的灵活性及适应性	有洞察力／信息灵通／冒险／自信／反抗／理想化／自我中心	细致／谨慎／担忧／勤奋／警惕／世故／对权威、习惯、传统绝对服从
	女性化	个人兴趣男性化或女性化的程度	有耐心／乐于助人／善良／谦逊／诚实／被人接纳和受人尊重／女性化	外向／有雄心／男子汉气概浓／活跃／积极／与他人相处有操纵性倾向

3. 态度动机品质评价

成就动机量表（Achievement Motivation Scale，简称 AMS）在我国有广泛的应用，是成就动机研究中常用的一个主要量表。总体来说，量表的两个因素（追求成功和回避失败）结构稳定，是一个比较成熟的量表。此量表的一个主要优点是可同时测量成就动机的两个因素，与仅仅测量趋近性的成就动机的量表相比，其结果更有利于预测个体的成就行为及结果。

所以，本研究中的乡创工匠态度动机品质可以采用成就动机量表进行评价，也可以采用面试、角色扮演等评价中心的技术来了解乡创工匠的动机内容。

（三）职业操守素质评价

本研究的职业操守素质包括敬业精神、责任心、诚信正直、关注品质等4项。乡创工匠职业操守的要求来自社会道德规范、行业准则、企业价值观三个方面。三个层次逐层递进，构成了乡创工匠职业操守共性化与个性化的要求。对乡创工匠职业操守的评价方法主要有信用调查法和360度评价法。

1. 信用调查法

在公开选聘乡创工匠时可以通过以下途径对乡创工匠进行信用调查：一是背景调查法，可以通过背景调查了解乡创工匠在以往供职企业的职业操守状况。二是个人信用调查法，从个人信用系统获取乡创工匠在金融行为、公共消费行为、遵纪守法等方面的个人信用信息。三是乡创工匠信用档案调查法，乡创工匠信用档案系统建立起来之后，可以从乡创工匠协会有偿获取候选人的信用档案，了解其信用历史。如果通过上述途径了解到乡创工匠有违规、违纪甚至违法犯罪的记录，则可对其"一票否决"。

2.360度评价法

企业可设计乡创工匠职业操守评价指标及标准，由直接上级、同事、直接下级、考核委员会等对他们的职业操守进行评价。其中，考核委员会、直接上级、直接下级的评价结果在总分中所占的比重应该高一些。此外，还可以采用心理测验对乡创工匠职业操守素质进行评价。如，可以通过CPI测验中的责任感子维度以及16PF中的有恒性和自律性两个子维度，来测量乡创工匠的责任意识。

（四）行为胜任素质评价

从上述研究中可知，行为胜任素质包括全局观、客户导向、问题解决、组织意识、人才培养、激励/授权、团队领导、团队合作、影响力共9项。行为胜任素质与乡创工匠当前的工作绩效有着最直接的联系，可以选择心理测验对乡创工匠的行为胜任素质进行评价，具体每项素质的测评方法参见表4-8。

表 4-8 乡创工匠行为胜任素质的测评方法

行为胜任素质	评价技术
全局观	公文处理、无领导小组讨论、案例讨论
客户导向	公文处理、模拟面谈、角色扮演
问题解决	公文处理、模拟面谈、无领导小组讨论、智力测验
组织意识	公文处理、管理游戏
人才培养	模拟面谈、角色扮演
激励/授权	模拟面谈、角色扮演
团队领导	公文处理、模拟面谈、无领导小组讨论、管理游戏、角色扮演
团队合作	模拟面谈、无领导小组讨论、管理游戏、角色扮演、CPI 和 16PF 等心理测验
影响力	模拟面谈、无领导小组讨论、案例讨论、角色扮演、16PF

二、乡创工匠胜任素质测评方法

人才测评是指通过一系列科学的手段和方法对人的基本素质及其绩效进行测量和评定的活动。人才测评的具体对象不是抽象的人，而是作为个体存在的人其内在素质及其表现出的绩效。人才测评的方法包含在概念自身中，即人才测量和人才评价。

乡创工匠的人才测评应结合人才测评方法，综合测量出乡创工匠的 14 项素质。总结目前常用的人才测评方法，得出乡创工匠的测评方法包括纸笔测验、面试和评价中心。

（一）纸笔测验

常用的纸笔测验包括笔试（即常说的知识测验）和心理测验。

1. 笔试

笔试是测试人员胜任素质测评中成本最低、操作最方便的一种技术。笔试是通过预先设计的题目和相应的标准用纸笔进行的测试方法，主要用于测量测试人员的知识占有量（基本知识、专业知识、管理知识、相关知识）、智力水平、综合分析能力、文字表达能力等素质以及职业倾向等内容。一般情况下，笔试用得最多的就是测量知识占有量以及理解运用知识的熟练程度等内容。在对测试人员的知识水平测量时，主要从3个层面进行测量：①知识记忆量；②理解能力；③应用和迁移能力。笔试的题型可以多种多样，有单选题、多选题、名词解释、填空题、简答题、论述题、证明题、计算题等，可以根据实际情况选择合适的题型。

2. 心理测验

常用的心理测验主要包括心理健康测验、能力测验（含能力倾向测验）、个性测验和动机测验。其中心理健康测验主要有 SCL-90、自评抑郁量表、焦虑自评量表等；能力测验主要有韦氏智力测验、瑞文推理测验等能力测验、一般能力倾向成套测验（GATB）、特殊职业能力倾向测验（DAT）等；个性测验包括五大测验、16PF、CPI、DISC、EPQ 等；动机测验主要有 TAT 测验、句子完成测验。另外，心理测验还包括有霍兰德职业兴趣量表、员工满意度量表等其他常用兴趣或态度量表。按照 McClelland 的观点，动机是胜任特征的核心内容，所以，对动机的测评是一个重点，而动机是胜任特征中最深层的最不易测试的成分。因此，对动机的测试主要采用投射技术，即投射测验。

（二）面试

面试分为非结构化面试、结构化面试和半结构化面试三种。非结构化面试是指传统的面试方法，通常带有即兴提问的色彩。结构化面试是一种以行为描述方法为主，并按测量要求事先拟定提问内容和顺序的面试。它通常事先编写出符合某一工作岗位、职位要求的一系列定性、定量的问题，让测评对象回答，并按照预先制定的评分量表、评价要素和评价标准评价其能力、素质和个性等方面是否能胜任工作岗位、职位的情况。鉴于非结构化方式、程序等，允许考官在具体操作中，根据实际情况做一些调整。

（三）评价中心

基于现代人才测评理论，人们逐步形成和发展了评价中心这种现代人才测评的新方法，其重要特点就是它的情境模拟性，故又被称为情境模拟测验。评价中心被认为是当代管理中识别管理者才能最有效的工具。美国政府的一些部门，如农业农村部、国内税收署应用评价中心来选拔人才。据统计，目前美国每年都有数十万人接受评价中心的测评，其中绝大多数是经理和高级管理人员及其候选人。为了规范评价中心技术的测评，美国还专门制定了《评价中心实施标准和道德准则》。英国、法国、加拿大、澳大利亚、日本等国也都采用这种方法进行人才测评。我国的企业和国家机关也在近几年尝试着运用评价中心技术于乡村工匠的选拔，并取得了一定的效果。

评价中心的测评技术多种多样。从活动内容来看主要有公文处理、无领导小组讨论、管理游戏、工作样本答辩、演讲、案例分析、情境模拟、角色扮演、事实判断、面谈等形式（见表4-9、表4-10）。通常情况下，评价中心要使用4至6种测评技术和练习来进行测评。实施过程需要2到3天完成。主试人员由组织内部经验丰富的上级主管和经过专门训练的专家组成。

表4-9 评价中心各技术的使用频率

复杂程度	评价中心各技术名称	实际运用频率（%）
更复杂 ↓ 更简单	管理游戏	25%
	公文处理	81%
	角色扮演	43%
	情境模拟	49%
	无领导小组讨论	59%
	工作样本答辩	45%
	演讲	46%
	案例分析	73%
	搜寻事实	38%
	模拟面谈	47%

表4-10　各类测评中心技术的测评内容与评价要点汇总表

测试	测试内容	评价要点
公文处理	应试者扮演管理者的角色，模拟未来的管理工作，要求其在规定的时间内处理一批包括通知、报告、客户来信、下级反映情况的信件、电话记录、关于人事或财务等方面的信息等信件或文稿，以考察应试者的管理潜力	认知能力、人际理解能力、沟通能力和决策能力、自信心、组织领导能力、计划安排能力、书面表达能力、分析决策能力、敢担风险能力、信息敏感性、处理问题的条理性、对信息的利用能力等
模拟面谈	应试者与评价者扮演的角色（下属/客户等）进行谈话，解决对方要解决的问题，由评价者对面谈过程进行观察与评价	说服能力、表达能力、处理冲突的能力、思维的灵活性和敏捷性等
即兴发言/演讲	应试者按照给的材料或题目组织自己的观点，并且向评价者阐述自己的观点和理由。常见的方式有竞选演说、辩论式演讲、就某问题发表自己的观点等	思维反应能力、理解能力、思维的发散性、语言表达能力、言谈举止、风度气质等方面的心理素质
无领导小组讨论	一般由5～9个应试者在给定的时间（一般1小时左右）在既定的背景下围绕给定的问题展开讨论，并得出一个小组意见。应试者可以被指定角色，也可以不指定角色。讨论中不指定领导角色	信息寻求、人际理解、影响力、团队合作、分析解决问题能力、人际交往能力、辩论说服能力、领导欲望、主动性、口头表达能力、抗压能力等，同时也可考查被测者的自信心、进取心、责任感、灵活性及团队精神等个性品质方面，也可通过让应试者写一份讨论记录，以反映其归纳能力、决策能力、分析能力、综合能力等
管理游戏	要求应试者扮演一定的管理角色，模拟实际工作情境中的一些活动或完成一项具体的管理事务。通常采用非结构化的情境，在应试者之间进行交互作用	领导能力、组织协作能力、合作精神、组织能力、智力特征等能力，还有相关方面的专业技能
角色扮演	设置了一系列尖锐的人际矛盾与人际冲突，要求被试者扮演某一角色并进入角色情境去处理各种问题的矛盾	人际理解力、客户服务意识、影响力、冲突处理能力、说服力、表达能力以及思维的灵活性和敏捷性
书面案例分析	让每位应试者阅读一些关于企业中的问题的材料，让其准备一系列的建议，撰写分析报告	综合分析能力、判断决策能力、管理能力和业务技能等
案例讨论	应试者阅读一些关于企业中的问题的材料，准备一系列的建议，然后小组成员之间相互讨论，并得出一致结论	综合分析能力、判断决策能力、接受他人观点的能力、总结问题的能力、口头表达和说服能力、抗压能力等

续表

测试	测试内容	评价要点
搜寻事实	给应试者一个关于他所要解决问题的信息，他可以向能够提供信息的人询问额外的情况以发掘与该问题有关的其他信息，然后要求其给出解决问题的建议	考查应试者获取信息的能力、分析问题的能力、理解和判断能力、社会知觉能力、决策能力和对压力的容忍能力
笔迹分析	考查其性格特征，归于九型人格	解决职业匹配与职业指导

三、乡创工匠胜任素质测评存在的问题

（一）关于乡创工匠这类人才的问题

人才是指具有一定的专业知识或专门技能，进行创造性劳动并对社会作出贡献的人，是人力资源中能力和素质较高的劳动者。人才的发展方向趋向专业化、个性化。人才是我国经济社会发展的第一资源，大力提高国民素质，大力发现、培训和造就人才，才能实现中华民族伟大复兴。有素质的人才必须是拥有的知识与技能达到专业化水平，所具备的性格能适应并能优秀地发挥岗位效能，其综合能力能给予社会有效、有益的贡献。

经济发展日新月异，突飞猛进，急需创新型人才的发现、培养与造就。人的创造性思维具有巨大潜在性，即在人不断成长与激发中能产生巨大的潜能。根据心理学家测定，人的这种创造性思维与能力是可测的、可评的、可鉴的，这为人才测评事业发展提供了广阔的市场，也为人才的发现、人才潜能的发掘、人才的培训与发展提供了条件。

人才的造就首先在于发现，其次在培训，再次在于使用。人才在使用中仍须在不同环节中进行评鉴，才能做到"人尽其才，优选人才，优化人才"，避免"镰刀砍树""斧头割禾"的现象发生。人岗优配，最优化提供人才使用的效益，即达到性价比最大化。

（二）关于测评工具和测评使用者的问题

首先是测评工具。测试工具的质量认证缺乏理论依据，操作程序不规范，信

度和效度不高，影响了评估工作的质量。目前，我国正在使用的大部分测评工具是直接从国外引进的，没有结合国内实际情况进行本土化修订。除此之外，还存在测量工具滥用的情况。一些工具没有经过科学性的验证、检验其信效度，仅仅通过测评使用者的主观验证就进行使用。其次是测评使用者，即测评人员。测评工具的使用者会存在专业水平参差不齐的情况，有些人力资源服务机构缺乏心理测评的专业人员，往往是一些非专业人员根据测评参考手册进行主观化使用，操作程序不规范，导致测评的准确性和科学性不高。人才测评是一项具有技术性的工作，需要大量的专业知识来操作和解释结果，否则测评结果将无法令人信服。针对测评工具和测评使用者的问题，可以从以下四个措施进行改进。

1. 严格要求检验测评工具质量的权威性认证机构，加强评价规范，确保测评工具的质量。

2. 基于国内本土化编制、修订具有针对性的测评工具，不可直接使用"舶来品"。结合实际情况、国情特色、国人特点，从不同的岗位、职业、情境出发，使用适用性更强的测评工具。

3. 控制测评工具在市场上的传播。目前由于计算机网络发展迅速，数据化程度较高，存在恶意传播测评工具、非法使用测评工具的情况，市场上的各种测评工具"鱼目混珠"，要加强测评工具的传播与使用。

4. 加强测评工具使用者的资格培训。一方面是职业道德培训，增强测评工具使用者的职业道德修养，提高职业道德水平，合理合法合规使用测评工具。另一方面是专业技术培训，加强测评工具使用者的专业能力，合理解释测评结果，对测评工具在人才选拔中的作用做到有理有据。

2023年12月，住房和城乡建设部、人力资源和社会保障部印发了《关于加强乡村建设工匠培训和管理的指导意见》，提出大力培育乡村建设工匠，为全面实施乡村建设行动提供有力人才支撑。乡创工匠的知识、技能与才干，是一种强大的人力资源。社会的发展和国家对高技能人才的需求，为乡村工匠的职业发展提供了机会，是培育乡村工匠的牵引力，为乡创工匠的职业发展提供了更广阔的空间、更好的发展环境。中国乡创工匠测评的产生及其发展是顺应潮流、与时俱进！

本章小结

本章首先分析了乡创工匠胜任素质评价的重要性，并从胜任素质的定义、内涵特征、测评等方面开展了胜任素质模型的相关理论研究，在对国内外相关研究进行文献分析的基础上构建了乡创工匠胜任素质模型并进行实证检验。新构建的乡创工匠胜任素质模型包含 4 个维度，共 24 项素质，并据此构建了基于胜任素质模型的乡创工匠素质评价体系并选用方法实施测评，并提出实施乡创工匠测评会存在测评对象和测评使用者这 2 类问题需要引起重视。

案例分享

2021 年，广东省在全国首创开展乡村工匠专业人才职称评定工作，对乡村工匠人才进行分类、分级评价，探索政策补贴等激励机制。以中山市为例，获高级职称的乡村工匠可享受高层次人才待遇。截至 2024 年 9 月，广东省已有 10610 人获得乡村工匠专业人才职称，其中正高级 175 人，副高级 690 人，中初级 9745 人。

《广东省乡村工匠专业人才职称评价标准》将乡村工匠专业人才职称的专业分类为技能技艺类、经营管理类、生产应用类。乡村工匠专业人才职称设初级、中级、高级三个层级，其中初级职称分设员级和助理级，高级职称分设副高级和正高级。员级、助理级、中级、副高级和正高级对应的职称名称依次为：乡村工匠技术员、乡村工匠助理工程师、乡村工匠工程师、乡村工匠高级工程师、乡村工匠正高级工程师。

匠心之道，兴农之路。重视、培育、用好乡村工匠人才队伍，是一项长期的系统性工程，不能一蹴而成。广东正持续推进乡村工匠培育工程，以"工匠精神"打造高素质乡村工匠队伍，传承弘扬岭南文化，助力广东乡村全面振兴。

第五章 乡创工匠之测量标准

DI-WU ZHANG XIANGCHUANG GONGJIANG ZHI CELIANG BIAOZHUN

乡创工匠相对于传统的土生土长的乡村工匠而言，更加倾向于"面向乡村"的创业型工匠，既涵盖在乡村创业或发展产业的创业型人才，也包括农民工返乡创业和高校毕业生、退伍军人、科技人员到农村施展才华的"城归"人才。[①] 进入 21 世纪之后，第四次工业革命扑面而来，不断推动科技更新和产业变革，科学技术作为第一生产力的作用更加凸显，对劳动者、劳动资料以及劳动对象产生了巨大影响。"乡创工匠"作为农村场域具有创新创业思维的技艺传承者、市场经营者和致富带头人，一定意义上成为农村新质生产力的典型代表。伴随着以新能源、新材料和电子信息等为主要领域的科学技术与乡村振兴的融合，极大地推动了农业农村的全要素生产率，乡村创业型工匠逐渐成为具备利用现代科技和创新能力的高层次人才，突破了进行简单重复劳动的限制，实现了由"手艺"到"守艺"再到"首艺"的转变。作为数字化时代农业农村发展的重要人才，以"乡土人才""乡创客"和"乡村工匠"等形式推动新质生产力在农村的快速培育和发展，而要真正成为乡村振兴和乡村现代化发展的驱动力量，必须具备与其相匹配的能力和素质，这种能力和素质也是衡量乡创型工匠质量的重要标准。

乡创工匠的核心取向就是面向乡村的创业型工匠，通过搜集和整理关于创业和创业力的模型对于乡创工匠测量标准的研究具有重要的指导意义。美国的"创业教育之父"蒂蒙斯曾提出了经典创业管理模型，他认为创业机会、创业资源和

---

① 姜姝. 乡村振兴背景下"城归"群体的生成机制及其价值实现[J]. 南京农业大学学报（社会科学版），2021，21（03）：140-147.

创业团队是创业过程中的关键构成要素，其核心观点是要谋求创业机会、创业资源与创业团队三要素之间的动态平衡。[1]刘常勇构建的创业模型是通过对创业环境、创业网络、创业者以及创业执行等要素的研究，认为新企业的形成是创业家、创业能力、创业精神和创业倾向相互作用的结果。[2]该模型的基本思想是从人（即创业者）的角度出发，基于一定的创业倾向和能力首先发现机会，然后基于一定的商业模式整合团队和资源，形成创业执行力，进而实施创业行为，整个过程不仅受到网络这一小环境的影响，而且还受到整个社会大环境的影响。[3]

张文辉构建了创业者的创业力模型，反映和解释了创业活动对于创业者的素质和能力的特定要求以及创业者创业力的构成要素和功能结构。创业者的创业力主要由创业者的"行为力"（包括组织管理能力、领导能力、社交能力、语言感染力、应变能力等）、"心理力"（包括自我效能感、乐观、希望和坚韧性等）、"思维力"（包括认知能力、分析判断能力、风险意识、创新思维等）、"资本力"（包括知识资本、物质资本、技术、资本等）和"公德力"（包括个人品德、社会公德、诚信等）5个方面的能力和素质构成，其中行为力和心理力是创业者的两大核心创业力，思维力、资本力和公德力是创业者的三大辅助创业力。[4]黄彦辉提炼出的创新创业能力模型分为五层，最底层是自我认知的能力，包括创新创业者的价值观和目标愿景的澄清等，比如为什么要创业、要创立什么样的企业。第二层是创新能力，这也是创新创业的核心能力。第三层是技术开发能力，因为创新最终是需要做出产品。第四层能力是商业能力，包括管理、融资、渠道和市场的经营开拓等能力，还包括行业的经验积累。第五层是团队能力，在创业的所有阶段，团队都是必不可少的。[5]同时他还提出创业者素质能力模型包含的四种能力和精神：变革能力、领导能力、执着能力（精神）和正向现金流能力。[6]

借鉴上述有关创业和创业力的模型，根据维度理论即研究在基本单位变动

---

[1] Timmons, J A. New venture creation [M] .5th Ed. Singapore: McGraw-Hill, 1999.
[2] 刘常勇. 创业管理的12课堂 [M] . 台北：天下文化出版社，2002.
[3] 董保宝，葛宝山. 经典创业模型回顾与比较 [J] .2008（3）：19-28.
[4] 张文辉. 创业者核心创业力的实证研究 [J] . 中国科技论坛，2010（5）：91-95.
[5] 黄彦辉. 智能时代下的创新创业实践 [M] . 北京：人民邮电出版社，2020：27.
[6] 黄彦辉. 智能时代下的创新创业实践 [M] . 北京：人民邮电出版社，2020：65.

第五章 乡创工匠之测量标准

后派生单位变动所依据的规律,[①]结合"乡创工匠"创业活动的特殊要求,从精神、能力和管理三个不同的维度对乡村创业型工匠的测量标准进行建构(如图5-1所示)。

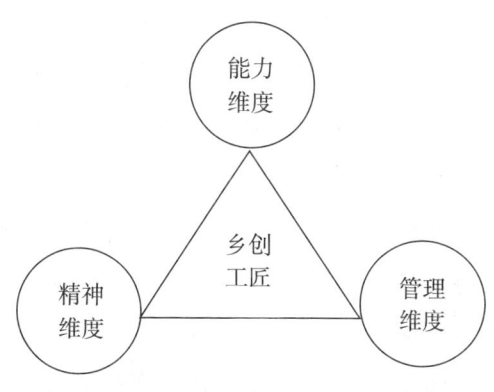

图 5-1 乡创工匠测量标准模型

第一节 乡创工匠测量标准之精神维度

创新常常生发于不确定性之中,而人脑恰恰因为情绪和欲望而有了种种不确定性,产生了随机的思想和行为。这些特质都是创新的源泉,新想法、新思考就是在这些不确定中诞生的。创新通常涉及探索未知领域、挑战现有观念、打破常规和寻求新型解决方案,需要不断尝试、学习和调整。智能机器的世界里没有不确定性,当然也就没有创造新事物的可能,因此在创新这一点上,智能机器永远无法取代人类。[②]任何时代背景下创业者本身都是创业活动的开端,其本身的精神力是创业的底层能力。面向乡村的创业型工匠的精神维度包括创业意愿、风险承担能力、行动能力、个人素养等方面。

---

① 吴磊. 创业力的诠释与研究维度[J]. 经济管理,2006(17):33-37.
② 黄彦辉. 智能时代下的创新创业实践[M]. 北京:人民邮电出版社,2020:7.

一、创业意愿

创业意愿是潜在创业者实施创建企业活动或行为的自我预测,[1]是乡创工匠测量标准之精神维度的一个重要方面。创业意愿源于乡创工匠内心深处对创造、创新和实现个人价值的渴望。他们对创业充满热情,追求自我实现和成就,希望通过自己的努力和创造力改变世界。具有创业意愿的乡创工匠能够敏锐地察觉到市场机会和潜在需求,他们具备敏锐的洞察力和分析能力,能够从日常生活和社会环境中发现商业机会,并对此充满兴趣和好奇心。创业往往伴随着风险和不确定性,而具有创业意愿的乡创工匠愿意承担一定程度的风险。他们理解创业过程中的挑战和失败是推动自身成长的一部分,并准备好面对各种困难和挫折。创业意愿不仅仅是一种想法或愿望,还体现在乡创工匠的行动上。他们积极主动地采取行动,将创业想法转化为实际的计划和行动步骤。他们愿意投入时间、精力和资源来实现自己的创业目标。具有创业意愿的乡创工匠也会认识到创业是一个不断学习和成长的过程。他们保持学习的态度,积极寻求知识和技能的提升,不断适应变化的商业环境。参与创业课程、职业技能培训会提升乡创工匠对创业的激情和积极态度,进而激发创业意愿的产生。[2]创业意愿不仅仅是追求眼前的利益,还包括对长期发展和可持续性的关注。具有创业意愿的乡创工匠有长远的眼光,愿意为实现长期目标而努力。创业意愿越强烈越能促使乡创工匠在创业过程中投入更多的资源和精力以追求创业绩效的提升。

创业意愿是乡创工匠开展创业行为的重要组成部分,它驱使着致力于乡村创业的人员积极追求创业机会,并为实现自己的创业梦想而努力奋斗。培养和激发创业意愿对于乡创工匠的个人发展、乡村建设和社会创新都具有重要意义。以下是一些培养和激发乡创工匠创业意愿的具体方法。

---

[1] Aizen I. The theory of planned behavior [J]. Organizational behavior and human decision processes, 1991 (2): 179-211.
[2] Chang Y, Wannamakok W, Kao C. Entrepreneurship education, academic major, and university students, social entrepreneurial intention: the perspective of Planned Behavior Theory [J]. Studies in higher education, 2021 (12): 1-20.

第五章 乡创工匠之测量标准

1. 提供创业教育：可以通过知识下乡、技术下乡和职业技能培训等方式，为乡创工匠提供系统的创业教育课程，包括创业基础知识、市场分析、商业计划撰写等，帮助乡创工匠了解创业的流程和要求，增强对创业的信心。

2. 举办创业活动和比赛：通过组织面向农业农村的创业比赛、科普讲座、工作坊等活动，为乡创工匠提供展示创意和与其他创业者交流的平台，进而激发乡村创业人员的竞争意识和创新思维。

3. 提供"试错"机会：地方政府可以通过和企业、学校合作，为乡村创业者提供试验、观察机会或创业加速器，通过实际实施和参与创业过程，乡创工匠能够获得宝贵的经验和知识。

4. 培养创业思维：鼓励乡创工匠采用创造性思维解决问题，培养他们发现问题、分析问题和寻找解决方案的能力，可以通过案例分析、头脑风暴等方式来锻炼创业思维。

5. 榜样的力量：邀请乡村成功的创业者分享经验和故事，让潜在创业者了解他们的创业历程和挑战，成功的榜样可以激发乡创工匠的灵感和动力。

6. 创业导师指导：通过创业导师下乡等为乡村创业者提供创业导师指导和支持，如现场指导"村播"带货、一对一政策帮扶等方式，创业导师可以提供专业的建议、经验分享，并帮助初始创业者解决在创业过程中遇到的问题。

7. 营造支持创业的环境：地方政府可以结合当地实际成立乡创工匠产业孵化基地，打造众创空间，积极营造支持乡村创业的氛围，提供创业资金、政策支持、创业资源等。

8. 鼓励创业人员勇于尝试：通过提供资金帮助和进行项目推介，鼓励乡创工匠勇于尝试和承担风险，从失败中学习，失败是成功的一部分，通过失败，乡创工匠可以积累经验并不断改进。

9. 人工智能赋能创业的认知：在发展农业新质生产力的背景下，人工智能赋能创业并不局限在人工智能领域，强调的是创业方式或（和）创业主体伴随人工智能引入的新变化。[①]

Fossen 和 Sorgner 指出，数字化和人工智能的发展在一定程度上降低了创业

[①] 刘志阳，王泽民．人工智能赋能创业：理论框架比较[J]．外国经济与管理，2020(12)：3-16．

者的创业成本，减少了各种进入壁垒，能够带来更多的创业者。[1]Logg等基于实证研究指出，外行对算法建议的信任程度高于对人类建议的信任。[2]区别于传统创业过程，人工智能赋能创业是指创业者积极利用或协同人工智能进行创业机会利用与开发的过程。人工智能赋能创业不仅催生了全新的创业实践问题，也从根本上挑战了经典创业理论。在蒂蒙斯理论中，创业者始终是创业的主体。智能化时代，通用人工智能有望与创业者共同开展创业活动，这对传统创业要素理论产生巨大冲击。尽管创业者在创业过程中仍然面临机会的模糊性、市场的不确定性和外部市场风险等因素，但该阶段的创业者因为有通用人工智能作为战略合作伙伴，外部不确定性因素所带来的复杂性和动态性都将被削弱。[3]乡创工匠可以积极尝试应用人工智能，将自己的创新创业行为与人工智能融合，从而进行创业决策、过程管理和风险规避，提升创业可行性和成功率。

通过以上方法，可以帮助乡创工匠培养和激发创业意愿，提升他们的创业能力和素质。同时，创业意愿的培养也需要乡创工匠自身的积极参与和努力，只有在实践中不断学习和尝试，才能真正成为有创业精神的行动者。

二、风险承担能力

风险承担能力就是乡创工匠在面对不确定性和风险时的态度和应对能力，包括心理承受能力和决策能力。Kuratko认为，创新创业精神除了寻求机会的能力和冒险精神之外，还要求具有承担风险、团队组建以及对机会的识别和远见，创业者必须拥有承受风险的能力。[4]创业活动本身就是一种冒险，没有人能够预测未来的市场变化和竞争环境。创业者需要有足够的勇气和信心去承担风险，并且具备从失败中学习和总结的能力。只有面对风险和挑战，才能在激烈的市场竞争

---

[1]Fossen F M, Sorgner A. Digitalization of work and entry into entrepreneurship [J]. Journal of Business Research, 2019.
[2]Logg J M, Minson J A, Moore D A. Algorithm appreciation: People prefer algorithmic to human judgment [J]. Organizational Behavior and Human Decision Processes, 2019, 151: 90-103.
[3]刘志阳，王泽民.人工智能赋能创业：理论框架比较[J].外国经济与管理，2020（12）：3-16.
[4]Kuratko D F.Entrepreneurship education: Emerging trends and challenges for the 21st century [J]. White Paper, US Association of Small Business Education, 2003, （22）: 1-39.

第五章 乡创工匠之测量标准

中立于不败之地。比如说，华为创始人任正非在华为成立之初，就开始大力投入研发，不断地推出新的产品和服务。在华为发展的过程中，任正非也曾经遇到过很多风险和困难，但他始终坚持自己的信念，不断寻求突破和创新，最终让华为成为全球领先的通信设备制造商。

创业者风险承担能力，主要通过融资渠道、创业项目、管理经验、风险承受度等方面进行综合评估。眼高手低、纸上谈兵是很多初次创业者常见的创业风险，对社会缺乏了解，更缺少创业经验，其创业思想往往是因一时创业激情而起，把创业问题简单化、理想化，对创业过于自信和自负，对困难估计不足。

创业就可能会承担风险。著名投资人 Chris Dixon 将公司创始人所需承担的风险分成了 7 类：资金风险：在不同阶段，都可能会筹不到钱，也许是因为公司还没有到达增值里程碑（Accretive milestone，以更高的估值获得融资。Chris Dixon 认为一个公司在后一轮融资开始前，其估值应该是前一轮融资以后公司估值的两倍），也可能是因为投资人对此领域不感兴趣。产品风险：不能将创意或者概念转化成一个有效的、引人注目的产品。技术风险：不能拿出足够好，或者有突破性的技术。业务发展风险：不能与那些影响产品生产和传播的公司达成交易。市场风险：客户或者用户并不需要这种产品。时机风险：对市场而言，推出的产品或者服务要么太早，要么太晚。利润风险：做了市场需要的产品，但是不能占领市场，受到竞争对手的挤压。

创业应该要承担的是 well calculated risk（即仔细斟酌后的风险），而不是 blind risk（即两眼一抹黑的风险）。创业中评估风险的意义在于搞清楚需要承担的风险的程度，创业者承不承担得起，以及承担风险的回报。所以在项目开始前，乡创工匠应该先搞清楚以下几点。

第一，这个项目会碰到的风险可能来自哪里？比如政策、宏观环境、市场趋势、资源、技术甚至自然条件、气候灾害等。

第二，这些风险一旦发生带来的影响会有多大？包括短期的财务影响、长期的经营影响，以及终极的业务存续性影响等。

第三，这些风险的演化特征和发生概率可能会是怎么样的？不论这些风险是有先兆性的，还是倾向于完全无法预测突然出现的，如果有先兆性那么可以定期追踪一些什么样的前期指示性指标以不断调整其发生概率。

第四，基于这样的演化特征，在所有通过努力可动用的资源和能力范围内，创业者及其团队对这些风险的可控程度有多大？通常而言，对于不可控的风险，在考虑的时候一定要尤其慎重。

如果是可控的风险，应该在项目的推进过程中怎么布局，以尽可能地降低甚至消弭这些风险。

如果是不可控的风险，应该提前准备怎样的备案，以在风险发生后减少损失。做完以上的分析后，再综合起来系统性地审视项目的整体风险程度，其中多少是人为可控的，多少是不可控的，基于此再来评估项目的成功后的预期回报，以判断是否推进项目。

对于创业者来说想要克服单向性偏差，就要在评估风险时多咨询和请教第三方，尽可能客观地寻找到匹配自身风险能力的好项目。

三、行动能力

行动力，是创业者关键的基本素质和能力。创业者应该具备有条不紊的计划和行动力，只有正确的行动力才能让创业结果朝着理想目标前进，能够克服困难并坚持下去。乡创工匠将创业想法付诸实践的能力，包括计划、组织、执行和调整的能力。

好的想法只有在执行中才能变成有价值的产品或服务。人们经常会强调做事情要能够"知行合一"，从科学的角度来说，就是实践与认识的统一。目标应该遵循简单具体、清晰可量化、成果与成功有必然联系等几个要素。可以用SMART标准来衡量目标，包括Specific（具体），Mearuable（可衡量），Attaintable（可实现），Relevant（必要性），Time（时间）。创业行为是为了获得正确的认识，并且不断通过实践过程提高和发展认识，而且可以用实践行动来检验认识是否正确。对创业认识的差异，会传导到创业者具体行动上；对创业认识层次水平的差异，也会出现不同创业者解决同一个创业问题的选择差异。

四、个人素养

创业者的道德品质、责任感、诚信意识和团队合作精神，以及持续学习和自我提升的意愿，都会影响其创业行为。所谓素质，是指一个人在政治、思想、作风、道德品质和知识、技能等方面，经过长期锻炼、学习所达到的一定水平。它是人的一种较为稳定的属性，能对人的各种行为起到长期的、持续的影响甚至决定作用。创业者个人素质包括学习能力、总结能力、学识经验、进取精神、社交能力、责任心、自我控制、灵活性、创造性潜力、管理潜力、工作态度、诚实守信、过硬扎实的基本功、专业技能和职业操守等。

个人素质是一个人综合能力的体现，对于个人的发展和成功至关重要。一个具备高素质的创业者不仅能够在工作和生活中取得更好的成绩，还能够更好地适应社会的变化和挑战。首先，知识素质是个人素质的基础。知识是人类认识世界、改造世界的重要工具，它能够帮助人们更好地理解和解决问题。一个具备丰富知识的个人能够更好地应对各种挑战和机遇，更好地适应社会的发展和变化。因此，不断学习和提升自己的知识水平是个人素质提高的重要途径。其次，技能素质是个人素质的重要组成部分。技能是一个人在实践中获得的能力，包括专业技能、沟通技巧、组织能力等。一个具备丰富技能的个人能够更好地应对工作和生活中的各种情况，更好地解决问题和完成任务。因此，不断提升自己的技能水平，不断学习和实践，是个人素质提高的重要途径。再次，品德素质是个人素质的重要方面。品德是一个人的道德品质和行为准则，反映了一个人的道德修养和价值观念。一个具备良好品德的个人能够更好地与他人相处，更好地处理人际关系，更好地履行社会责任。因此，培养和提升自己的品德素质，注重道德修养和价值观念的培养，是个人素质提高的重要途径。最后，态度素质是个人素质的重要方面。态度是一个人对待事物和对待生活的态度和心态。一个积极向上、乐观向上的态度能够帮助个人更好地面对困难和挑战，更好地调整自己的心态和情绪。因此，培养良好的态度素质，注重积极心态的培养和调整，是个人素质提高的重要途径。

总之，个人素质是一个人综合能力的体现，对于个人的发展和成功至关重要。一个具备高素质的个人能够在工作和生活中取得更好的成绩，更好地适应社会的变化和挑战。因此，不断学习和提升自己的知识水平、技能水平，注重品德修养和价值观念的培养，培养良好的态度素质，是个人素质提高的重要途径。只有不断提升个人素质，才能更好地适应社会的发展和变化，实现个人的发展和成功。

个人基本素质有很多方面，以下 5 个方面是最基础的，创业者应当在自己的创业行动中予以关注。

第一点是每件事做到闭环。事前有计划，事中有记录和提前演练，事后有总结回复确认，这不仅仅是一个习惯，还是会锻炼自己的逻辑和总结分析能力。

第二点是守时，做好预估并提前 10 分钟。

第三点是基本工具的使用，比如办公软件。

第四点是形成思考的习惯。在处理任何人交代的事情之前，习惯性思考一下，逐渐养成能举一反三的能力，对更快地掌握岗位技能有非常大的帮助。

第五点是形成记录的习惯。

第二节　乡创工匠测量标准之能力维度

创业能力是影响创业活动和决定创业是否成功的重要因素之一。Okolie 认为，具备一套创业所需的技能、能力和知识就能够在不可预测、竞争激烈的环境中成功创业。[1] 为了更好地面对智能时代的挑战，创业者需要具备一些特定的能力和知识结构。创新能力是创业的核心能力。创业者必须拥有创新能力，因为市场竞争激烈，不断变化的市场需求需要不断地创新来满足。创新能力不仅体现在产品或服务上，还包括商业模式、市场营销等方面。创新创业者需要创新能力去发现市场需求并想出好的解决方案，这是所有创业的开端。结合面向乡村创新创

---

[1] OKOLIE U C, IGWE P A, AYOOLA A A, et al. Entrepreneurial competencies of undergraduate students: the case of universities in Nigeria [J]. The international journal of management education，2021（1）：100452.

业的实际需求，乡创工匠测量标准的能力维度包括创新思考能力、实验能力、工程实践能力和成果转化能力等方面。

一、创新思考能力

在"创新思维"这个词里，"创新"是作为定语的形容词，用以修饰作为名词的"思维"，其落脚点是"思维"，但重点在"创新"。思维简单地讲就是思考问题的过程，包括我们对客观存在的认知、分析与推理，乃至得出的判断、结论和形成的对策。创新能力泛指个人创造新事物、新概念、新产品的能力。具备创新能力需要以出色的创新意识为基础。创新意识就是面对问题、矛盾和困难时，敢于破除习惯性思维，突破传统陈规，勇于探索新思路、新观念，积极创造新成果的思想观念。创新性的思维，就是要用超越陈规、因时制宜的思维方式对待我们遇到的困难和问题，提出有独到见解、有显著效益的工作思路和解决方案。乡创工匠的创造性思维、问题解决能力和创新意识，包括发现新机会、提出新想法和改进现有模式的能力。

创新思维能力包含八大思维能力。一是批判性的思维能力：批判的基础是怀疑，从怀疑到肯定，再由肯定到怀疑，人们不断自我认识，经过多次螺旋，创造崭新的自我。二是发散性的思维能力：从不同方向、不同角度分析和看待事物，全方位、立体化地认清问题，从而找到更多创新的途径。三是广阔性的思维能力：通常我们只在一定范围内思考事物，如果我们能够把思考的空间放大，从一个更大的范围来思考，就可能发现思维的创新点。四是逆向性的思维能力：把思维主体和思维对象换个位置，把看问题的方向倒转一个角度，往往会有意想不到的收获。五是变通性的思维能力：要求人们克服凝固的评判标准和单一的思维方向，随机应变，以机巧灵活的手法、超越常理的方式解决问题。六是敏捷性的思维能力：创新不仅要出奇制胜，更要以快制胜，思维细胞要格外活跃，面对思维对象，紧急运作，迅速做出反应，及时拿出解决问题的方法和途径。七是整合性的思维能力：创新某种意义上，就是资源的巧妙组合，善于整合资源，才能达到资源的最优配置，从而实现有意义的创新。八是深刻性的思维能力：思维要有深度，思想要见精髓，见解要深邃透彻，具有深刻性特征的创新，具有长久的生命力和重要的影响。除此之外，新时代乡村创新创业人才还应当形塑自身的数字化素养和思维，形成匹配智能社会、数字化社会变革的创新意识，以数字战略发展为导向，自觉利用数字技术进行创新实践。

  面向乡村的创业者要突破自身思维局限，可以采用一些方法。用"求异"的思维去看待和思考事物，也就是，在我们的工作和生活中，多去有意识地关注客观事物的不同性与特殊性。不拘泥于常规，不轻信权威，以怀疑和批判的态度对待一切事物和现象。有意识从常规思维的反方向去思考问题。如果把传统观念、常规经验、权威言论当作金科玉律，常常会阻碍我们创新思维活动的展开。因此，面对新的问题或长期解决不了的问题，不要习惯于沿着前辈或自己长久形成的、固有的思路去思考问题，而应从相反的方向寻找解决问题的办法。用发散性的思维看待和分析问题。发散性思维是创新思维的核心，其过程是从某一点出发，任意发散，既无一定方向，也无一定范围。发散性思维能够产生众多的可供选择的方案、办法及建议，能提出一些别出心裁、出乎意料的见解，使一些似乎无法解决的问题迎刃而解。主动地、有效地运用联想。联想是在创新思考时经常使用的方法，也比较容易见到成效。我们常说的"由此及彼、举一反三、触类旁通"就是联想中的"经验联想"。任何事物之间都存在着一定的联系，这是人们能够采用联想的客观基础，因此联想的最主要方法是积极寻找事物之间的关系，主动、积极、有意识地去思考他们之间的联系。学会整合，宏观地去看待。我们很多人擅长的是"就事论事"，或者说看到什么就是什么，思维往往会被局限在某个片区内。整合就是把对事物各个侧面、部分和属性的认识统一为一个整体，从而把握事物的本质和规律的一种思维方法。

  创业离不开创新，而能否创新取决于是否具有创新思维。比如我们在找投资商合作时，如何将自己策划的项目在种种项目中脱颖而出？在实力旗鼓相当的情况下如何抓住投资者的眼球？比拼的便是项目的特色，创业者的开阔思维。如何锻炼创新思维能力，可以从以下方面进行。锻炼批判性的思维能力：批判的基础是怀疑，从怀疑到肯定，再由肯定到怀疑，人们不断自我认识，经过多次螺旋，创造崭新的自我。锻炼发散性的思维能力：从不同方向、不同角度分析和看待事物,全方位、立体化地认清问题,从而找到更多创新的途径。锻炼广阔性的思维能力:通常我们只在一定范围内思考事物,如果我们能够把思考的空间放大,从一个更大的范围来思考,就可能发现思维的创新点。锻炼逆向性的思维能力:把思维主体和思维对象换个位置,把看问题的方向倒转一个角度,往往会有意想不到的收获。锻炼变通性的思维能力:要求人们克服凝固的评判标准和单一的思维方向,随机应变,以机巧灵活的手法、超越常理的方式解决问题。锻炼敏捷性的思维能力:创新不仅要出奇制胜,更要以快制胜,思维细胞要格外活跃,面对思维对象,紧急运作,迅速做出反应,及时拿出解决问题的方法和途径。锻炼整合性的思维能力:创新某种意义上,就是资源的巧妙组合,善于整合资源,才能达到资源的最优配置,从而实现有意义的创新。锻炼深刻性的思维能力:思维要有深度,思想要见精髓,见解要深邃透彻,具有深刻性特征的创新,具有长久的生命力和重要的影响。

二、实验能力

提问、观察和交际能提供过去的数据和现在的数据,要搜集未来可行方案的数据则需要实验。实验是回答"如果怎么样,会怎么样"的最佳方法。概言之,实验是塑造未来的力量。

实验的三种方式:

(1)体验法。探索尝试新的体验。例如,在不同的国家或城市居住,在不同的行业工作,学习培养新的技能。以实现为动力的执行者,关注的是如何有效解决当前的问题,如果活动和目标没关系,就是在浪费时间,新体验就是这样的活动。以发现为动力的创新者,认为尝试新体验是在参与互动式的学习,虽然这些体验并不具有明显的应用价值。虽然花费在新体验上的时间很久后才能得到回报,或者根本得不到任何回报。但是多样的经验能促成开放多元的思维,可以在联系事务时吸取更广层面的想法。这些经验能够提高个人用不同角度和观点看问题的能力,拓宽知识面的同时,进而提高创造力。

(2)拆解法。包括动手拆解和动脑拆解。例如,拆解一个物品,勾画一个程序,拆分一个想法。通过拆解产品、程序、公司和技术,可以理解其运作原理。

拆解过程中,会问为什么是这样运作的。如此可以引发改进运作机制的想法。

(3)原型法。通过试点和产品原型来检验想法。例如,创建一个原型,尝试一个新程序,成立一家新公司。通过开发原型和试点,可以观察市场的反响,积累重要数据。有些创新者倾向于快速开发原型,直接投放市场。有些则会小心地检验和比较各种原型,看哪个原型效果更好。

如果能够有效地提问,观察到关键的情境,多进行交际,可以少做实验,或者实验设计会更恰当。但要想形成突破性的见解,仍然需要坚持不懈地实验。很多破坏性业务都是通过不断地实验,逐渐演变为商业模式。大多数实验都可能达不到预期效果,但要积累成功所需的数据,实验往往是唯一的办法。

在面向乡村的创新创业过程中,实验能力也是乡创工匠应当具备的素质,从而对新想法、新模式进行可控性和可行性验证。乡创工匠在实践中进行尝试、验证和改进的能力,包括快速原型制作、市场测试和实验设计的能力。以下是采取实验方法增强实验技能的七项活动:

(1)跨越界限活动。不同国家或城市,公司内不同的部门,跨行业的公司。参加圈子外的社交,参加不熟悉的行业讲座,参观不寻常的博物馆或展览等。问自己的问题,如果从新环境复制一样东西到日常环境中,会选择什么。

(2)跨界思考。订一份新领域的杂志或新闻,有意识地定期浏览其他国家、行业或职业信息。

(3)培养一种新技能。制订一个计划,培养新的技能,或学习新知识。在社区寻找机会,或尝试新锻炼活动,如潜水、滑雪等。报名一些有趣的课程,如历史、书法等。或者选择公司的一个职能部门,弄懂其运作机制。

(4)拆解一个物品。找坏了的,或买一些,可以和孩子一起做。寻找感兴趣的、没时间探索的东西。把物品一点点拆开,看看其设计、操作和生产原理,寻找新见解,画下或写下所想所观察。

(5)制作原型。选一个想要改进的物品,尝试改进。制作一个原型,或者买些奇怪的东西用上。如三维打印机,可以按需制作物品,如果情况允许可以尝试制作。

(6)定期实验新想法。反复摸索学习,或者频繁开展小规模实验。必须有承受失败的勇气,从中汲取经验教训。

（7）发现新潮流。关注当下流行的文章，网站或其他资源，尝试识别新的潮流。读一些放眼未来的作品，想一下这些潮流如何引发新产品或服务，进而想一个实验方法。

三、工程实践能力

乡创工匠的工程实践能力是指在农村地区从事创新创业活动中，工匠们所展现出的实际操作、设计、建造、维修和改进各种工程项目的能力。这种能力对于推动农村经济发展、提升农村生活品质具有重要意义。可以参照中国大学生工程实践与创新能力大赛举办符合乡创工匠特点的全国性或区域性赛事，面向适应全球可持续发展需求开展乡村工程师培养，以更好地服务于乡村振兴和国家创新驱动与制造强国战略，强化农业农村的工程创新能力。通过设立各种各样的竞赛项目，既可以包括智能机器人设计、飞行器仿真设计、工程场景数字化、智能制造、节能环保、现代农业设计等，也可以涉及信息技术、新材料、航空航天、生命科学、农业科技等多个领域，全方位提升面向乡村的创新创业能力，推动新质生产力在乡村的培育和发展，大力提高农业全要素生产率。乡创工匠将技术革新转化为实际产品或服务的能力，包括工程设计、制造和技术实现的能力。工程实践能力强的乡创工匠可以探索进行技术创业，将技术带来的创业机会转化为市场上有价值的产品和技术应用，以满足现有或潜在市场需求的过程。[1]

开展技术创业的乡创工匠要能够分析和解决复杂的技术难题，拥有良好的问题解决思维和方法，并能快速响应并应对技术挑战。问题解决能力是指能够准确把握问题发生的关键，利用有效资源，提出解决问题的意见和方案，并付诸实施，进行调整和改进，使问题得到解决的能力。解决问题的能力既包括具体专业知识和专业技能必备的能力，又包括具体专业知识和专业技能之外的各种能力。通过"技术下乡"等方式开设提升乡创工匠解决问题能力的训练课程，让乡创工匠和接受培训者理解并掌握解决问题的基本理论知识与方法技巧。解决问题能力

---

[1] Elia G, Margherita A, Petti C. An operational model to develop technology entrepreneurship "EGO-System" [J]. International Journal of Innovation and Technology Management, 2016, 13(5): 1640008.

训练虽然是一门实践性很强的课程，但也必须有基本的知识积累和理论指导。实际解决问题能力的训练应更多地采用行为导向型培训模式，解决问题能力训练的目的应着眼实战，重点加强实践能力的训练，积极组织以案例分析讨论和模拟训练为主要形式的行为导向型培训。解决问题能力的训练还应借助实验、孵化器等活动，因为乡创人才许多素质和能力的取得并不仅仅来源于学习或培训，更多的来源于实践。[1]

乡创工匠技术能力提升是长期的学习训练反思的过程，创业者必须瞄准乡村发展目标，紧跟技术发展的步伐，把握本领域技术发展前沿，持续进行技术积累，夯实技术基础、坚持科技创新、打造技术利器，提供优质的工程解决方案。提升乡创工匠的专业技术能力，首先要作好顶层设计，确定发展规划。充分调动数字领域专家的力量，做好契合乡村振兴发展方向和符合农村新质生产力发展要求的顶层设计，确定各领域的发展目标和规划，对标国际国内先进企业，瞄准农业现代化发展方向，确定本领域的近远期目标，一步一个脚印地扎实做好技术积累和基础工作，经过长期不懈地坚持，最终才能实现专业技术能力的提升。其次，坚持科技创新引领，掌握核心技术。在大数据、人工智能、区块链等技术与农业农村的融合过程中，乡创工匠应始终坚持本领域的科技创新，始终拥有核心技术和技术利器，保证乡村创业者的生存和可持续竞争能力。再者，夯实技术基础。现代农业技术是乡创工匠发展的坚实基础。任何时候、任何发展阶段，都必须重视技术基础工作，尤其是在提高工作效率、提升设计质量、打造可信品牌等方面，技术基础工作更是能够发挥不可替代的作用。

四、成果转化能力

乡村未来产业的形成需要以当前的新兴战略产业需求为导向，激发农业农村创新活力，提高科技成果转化落地率，培育一批未来产业集群。新质生产力强调整合科技资源进行科技创新，提高科技成果转化效率。只有新兴产业相关的基础

---

[1] 戴金波，杨火保等.职业人才解决问题的能力与培养[J].职业教育研究，2007（9）：12-13.

第五章 乡创工匠之测量标准
DI-WU ZHANG　XIANGCHUANG GONGJIANG ZHI CELIANGBIAOZHUN

研究成果得以转化，才能使科技创新转化为产业创新，使产业升级转型。① 乡创工匠的成果转化能力即乡村创业者将研究成果产品化和商业化的能力。

乡创工匠的研究成果可来源于学术创业。学术创业是一个将学术科研成果转化为经济价值的商业行为过程。② 学术创业是经济发展的重要推动力，成功的学术创业需要跨越从基础科学研究到产品研发创造的"死亡之谷"和从产品研发创造到商业价值实现的"达尔文海"两大断层。数字技术的兴起与发展为跨越两大断层提供了新机遇，数字技术的应用有助于促进知识的跨领域传播与扩散，进一步推动从知识创新到技术创新，以及从技术创新到产品创新的快速迁移，从而显著加速知识向技术和产品的转化过程，并提高这一过程的转化效率。③ 在发展特色农业、休闲农业、环保产业和农村电商等新领域、新赛道、新产业上，重大技术创新面临着很大的风险和不确定性。④ 因此，需要构建产教融合平台，构建集人才培养、基础研究、成果开发、转化与应用集合的稳定产业链。⑤

乡创工匠的研究成果还可来源于对前沿技术的追踪。作为高技术领域内具有指引性、先进性的核心技术，前沿技术的准确识别与预测对技术资源有效配置至关重要。⑥ 乡创工匠应该具备开放的视野，持续学习和更新知识，紧跟科技发展的前沿，并了解最新的技术趋势和发展，从而发现和解决新问题，能够从不同的角度思考，并提供创新的解决方案。在"人工智能+农业"发展得如火如荼的背景下，积极探索前沿科技在乡村振兴过程中的特殊作用意义重大。获取前沿技术知识的途径主要有展览、论坛、培训班等。各相关领域的展览，如"2023国际数字能源展"，聚焦前沿技术经验，引领数字能源产业提质升级。此次展会旨在聚焦全球数字能源领域前沿技术和实践，打造全球数字能源领域一流展会品牌，

---

① 申妍瑞，胡纵宇. 新质生产力与产教深度融合双向赋能：现实困境与实践路径［J/OL］. 中国高校科技. https://doi.org/10.16209/j.cnki.cust.20240307.001.
② GULBRANDSEN M, SMEBY J C. Industry funding and university professors research performance［J］. Research Policy, 2005, 34（6）：932-950.
③ 姚威，谢雯港，钱圣凡. 数字学术创业：理论模型与研究展望［J/OL］. 科技进步与对策. https://link.cnki.net/urlid/42.1224.G3.20240229.170.002.
④ 向晓梅，庄伟光. 用新质生产力赋能高质量发展［N］. 光明日报，2023-12-19（05）.
⑤ 申妍瑞，胡纵宇. 新质生产力与产教深度融合双向赋能：现实困境与实践路径［J/OL］. 中国高校科技. https://doi.org/10.16209/j.cnki.cust.20240307.001.
⑥ 武川，王宏起，王珊珊. 前沿技术识别与预测方法研究：基于专利主题相似网络与技术进化法则［J］. 中国科技论坛，2023（4）：34-42.

加强数字能源生态各相关方的交流合作，聚合优势资源，构建数字能源生态体系，推动新兴产业发展，引领全球数字能源产业链提质升级。此次展会期间，参展企业聚焦数字能源供给侧和需求侧，围绕新型电力系统、新能源、数字化赋能、国际数字能源、绿色金融等内容，充分展示了能源领域数字化新技术、新产品、新模式、新业态。各个领域关于前沿技术的论坛会议，如在"新能源材料国际前沿技术发展论坛"上，相关专家围绕新能源材料国际科技创新及应用展望，就光伏领域发展、炼化产业碳源、使用金纳米粒子的催化、流程工业绿色低碳转型等不同话题，探讨最新科研进展和未来趋势。[①] 各个领域的培训班和研修班，如"数字化转型前沿技术"高级研修班，培养创新型、应用型、技术型高层次急需紧缺人才。

第三节　乡创工匠测量标准之管理维度

创业过程中创新并不一定是发明创造，而更多的是对已有技术和要素的重新组合。创业过程也会面临层出不穷的问题，有人的问题、产品问题、技术问题、资源问题、市场问题等，有效解决这些问题对于面向乡村的创业者尤为重要。管理就是解决问题的过程，最终为了达成目标，体现创业绩效。蒂蒙斯（Timmons）的创业管理理论模型的三要素是机会、资源、团队。乡创工匠测量标准的管理维度包括机会把握能力、资源整合能力和团队控制能力。

一、机会把握能力

创业活动围绕机会展开，抓住商业机会既能产生一定的经济收益，也可以快速提升产品知名度。将机会转化为经济效益需要企业匹配合适的产品或服务、合适的客户、合适的价格、合适的时间和地点、合适的渠道。那么商机的大小、形式、深浅度决定了创业团队所需资源的多少和形式。在创业机会识别方面，主要

---

① 新能源材料国际前沿技术发展论坛：创新跑出"加速度"[J].中关村，2023（6）：43-44.

第五章　乡创工匠之测量标准

是培育乡创工匠掌握发掘商业机会的能力，这是面向乡村的创新创业活动取得成功的核心技能之一。机会把握能力是指乡创工匠识别和评估市场机会的能力，包括对行业趋势、消费者需求和竞争状况的分析能力以及识别与转化创业机会的能力。

在数字乡村的建设过程中，数字化信息传播带来更多创新创业机会。新媒体的蓬勃发展深刻影响着面向乡村的创新创业教育，其中最显著的影响在于数字化信息传播为创新提供了丰富的土壤。一些返乡创业的大学生，他们的教育经历已经不再局限于传统的教室和教材，而是充分运用新媒体跨越时空的功能，可以随时随地轻松获取大量信息和资源，包括创新案例、市场分析、行业趋势等，这为返乡创业大学生增强创新创业意识提供了更多的帮助。不仅如此，数字化信息传播还使乡创工匠能够积极参与全球范围内的知识共享和合作，促进了跨学科的思考和跨文化的交流。此外，数字化信息传播还促进了信息的分享和互动，返乡创业的大学生、退伍军人、离退休人员等能够与创新导师、同行和潜在投资者进行跨越地域的联系，有助于促进乡创工匠进行创新、创业和合作，增加创新创业的机会，更好地面对未来的职业挑战。

数据分析有利于更好地洞察市场。新媒体环境下，数据分析和市场洞察的应用对乡创工匠创新创业有着至关重要的作用。数字技术的迅速发展催生了大量的数据，这些数据包含了市场趋势等丰富的信息，面向乡村的创业者可以利用数据分析工具来深入了解这些信息、项目和创业方向。通过数据分析，更好地确定他们的创新方向并识别出潜在的市场机会和消费者需求，从而更好地满足市场发展的需要。借助大数据，乡创工匠可以分析客户的行为模式和了解他们的偏好和习惯，进而调整产品或服务的设计和推广策略。市场洞察则提供了对市场更深入的分析，可以帮助乡创工匠预测未来行业发展趋势，然后再进行决策。通过观察市场变化、分析行业动态和了解消费者反馈，乡创工匠能够更好地适应市场的变化，并针对市场变化和需求进行创新。

社交媒体和网络平台提供丰富的信息资源。如今，随着新媒体广泛运用，社交媒体和网络平台不仅为乡村创业者提供了丰富的信息资源和社交机会，还促进了他们的创新创业能力发展。第一，社交媒体和网络平台提供了许多宣传渠道，乡创工匠能够更好推广他们的创业项目和产品，比如特色产业、非遗产品和智慧农业等，吸引潜在客户和合作伙伴。这种宣传方式比传统的广告渠道成本更低、效果更好，使面向乡村的创业者在创新创业中能够以较低的成本扩大业务，提升知名度和品牌影响力。第二，社交媒体和网络平台为乡创工匠创造了建立和拓展与行业联系的机会。现在的农村已经不再是封闭的，而是开放的和包容的。乡创工匠通过参与各种线上社群、社区和专业群组，可以与乡村振兴导师、潜在投资者以及其他创业者建立联系，这种互动有助于帮助创业者获取关于市场趋势、技术创新和实践的宝贵见解，提供重要的支持和指导，引导乡创工匠更好地进行创新创业。

真正的商机并非显而易见，而是隐藏在市场的细微之处，需要深度理解和精准判断。通过调查、访问等深入研究乡村各个行业的发展动态和潜在机遇，机会可能就在某次偶然的调查中。机会把握一般是在创业酝酿期完成，适当延长酝酿期可以降低创业失败的概率。一般在酝酿期中需要解决两个关键的问题：一是找到真实的市场需求，也就是说要找到一个大家都关心的、有价值的实际问题；二就是对这个问题提出行之有效的解决方案，这个方案可以是一种产品或一种服务。[1]伴随着乡村生活品质的提升、老龄化的加剧以及数字产品的普及，越来越多的需求或问题生发出来，为乡创工匠施展才华提供了难得的舞台和机会。

二、资源整合能力

创业资源是创业者顺利开展创业活动的必备要素与支撑条件，它对于创业项目的启动、成长和成功至关重要。创业资源不在于拥有，而在于整合。不是在有资源的情况下去创业，而是在没有资源的情况下去找机会进行整合。资源整合能力是指面向乡村的创业者有效整合人力、物力、财力和信息资源等各类创业资源的能力。有效地整合创业资源有利于创业者明确企业资源需求情况，制定积极可行的创业规划，为未来的创业成功打下扎实的基础。

创业者在识别创业机会后，需要有匹配的资源作相应的支撑，才能抓住机会

---

[1] 黄彦辉. 智能时代下的创新创业实践［M］. 北京：人民邮电出版社，2020：26.

第五章 乡创工匠之测量标准

利用资源将商机转换为价值。对于乡创工匠而言，在对已有资源进行充分利用的基础上，积极开发外部资源，通过技术创新和商业模式创新等方式对资源进行更为有效的整合，进而实现创业目标。涵盖返乡创业大学生、退伍军人和有志于到农村发展的各类人才的乡创工匠，在乡村创新创业的浪潮中受到的关注程度比其他任何社会群体都要显著，因此与社会上一般创业者相比，也具备拥有更多创业资源的可能，如政府资源、高校资源、企业资源与其他社会各界的资源。

创业资源可以是有形的，也可以是无形的支持，主要包括以下几类：第一类是资金资源，包括个人储蓄、天使投资、风险投资、政府补助、银行贷款等，它们为创业项目提供必要的财务支持。第二类是人才资源即拥有具备不同技能和经验的团队成员，以及可以合作的专家和顾问，这些都是创业成功的重要人力资源。第三类是知识资源，包括创业者个人的专业知识、技能，以及通过培训、研究和学习获得的新知识。第四类是网络资源即建立的人脉关系网，包括合作伙伴、供应商、客户以及其他有影响力的联系人。第五类是技术资源即拥有的技术专利、知识产权、软件工具等，这些资源可以增加产品的竞争力。第六类是市场资源即对市场的了解、市场分析工具、销售渠道等，帮助产品更好地进入市场。第七类是物理资源，如办公空间、生产设备、仓储设施等，为创业提供物理基础。第八类是政策资源即政府提供的创业扶持政策、税收优惠、创业培训等。第九类是品牌资源即企业的品牌形象、信誉和客户忠诚度，这些都是长期积累的宝贵资产。第十类是组织资源即一个组织在实现其目标和使命过程中所依赖的各种资源的总和。人力资源是组织资源中最为重要的部分，不仅包括组织成员的技能和知识，还包括他们的创造力、热情和忠诚度。人力资源管理对于激发员工的潜力、提高组织效能至关重要。

有效的组织资源管理需要创业者有前瞻性的规划能力，能够根据组织的目标和外部环境的变化，合理配置和调整资源。这需要创业者具备战略思维、决策能力以及良好的人际关系管理能力。同时，创业者还需要有强大的执行力，确保资源的合理运用，以实现组织的目标。创业者需要识别和评估这些资源，了解如何有效地利用它们来推动创业项目的发展。通过识别利益相关者及其利益、构建共赢机制和维持信任长期合作等来进行资源整合。有时，创业者还需要通过建立合作伙伴关系、加盟连锁、采购等方式来获取那些自身不具备的资源。正确的资源管理和利用能够显著提高创业项目的成功率。

　　创业资源整合事关创业项目的成败。资源分布的复杂性、资源呈现的模糊性、资源的稀缺性，以及资源在创业实施中的重要程度不同等因素，决定了创业者在整合创业资源过程中不能盲目行事，必须遵循一定的原则。一是循序渐进原则。任何优秀的创业团队，一开始都难以完全发掘、拥有和利用创业项目所需的所有资源，也难以完全驾驭拥有的某些核心资源。创业项目较强的实践性决定了整合创业资源必须循序渐进，必须根据对资源的需求程度，以及资源开发利用的成本、收益和不确定性来综合考虑，渐进地寻找和利用各类创业资源。二是互利双赢原则。创业者在使用资源进行创业时需要花费成本，即要给资源"付费"，同时从资源使用中获得利益，即资源使用方和资源提供方应互利双赢。要素资源从市场上交易获得，就得让利给要素市场。环境资源的使用也需让利给提供环境资源的社会、团体或机构。如政策资源由政府提供，目的是进行宏观调控，创业者利用某些政策资源就要服从、服务于经济社会大局。三是长远发展原则。整合创业资源的目的是实现创业利益的最大化。创业者在整合创业资源时应正确处理长远利益与近期利益之间的关系，不能只看近期利益而破坏长远利益。例如，过度节省产品研发经费会影响品牌的形成，过度透支创业资金会导致后续资金紧张，过度参与市场竞争会导致短期投入大、风险高等。创业者要放眼长远利益，打牢创业基础，把握发展节奏，在整合创业资源时应遵循长远发展原则。四是比较选择原则。由于创业资源的复杂性与多样性，有利于创业实施的同一类资源可能有多个，且使用每个资源都可能有不同的收益、成本和风险。因此，创业者在选择创业资源时应对多个资源进行分析比较，从收益、成本和风险角度，结合创业项目自身实际情况和外部环境情况，选择有利于创业项目发展、能产生较大利益的资源进行使用和开发。例如，对于智慧农业初期的创业融资，是选择银行贷款还是选择风险投资，各有利弊。五是超前准备原则。创业者应超前预估创业所需的资源，并超前准备这些资源，避免在创业实施时发现缺少某个资源，才仓促去寻找和准备，贻误了创业时机。在创业开始时要提前预估和提前准备启动资金、人才等要素资源，在创业发展过程中要提前谋划和准备必要的流动资金、原材料、目标市场等资源。

三、团队控制能力

创业者必须拥有团队协作的能力。创业不是单打独斗的事情，需要一个强大的团队来支持和帮助。创业者应该具备良好的沟通能力和领导力，能够有效地协调团队成员的工作，并激发他们的潜力。同时，创业者还需要善于吸纳新人，以保证团队的多样性和创新性。乡创工匠领导和管理创业团队的能力，包括沟通、协调、激励和指导团队成员的能力。团队组织能力是指乡创工匠在创业活动过程中，协调各方利益相关者，共同实现创业目标的能力。

首先，乡创工匠带领的创业团队是创业活动的主体，其创业的前提是获取了创业需要的资源，还需要一个强有力的创业团队去执行创业战略。此时，无论是基于创业者个人层面，还是整个团队层面，都需要在获取技术、信息、声誉、才能、社会网络等方面进行全方位提升，才能应对动荡的创业环境。其次，Timmons指出创业团队的主要工作任务就是有效整合机会与资源，在整合机会和资源的过程中不断形成创业能力，通过创业能力来推动商机的实现。由此可见，面向乡村的创业者的创业能力的获取离不开创业团队组织能力的提升与学习。

团队合作能力是从所有职业活动的工作能力中抽象出来的，具有普遍适应性和迁移性的一种核心技能，主要是指根据工作活动的需要，协商合作目标、相互配合工作、并调整合作方式不断改善合作关系的能力，这也是从事各种职业必备的社会能力。社会活动能力是与其他人进行交往、与其他人一起工作的能力和显示团体取向的行为和移情行为的能力。这种职业核心能力包括规划、组织和协调活动的能力、为开展活动收集相关信息的能力、与同事合作的能力、移情能力、适应能力、灵活处理事务的能力、处理紧张关系和不确定性的能力、自我约束的能力、对结果进行评价的能力、形成和使用反馈信息的能力。[1] 乡创工匠通常与其他人合作完成项目，因此，良好的团队合作能力是必不可少的。他们需要具备良好的协作能力，能够与不同背景和专业的人员有效地协作，实现团队共同目标；具备良好的沟通交流能力，善于交流并理解他人的观点，交流能力可以从

---

[1] 杨明.论职业核心能力的培养策略和方法［J］.职业技术教育，2007（22）：17-21.

四个方面加以界定，即交流的顾客或对象（与谁交流）、交流的目的（为什么交流）、交流的方式（交流者介绍自我的方式等）、交流的手段（交流得以实现的手段）。交流的能力包括：提供书面陈述的能力（如写信、写报告、写文章），提供口头陈述的能力（如打电话、在公众场合发表意见），提供信息的能力，提供建议的能力，建立公共关系的能力，谈判能力，与顾客、专家、学者等不同层次的人建立联系和持续地保持联系的能力；同时具备一定的领导能力，必要时能够领导团队成员协同工作，共同完成任务。

团队合作能力的提升是一个不断学习和成长的过程。通过参加培训、阅读相关的专业书籍和文章，以及寻求创业导师或领导的建议，不断提升自己的团队合作技能。与此同时，通过参与跨部门项目或团队活动，扩大自己的工作经验和人际网络。持续学习和成长将使创业者能够在团队中发挥更大的作用，并提升整个团队的绩效。在职场中，良好的团队合作能力对于个人和团队的成功至关重要。团队合作不仅能够促进项目的高效完成，还能够增强工作场所的凝聚力和互信。团队合作离不开良好的沟通，确保与团队成员之间保持积极、开放的沟通渠道非常重要。有效的沟通需要倾听和理解他人的观点，鼓励团队成员提出问题、分享想法和提供反馈。同时，确保自己清晰明确地表达意图和需求，以避免产生误解或混乱。团队合作需要建立在互信和尊重的基础上。尊重团队成员的意见、经验和贡献，认可他们的专长和价值。遵循承诺、尽力帮助他人、尊重他人的时间和空间，这些都是建立互信和尊重的关键。确保整个团队对共同的目标和愿景有清晰的理解。明确分配角色和职责，使每个团队成员知道自己在团队中的作用和责任。团队精神和合作意识是团队合作的核心。鼓励和支持他人，在团队中分享资源和知识，相互帮助，共同成长。积极参与团队活动，展示对团队目标的承诺和责任感。同时，鼓励并认可他人的成就，提供积极的反馈和奖励，以增强团队成员的动力和凝聚力。有效解决问题和冲突的方法包括：主动寻找解决方案，积极参与讨论和协商，倾听他人的意见并展示灵活性。同时，保持冷静和专业，避免情绪化和攻击性的行为，以维护良好的工作关系。

第五章 乡创工匠之测量标准

本章小结

本章建构了一个乡创工匠测量标准的模型，但主要还是基于对已有创业研究文献的综述和逻辑推演，理论模型还有待完善。模型中的精神、能力、管理维度和相关要素等核心变量的概念界定较为模糊且未开发出有效的测量方法，未来有待进一步挖掘。

在深入了解乡创工匠测量标准的各个维度后，需要建立科学有效的测量方法来评估其水平。以下是一些可能的测量方法，可根据具体情况进行调整和完善。

问卷调查：设计涵盖面向乡村的创业意愿、风险承担能力、行动能力、个人素养等方面的问卷，通过大规模的调查收集数据。问卷中的问题应当具体、有针对性，以确保获取准确的信息。案例分析：通过对乡创工匠实际创业案例的分析，评估其创新思考能力、实验能力、工程实践能力以及成果转化能力。案例分析能够更直观地展示个体在实际创业过程中的表现。模拟创业项目：创建模拟创业项目，让乡创工匠参与其中，以观察他们在机会把握能力、资源整合能力和团队控制能力等方面的表现。模拟项目可以面向乡村的创业者提供实际操作的机会，同时帮助评估其实际能力。综合评价：综合考虑问卷调查、案例分析和模拟创业项目等多个方面的数据，进行全面评价。综合评价能够更全面地了解乡创工匠创业能力的整体水平，避免片面性的评估。

在评估乡创工匠创业力的基础上，有必要提出一些建议，帮助乡创工匠更好地发展和提升创业力。一是培养创业意愿。地方政府可以与高校等科研院所合作，通过开设创业导论课程、举办创业沙龙、开展创业竞赛等方式，激发乡创工匠对创业的兴趣，引导他们明确创业动机和目标。二是提升团队合作意识。通过组队项目、团队竞赛等形式，培养不同领域乡创工匠的团队合作意识和团队控制能力。三是创设创业孵化平台。地方政府可以建立创业孵化平台，为面向乡村的乡创工匠提供资源支持、导师指导和创业场地，帮助他们更好地实现创业梦想。通过以上建议，可以更全面地促进乡创工匠创业力的发展，为他们的职业成功和社会贡献奠定坚实基础。

本章探讨了乡创工匠的测量标准，包括精神维度、能力维度和管理维度。通过对每个维度的详细分析，我们能够更全面地了解乡创工匠在创业领域的优势和发展方向。科学有效的测量方法，如问卷调查、案例分析、模拟创业项目和综合评价等，可以用来评估乡创工匠的创业能力水平。发展乡创工匠创业能力的建议，包括培养创业意愿、强化实践环节、提升团队合作意识和创设创业孵化平台等。这些建议旨在为乡创工匠提供更多的机会和支持，帮助他们在创业领域取得更好的成就。

案例分享

王颖在大学毕业后，毅然选择返回家乡创业。她看到家乡的小米、小麦、葵花、葡萄、苹果等农产品品质优良，但销售困难，于是决定利用互联网平台帮助乡亲们解决农产品销售难的问题。她通过开设网店、直播带货、社交媒体营销等方式，拓宽农产品的销售渠道，提高农产品的附加值。更重要的是，王颖不仅仅停留在想法上，而是迅速付诸行动。她注册成立了新发永业电子商务公司，并创立了"村姑进城"品牌，专注于发展葡萄、小米等种植加工产业。通过"互联网+种植基地+深加工基地+合作社+实体店"的模式，她成功打通了农产品进城入市的销售渠道，建立了农产品从生产源头到终端销售的全新产业链模式。

王颖的乡村创业行动不仅解决了当地农产品的销售问题，还带动了乡村物流、仓储等相关产业的发展，为乡村经济注入了新的活力。她的成功实践充分展示了乡村创业中行动力的重要性，即通过实际行动将创意和想法转化为实际的成果，推动乡村经济的发展和繁荣。

第六章 乡创工匠之培育模式

DI-LIU ZHANG　XIANGCHUANG GONGJIANG ZHI PEIYU MOSHI

随着乡村振兴战略不断深入推进，高校在促进乡村发展、提升乡土人才培育等方面发挥着越来越重要的作用。在新的时代背景下，农业农村发展面临着快速城市化、农业现代化和农村人口流失等严峻挑战，乡村振兴不仅需要政策支持，更需要具备创新能力和实践经验的乡创工匠，依靠他们推动农村经济的发展与文化的传承。因此，乡创工匠的培育已成为高校的一项重要使命。

第一节　开拓"立心领域"，厚植乡愁情怀

在乡创工匠培育过程中可按照"PDCA 循环法"，作出计划、推进实施、检查效果，纳入标准，亟待解决的问题留待下一循环去解决。学校在培育乡创工匠教学中，要推进"感知一周、认知一月、行知一季"三知递进，培养学生的乡创文化、乡创气象、乡创价值认知，通过课程、实践、交流等手段的综合运用，创造丰富的学习体验与实践机会，使学生真正理解并认同乡村的价值，促进学生对乡村振兴的认同与参与，进而激发创新意识与实践能力，实现个人发展与乡村振兴的共同促进。

一、感知乡创文化，涵养学生向乡信念

（一）乡创文化的内涵与感知框架

乡创文化作为乡创工匠培育过程中的关键要素，在滋养学生的向乡信念方面发挥着至关重要的作用。对乡创文化的感知，能够促使学生深刻洞悉乡村所独具的魅力以及潜藏的发展潜能。

1. 乡创文化的内涵

乡创文化所涉及的内容极为丰富，涵盖乡村传承至今的手工编织、木雕传统技艺；节日庆典、民间传说中的民俗风情；青山绿水、田园风光的生态景观等。这些乡创文化元素不单单是乡村弥足珍贵的财富，更是激发学生向乡信念的关键源头。学生接触并学习乡创文化里的传统技艺，便能深切体会到乡村民众的智慧与勤劳，进而对乡村萌生敬意并心生向往。

民俗风情充分彰显了乡村的人文特质，热闹非凡的节日庆典、充满神秘色彩的民间传说等，能让学生领略到乡村生活的缤纷多彩以及深厚的文化底蕴，极大地增强他们对乡村的认同感与归属感。乡村那宁静优美的生态景观，青葱的山峦、碧绿的水流、迷人的田园风光等，为学生营造一个能在繁忙学习生活中寻觅到心灵慰藉之所，从而促使他们萌生出回归乡村、投身乡村建设的强烈愿望。

2. 乡创文化的感知框架

高校应积极构建乡创文化的感知框架，将其融入校园生活与教育活动中。通过设立相关课程和活动，引导学生深入了解乡村的历史、文化和发展现状，使他们在认知层面上端正对乡村的看法。

认知框架课程设计可以包括乡村历史、地方文化、乡村发展政策等内容，以增强学生对乡土文化的认同感和归属感，通过感知乡创文化和乡愁情怀的培养，促进学生对乡村振兴的认同与参与，进而激发他们的创新意识与实践能力。

（二）向乡信念的感知与涵养提升

为了有效地感知乡创文化并增强学生的向乡信念，可以从多方面进行探索和

实践，对乡创文化的感知能够从多个维度全方位地滋养学生的向乡信念，为乡创工匠的培养筑牢坚实的思想根基。

1. 构建乡创文化的感知

组织各种乡村文化节、创业大赛等活动，让学生将所学知识与乡村发展相结合，形成创新思维与实践能力的良性互动。通过这些活动，不仅能增强学生的乡村意识，还能够促进他们对乡土产业的关注，进一步培养"富乡强乡"的社会责任感。

2. 加深乡创文化的涵养

新生教育的"感知周"活动起着至关重要的作用，学校的"三开展"（"劳动·创+"课程、"乡村·认+"研学、"产业·兴+"竞赛），教师的"三指导"（学习、活动、调研），学生的"三感知"（事务、人物、环境），引导新生"知乡向乡"。在这一初始阶段，通过"劳动·创+"课程、乡村研学和产业竞赛等多样化的实践活动，让学生亲身参与到乡村的实际工作之中。这种实践不仅可以使学生在感官上感知乡村的变化与发展，还能在潜移默化中传递对乡村的责任感与使命感。教师在这一过程中也应发挥积极作用，通过"学习、活动、调研"等多元指导方式，帮助学生深入认识和理解乡创文化。

二、认知乡创气象，升华学生兴乡情怀

（一）乡创气象的解析与全面认知

乡创气象的新变化反映了乡村发展过程中的多元化和综合性，体现了新时代乡村振兴的广阔前景，乡创气象的深入认知对于显著升华学生的兴乡情怀发挥着至关重要的作用。

1. 乡创气象的内涵解析

乡创气象所涉及的范畴极为广泛，涵盖了乡村发展的众多层面，像乡村产业呈现出的新兴趋势、乡村生态环境展现出的改善动态，乡村文化所进行的传承与创新态势等。

对乡创气象展开深入探究，可以明晰地洞察乡村所潜藏的巨大发展潜能与机遇。例如新兴的乡村特色产业中，充满活力与创新的生态农业以及方兴未艾的乡村旅游，都彰显出别具一格的市场活力和广阔的创新空间，为学生搭建起能够充分施展自身才华的宽广舞台。

2. 乡创气象的认知拓展

乡村生态环境的不断优化，对青山绿水进行的精心保护与有效修复，让学生深切地感受到乡村不单单是经济发展的沃土，更是令人心驰神往、适宜居住与从业的美好家园，进而激发起他们为乡村建设奉献自身力量的热情。

乡村文化的传承与创新，传统民俗在现代社会中的精彩演绎、古老技艺的巧妙活化利用，能够让学生深切领略到乡村文化的深厚内涵和独特魅力，极大地增强他们对于乡村的认同感和归属感。

通过对乡创气象的全方位拓展认知，学生能够更为深刻地领会乡村的价值与意义，从而将个人的成长发展与乡村的振兴紧密地融合在一起，使他们的兴乡情怀得以显著升华，坚定为乡村发展贡献自身智慧与力量的决心。

（二）乡创气象的认知与情怀升华

1. 丰厚乡创气象的认知

随着经济全球化进程的不断加快和我国乡村振兴步伐的不断深入，传统乡村产业逐渐向现代农业转变，而这种变化也对广大乡村群众的生活方式产生了一定影响，尤其是对农村地区的乡创气象甚至社会结构带来很大改变。

乡村生态环境持续改善，乡村产业、生态环境、文化传承等方面都有着积极变化。乡村产业正逐渐向高附加值和绿色可持续发展方向转型，把传统农业与现代科技相结合，发展出智慧农业、休闲农业和乡村旅游等新兴产业；乡村生态环境得到持续改善，推进环境治理、生态修复和可持续发展，改善了农村居住环境和生活质量；以乡村合作社、村民议事会等形式，增强了村民的主体意识，提升了乡村治理的效能。这些转变不仅提升了经济效益，也增强了乡村的吸引力。

2. 强化兴乡情怀的升华

开展暑假下乡的"认知月"活动，带领学生直面乡村的真实情况。组织乡创研学活动，引导学生与当地村民交流，了解他们的生活与创业经历。这种深度的参与接触能够让学生在心灵深处产生共鸣，激发他们内心的向乡情怀。通过实际的乡村体验和互动，学生不仅可以提升自己的社会适应能力，也能够更加真切地感受到推动乡村振兴所需的精神力量和实际技能。

持续举办"乡创研学""乡创村晚""乡创墙绘""乡创集市"活动，依托乡创空间，按照"选题调研、创意构思、产品制作、优化迭代、路演分享"路径，组织学生参加"爱乡兴乡"活动。这种经历不仅是对乡创气象的认知，更是对个人成长与价值观塑造的重要提升。

三、行知乡创价值，提升学生强乡素养

（一）乡创价值的解读与深入行知

乡创价值的切实践行对于增强学生的强乡素养起着至关重要的作用。凭借实际行动来感知并领会乡创价值，能够促使学生更为深刻地洞悉乡村发展的需求以及所蕴含的机遇，进而强化他们为乡村振兴奉献力量的坚定决心以及相应能力。

1. 乡创价值的解读

学生通过乡创活动，可以挖掘和传承乡村的传统文化，同时注入新的创意和活力，推动乡村文化的创新发展；利用自己的专业知识和技能，帮助乡村发展特色产业，提高农产品附加值，促进乡村经济的多元化发展；参与乡村治理，可以引入现代治理理念和方法，提高乡村治理水平，促进乡村社会和谐稳定；倡导绿色发展理念，参与乡村生态环境保护和修复，推动乡村可持续发展。

通过乡创价值的实践，学生能够亲身感受乡村产业的发展实际状况，明晰乡村经济的运行方式以及潜在的增长要点。这有利于他们把所学的知识与乡村的实际情况相互融合，进而提出具备针对性且富有创新性的发展构想，同时，他们能够熟练掌握市场调研、品牌策划等实用技能，并且能够深切意识到农产品附加值的提升对于农民增加收入以及乡村经济发展所具有重大意义。

2. 乡创价值的行知

学生作为创新实践者，在乡村开展各种创新实践活动，如创办合作社、开展

乡村旅游等，为乡村发展注入新动力，将先进的科学技术和管理经验带到乡村，提高农民的科学文化素质。通过志愿服务等形式，他们为乡村提供教育、艺术、科技、法律等社会服务，改善乡村居民的生活质量。

学生投身于乡村基础设施建设以及公共服务项目，能够培育他们的社会责任感以及团队协作的能力，使他们更为关注乡村居民的生活需求，从而为优化乡村生活条件贡献出自身的力量。

（二）乡创价值的发掘与素养提升

学生在实践中认知乡创价值，能够持续在实践中积累经验，提高自身的综合素养，最终成为推动乡村振兴的一股充满活力的力量。

1. 深化乡创价值发掘

乡创工匠的首要特征是对乡土的深厚情感与责任感，即必须具备对自己祖辈土地的深厚情感和对当地发展的愿景。这种情怀促使他们更加关注本土资源的开发利用，推动乡村特色产业的发展，激励他们积极参与乡村治理与文化传承，努力实现乡村的可持续发展。乡创工匠还应具备对现代科技和管理方法的认知能力，能够运用最新的科学技术来实现乡村产业的升级，推动乡村经济的发展与创新。

2. 巩固学生强乡素养

乡创工匠的强乡素养源于对乡村经济和社会发展需求的深刻理解与回应。在乡村振兴的背景下，强调培养具有乡土情怀、创新能力和实践技能的复合型人才，具有强乡素养的学生不仅仅是传统意义上的技能人才，更是能够结合乡村特色与现代技术，推动乡村经济转型、推动社会和谐的战略人才。他们应该具备敏锐的市场洞察力、丰富的专业知识和扎实的实践能力，从而在推动乡村振兴过程中发挥积极作用。

实施毕业实习"行知季"活动，开展"创新创业大赛""西部计划留乡""职业生涯规划大赛"等活动，持续推进中国"互联网+"创业大赛、中宣部示范项目，在巩固学生强乡素养教育中，引导学生"富乡强乡"。

第六章 乡创工匠之培育模式
DI-LIU ZHANG　XIANGCHUANG GONGJIANG ZHI PEIYU MOSHI

四、基于循环法则，触动学生"想创"意愿

在乡创工匠的培育进程里，将循环法则作为基础来激发学生"想创"的意愿，其重要性不言而喻。循环法则着重强调事物所具备的周期性以及连续性，当把这一法则运用到乡创工匠的培养当中时，能够有效地唤起学生的创新欲望。

循环法则能够让学生在乡创过程中不断地对所积累的经验以及所遭受的教训进行反思和总结。例如，在一次次的循环往复中，学生能够逐渐明晰自身在乡创方面的优势所在以及不足之处，进而能够有的放矢地提升自身的能力，使得"想创"的动力得以增强。

循环法则对于学生养成持续学习以及不断改进的良好习惯颇有助益。就乡创实践而言，学生能够在循环的过程里持续获取崭新的知识和技能，不断对自己的乡创理念以及方法加以完善。比如，他们可能会在一次次的实践循环中发现之前未曾注意到的市场需求，从而调整自己的产品设计，进而让"想创"的决心更加坚定。

循环法则还能够对学生的韧性和适应性进行培养。在乡创过程中，学生难免会遭遇各种各样的困难和变化，而在循环的锻炼中，他们能够塑造出坚韧不拔的品质，具备灵活应对挑战的能力，始终让"想创"的热情得以维系。以循环法则为依托，能够从众多方面激发学生的"想创"意识，为乡创工匠的培育给予强有力的支撑和保障。

第二节　混沌"厚识界域"，提升乡知水平

在提升乡知水平的过程中，混沌"厚识界域"的构建至关重要，这一环节是以融合教育、跨界教育理论指导"通识培根、专识固本、特识精技"三识联动，再通过多样化的教育方式，推动学生全面理解和掌握乡村发展的相关知识与技能，从而激发他们的创新能力。

157

一、"科教融汇"构建通识课程

乡创工匠的培育进程中,"科教融汇"来构建通识课程所具备的意义极为重大。通识课程充当着坚实的基础,为乡创工匠的培育构筑起了广泛且全面的知识架构体系。

(一)"科教融汇"的含义与实践延展

通过"科教融汇"构建通识课程是地方高校乡创工匠培育中的一个关键环节,对于增强学生的综合素质以及乡创能力发挥着重要作用。一是人文为体,培养学生的文化认同感和人文素养,使学生理解乡村文化的深厚内涵和价值;二是科技为用,使学生掌握最新的科技动态和应用技能,能够将科技应用于乡村发展的实际问题中;三是艺术为法,培养学生的设计思维和审美能力,通过艺术手段提升乡村环境和生活质量。

1."科教融汇"的含义

党的二十大报告强调,推进职普融通、产教融合、科教融汇,优化职业教育类型定位。科教融汇作为一个创新性表述,指明了职业教育发展新方向。科教融汇是科技与教育、科研与教学的深度融合、广泛交叉,落脚点是助力全面提高人才自主培养质量尤其是更有力、更有效地培养高技能人才、创新型人才。推进科教融汇协同育人,需要树立系统思维,充分认识科技创新与教育体系互动赋能的重要价值,并持续优化科教融汇协同育人的体系和过程。[①]

"科教融汇"实质上意味着把科学研究与教育教学进行深度的融合,从而让通识课程更富有前沿特性以及实用价值。借助引入最新的科研成果以及实践案例,极大地丰富了课程的内容,有效地激发了学生的学习兴趣以及创新思维能力。

2."科教融汇"的实践延展

乡创工匠培育的"科教融汇"实践延展,可以从以下几个方面进行:一是建

[①] 杨金华,孙应,曾文曦.工科类职业院校科教融汇的现实状况与推进路径[J].教育与职业,2024(19):43-49.

立校企合作机制。高等院校与乡村企业建立合作关系，共同开发课程、实习实训基地和研究项目，实现资源共享、优势互补。二是创建产教融合示范基地。在乡村地区建立产教融合示范基地，为学生提供真实的生产、服务和管理环境，增强学生的实践能力和职业素养。三是开发产教融合的课程体系。课程内容应紧密结合乡村的实际需求，侧重于农业技术、乡村旅游、乡村治理等领域，确保学生学到的知识和技能能够直接应用于乡村振兴。四是实施项目驱动教学。通过项目驱动的教学模式，让学生参与到乡村振兴的实际项目中，解决实际问题，提升学生的创新能力和实践能力。

"科教融汇"要强化实践教学。一方面，鼓励学生参与乡村发展规划、产业振兴、生态保护等项目，将理论知识转化为实践成果，推动产学研一体化发展，推进科技成果转化，将科研成果转化为乡村发展的实际应用，推动科技成果在乡村的落地和推广；另一方面，开展技术服务与咨询，为乡村企业提供技术服务和管理咨询，帮助乡村产业企业提升产品质量和管理水平。

（二）通识课程的构建与方法创新

以"科教融汇"为核心理论支撑，构建"人文为体＋科技为用＋艺术为法"的通识课程体系，为乡村振兴培养出具有人文素养、科技能力和艺术修养的高素质人才。

1. 厚识通识课程的构建

构建通识课程应重视多学科的交叉融合，要将人文、社会科学、自然科学等诸多领域涵盖其中，致力于培育学生的综合素养以及跨学科能力。开设与乡村文化、生态环境、经济发展等紧密相关的课程，促使学生能够清晰地了解乡村所呈现出的多元面貌与发展需求。要强化实践教学，组织学生参与乡村调研、社会实践等活动，将理论知识和实际应用紧密结合起来，切实提升学生解决实际问题的能力水平。

通识课程应注重紧密联系乡村实际，并通过强化实践教学来提升学生的综合素养和解决实际问题的能力。开设"乡村文化"等课程，增强乡村文化认同感；开设"AIGC软件入门"等乡技课程，掌握新科学技术；开设"工科设计思维"

等乡景课，有助于培养出具有前沿视野、创新思维和实践能力的人才。

关注通识课程的评价与反馈机制，及时且全面地了解学生的学习效果和需求状况，持续不断地优化课程内容和教学方法，切实保障通识课程的质量和效果。

2.通识课程的方法创新

实施教学方法创新，建立跨学科教学，鼓励不同学科背景的教师共同授课，促进知识的融合与创新，帮助学生建立跨学科的思维方式。施行实践教学，组织学生参与乡村实地考察、项目实践等活动，将理论知识与实际应用相结合，提高学生的实践能力和问题解决能力。采用互动教学，运用小组讨论、案例分析等互动教学方法，提高学生的参与度和学习效果，培养学生的团队合作和沟通能力。

在课程实施策略方面，采用校企合作，与乡村企业建立合作关系，共同开发课程和研究项目，共建实习实训基地，实现资源共享、优势互补。强化村社区参与，鼓励学生参与村社区服务和志愿活动，了解乡村居民的实际需求，培养学生的社会责任感和服务意识。拓宽国际视野，引入国际先进的乡村发展经验和案例，开阔学生的国际视野，培养学生的核心竞争力。

二、"产教融合"优化专识课程

乡创工匠培育的进程中，"产教融合"对于优化专识课程发挥着举足轻重的作用。通过深度整合产业需求与教育教学，能够显著增强专识课程的针对性与实用性。

（一）"产教融合"的概念与目标趋向

深化产教融合是贯彻落实党的二十大精神，推进教育、科技、人才一体化发展的重要实践，乡创工匠培养要主动面向"三农"区域、行业、产业需求，推动教育链、产业链、创新链、人才链的"四链融合"。

1."产教融合"的概念解析

高质量发展是我国社会主义现代化建设中的重点主题，产教融合政策所蕴含的价值旨归和高质量发展的诉求相互交织、相互耦合。产教融合是产业与教育的深度合作，是高等院校为提高人才培养质量而与行业企业开展的深度合作。产教融合"作为职业教育的核心办学路径，不仅是推动职业教育优质发展的主要抓手，也是实现社会高质量发展的动力引擎"。[①]高质量的产教融合发展体系是建设高质量职业教育体系的核心。

乡创工匠的培育要明确产教融合的目标，培养适应乡村发展的人才。产教融合的目标就是培养具有实践能力和创新精神的人才，以适应乡村振兴的需求，推动乡村经济、社会、文化和生态的全面发展。

2."产教融合"的目标趋向

产教融合是将产业实践与教育过程紧密结合的办学模式，强调学校教育与企业需求之间的无缝对接。在这种模式下，高等院校与乡村企业合作，共同设计课程内容、教学方法和评价标准，确保学生所学知识和技能与行业需求相匹配。产教融合的核心在于课程内容的实用性。课程设计要紧贴产业实际，注重实践技能的培养，使学生毕业后能够迅速适应工作岗位；要注重教学方法的创新性，采用项目驱动、案例分析、实习实训等教学方法，提高学生的动手能力和解决实际问题的能力；要注重评价体系的多元化，评价不仅关注学生的理论知识掌握程度，还包括实践技能、创新能力和社会适应能力。

产教融合的目的是为乡创工匠培养出既具备扎实理论基础又拥有丰富实践经验的高素质人才，从而推动教育与经济社会的协调发展。

（二）专识课程的优化与协同育训

"产教融合"是一种将产业需求与教育内容相结合的教育模式，旨在通过校企合作、课程建设、实习实践、科技成果转化等多种形式，培养社会需要的高素质人才。在乡村振兴战略和乡创工匠培养的背景下，通过"产教融合"模式，可以有效地将乡村振兴战略和乡创工匠培养相结合，优化专业课程，培养出更多适应乡村发展需求的高素质乡创型人才。

[①] 李新生.社会分工理论视域下产教融合高质量发展体系构建[J].职教论坛，2023，39（03）：119-128.

1. 拓深专识课程的优化

乡村产业的实际需求无疑为课程内容的设定指明了方向。对乡村产业发展前沿动态及技术要求展开深入探究，确保课程涵盖最新的、最关键的知识与技能。以乡村产业的持续升级为例，由于对农业科技、农村电商等领域的专业知识需求与日俱增，相应的课程内容必须紧跟步伐，及时完成更新与补充。

产教融合在推动教学方法创新方面成效显著。将乡村振兴的实际项目与案例引入教学环节，采用实践教学、项目驱动等多元方式，能够促使学生置身于真实的情境之中学习并运用知识，进而有效提升其解决实际问题的能力。产教融合对于师资队伍的构建大有益处。企业的专家以及技术骨干参与教学工作，他们所带来的丰富实践经验和独特的行业视角，与学校教师形成优势互补，共同促进教学质量的提升。

持续优化"理论课程＋技术课程＋方法课程"专识课程。比如，工作任务课程化，研发"电商创业与数字营销"等课程；教学任务工作化，编制"乡创项目手册"教材；案例教学实战化，汇编创新创业典型案例。"产教融合"对专识课程的优化是乡创工匠培育的核心环节，能够为培育契合乡村发展需求的高素质乡创工匠给予有力支撑。

2. 专业课程的协同育训

"产教融合"模式培训乡创工匠的专业课程设计应紧密对接乡村振兴的实际需求，主要包括现代农业技术、乡村旅游管理、乡村规划设计等，课程内容应与时俱进，反映最新的产业发展趋势和技术进步。一是实践教学与企业合作。通过与乡村企业、合作社、家庭农场等的合作，为学生提供实习实训的机会，让学生在真实的工作环境中学习和锻炼，提高其实践能力和创新能力。二是课程体系的模块化设计。根据乡村振兴的不同领域和产业特点，设计模块化的课程体系，使学生可以根据自己的兴趣和职业规划选择相应的模块进行深入学习。三是跨学科课程的开发。鼓励跨学科课程的开发，如结合艺术设计与乡村旅游，或者将信息技术应用于现代农业管理，培养学生的综合素养和跨界整合能力。四是产教融合型教学资源建设。建设产教融合型的教学资源，如虚拟仿真实验室、创业孵化基地等，为学生提供模拟真实工作场景的学习环境。

三、"职普融通"强化特识课程

"职普融通"作为强化特识课程的关键路径，对于乡创工匠的培育有重要意义。打造"技能型＋应用型＋研究型"特识课程，能够破除职业教育与普通教育之间的藩篱，为学生提供更为丰富且极具针对性的课程资源。

（一）"职普融通"的价值与实施路径

"职普融通"是指职业教育与普通教育之间的融合与互通，旨在打破两者之间的界限，为学生提供更加灵活和多元化的教育路径。这种模式对于乡创工匠的培育具有重要意义，因为它能够结合理论与实践，培养学生的创新能力和实际操作能力，更好地适应乡村振兴的需求。

1. "职普融通"的价值含义

职普融通是指职业教育、普通教育通过教学资源共享、培养成果互认、发展路径互通等方式，推动人才培养模式改革，为学生成长成才提供多样化路径选择，为推进中国式现代化提供高素质复合型技术技能人才。

"职普融通"价值在于能够实现职业教育中实践技能培养与普通教育中理论知识传授的完美融合。如此一来，学生不但能筑牢扎实的理论根基，还能拥有实际操作和解决问题的能力，进而更出色地契合乡创领域的多元需求。比如，在农业相关的课程中，学生既能学习到农作物生长的理论原理，又能通过实地操作掌握种植和养护的实际技巧。

2. "职普融通"的实施路径

"职普融通"有利于整合不同教育类型的优质师资与教学设施。高等院校的专业教师能够为学生传递前沿的实践经验以及最新的行业动态，在涉农专业，教师能分享最新的种植技术和市场需求；而高校的学术师资则可以给予深厚的理论支撑，以及研究方法的指引。

"职普融通"还能够推动课程内容的创新和优化。依照乡创工匠的培育目标以及乡村发展的真实需要，开发独具特色的课程模块，如乡村产业规划、农村电商运营、乡土文化创意等。这能让学生在特识课程里获取更具实用价值和针对性的知识与技能，比如在农村电商运营课程中，学生能够学到如何利用网络平台推广和销售农产品的具体方法和策略。

（二）特识课程强化与融合共生

特识课程强化是指在职业教育和普通教育中，针对特定领域或行业需求，设计和实施一系列专业性强、实践性高的课程，以培养学生的专业技能和创新能力。在乡创工匠培育实施特识课程强化时，将不同领域的知识和技能整合到特识课程中，以培养学生的综合素质和融合能力。

1. 特识课程的强化

一是课程体系的模块化设计。根据乡村振兴的不同领域和产业特点，设计模块化的课程体系，使学生可以根据自己的兴趣和职业规划选择相应的模块进行深入学习。二是实践教学与企业合作。通过与乡村企业、合作社、家庭农场等的合作，为学生提供实习实训的机会，让学生在真实的工作环境中学习和锻炼，提高其实践能力和创新能力。三是打造"技能型＋应用型＋研究型"特识课程，研发"作孚"乡创课程，"'作孚'精神＋数字化"，引入商业管理、创业证书等；开发创业大赛培训课、辅导课程包；开发国际视野拓展课程，与国际院校合作等。

2. 特识课程融合共生

"职普融通"在强化特识课程方面发挥着重要的作用，为高校乡创工匠的培育提供了强有力的支撑，有利于培育出数量更多、能够适应乡村振兴需求的高素质人才。

"职普融通"打破职业教育与普通教育的壁垒，实现资源共享，为特识课程提供更多元化的教学素材和实践机会。通过职普融合，特识课程能更紧密地与产业需求对接，实现教学内容与产业实践的深度融合，提升学生的实践能力。职普融通鼓励跨专业、跨学科的教学合作，创新教学模式，融入教学项目设计，为学生提供沉浸式学习体验，激发创造力。特识课程培养出既具备扎实专业知识，又拥有广泛技能的高素质人才，满足乡村振兴对多元化人才的需求，在强化课程融合共生、培育乡创工匠方面发挥着重要作用。

四、"融合跨界"驱动学生"会创"

新时代职业教育范畴中,"融合跨界"已然演变为驱动学生达成"会创"这一目标的关键途径。其通过破除学科、专业以及行业之间的藩篱,达成资源的优化整合以及创新运用。

"融合跨界"所带来的显著成效之一,便是能够极大地拓宽学生的知识视野。它使得学生有机会接触到来自不同领域的知识体系以及思维模式,进而激发其创新的灵感火花,同时培育其综合运用所学知识去解决实际问题的能力。例如在某些课程设计中,学生们需要同时涉猎物理学、化学以及生物学等多个学科的知识,来共同解决一个复杂的环境问题,这种跨学科的学习方式让他们能够从多元的角度思考,从而找到更为全面和有效的解决方案。

"融合跨界"在促进学生实践能力的提升方面发挥着重要作用。当学生参与跨领域的项目时,他们能够在团队协作、沟通交流以及项目管理等方面得到充分的锻炼。比如在一个涉及工程技术和市场营销的项目中,学生们不仅要运用专业知识解决技术难题,还要与团队成员密切合作,向潜在客户清晰地传达产品的优势和价值,通过这样的实践,他们的实际操作能力得到了显著的增强。

"融合跨界"对于培养学生的创新思维具有很大作用。不同领域的相互碰撞与融合,能够推动学生突破传统思维的固有束缚,以一种前所未有的视角去审视问题,并探寻解决之法。以跨学科的创新创业项目为例,当工科学生与文科学生携手合作,将技术的严谨性与人文理念的关怀性相互交融,便能创造出兼具社会价值和市场竞争力的产品或者服务。

"融合跨界"为学生营造了更为宽广的创新天地以及发展契机,切实有效地驱动学生实现"会创",为其未来的职业发展道路以及社会创新进程注入了磅礴的动力。

混沌"厚识界域"的建设,不仅有助于提升学生的乡知水平,更能够推动乡村振兴战略的实施。通过多层次、多维度的培养模式,地方高校在塑造具备创造性与实践性的乡创工匠方面,将发挥不可或缺的作用。这一切,是高校为乡村振兴做出的努力之一，未来更需持续探索与创新，以应对复杂多变的社会需求与乡村发展的挑战。

第三节 创设"富能场域"，淬炼乡创技艺

创设"富能场域"，是为了通过多元化的实践活动和资源整合，提升学生的乡创技艺，最终实现乡村振兴与个人发展的双重目标。通过"校企共建"孵化域、"校站联建"研发域、"校地合建"工坊域等提供的实践平台，学生不仅可以获得实务经验，还能将自己的创意与产品推向市场，实现理论与实践的有效结合。

一、"校企共建"孵化域

（一）"校企共建"合力驱动

校企共建是指学校与企业之间建立的一种合作关系，旨在通过资源共享、优势互补的方式，共同培养符合社会发展和市场需求的高素质人才。学校与企业共同设计和开发课程，确保教学内容与行业需求相匹配，提高学生的就业竞争力；企业提供实习机会，让学生在真实的工作环境中学习和锻炼，同时学校提供必要的理论支持和指导；企业专家和技术人员参与学校的教学和研究工作，而学校的教师也可能到企业进行实践和交流；学校与企业在科研项目上进行合作，共同开展技术创新和产品研发，推动科技成果的转化；双方共享教育资源和企业资源，如实验室、生产设备、图书资料等，以降低成本并提高资源利用效率；企业可以根据自身需求，参与到学校的人才培养过程中，如设立奖学金、提供就业指导等。校企共建的目的是实现教育与产业的深度融合，促进教育质量的提升和产业结构的优化升级，最终服务于社会经济的发展。

高校乡创工匠的培育进程中，"校企共建"孵化域所具备的意义举足轻重。

借助校企合作共同构建孵化域这一方式，能够实现对学校与企业资源的全面整合，从而为乡创工匠的成长构筑起坚实的支撑体系。

一方面企业能够为学生呈现真实的实践场景，并传递市场需求的相关信息，使得学生在实践操作中得以积累丰富经验，同时洞悉行业的发展动态。不仅如此，企业内部的专业技术人员还能够给予学生具有针对性的直接指导，助力他们化解在实际操作过程中遭遇的各类难题；另一方面学校充分施展自身在理论教学以及科研领域的显著优势，为企业赋予智力层面的支持以及创新的思维路径。学校的教师能够投身于企业的项目当中，与企业携手开展研发工作，有力地推动产学研实现深度融合。

"校企共建"孵化域之内，学生可以接触到处于前沿的技术以及理念，参与到实际的项目开发与运营活动之中，进而促使自身的乡创技艺得以显著提升。与此同时，这种合作模式在促进企业的技术创新以及产品升级方面成效显著，对地方经济的发展起到了积极的推动作用。

（二）孵化领域延展

校企共建的孵化域是指学校与企业共同创建和支持的创新平台或项目，这些平台或项目旨在促进技术转化、创业孵化、人才培养和产业升级，领域通常聚焦于新兴行业或关键技术，以推动科技创新和经济社会发展。

在乡村振兴中，采用创新合作机制、设立产业孵化基地、推动产学研一体化等方式拓展产业孵化域。建立校企合作机制，搭建校企合作平台，明确双方在人才培养、技术研发、项目孵化等方面的合作内容和方式，从而实现教育资源与企业资源的共享，包括实验室、研发中心、实习基地等。在乡村地区设立产业孵化基地，为创业型人才提供办公、研发、生产等空间，提供包括发展规划、市场推广等在内的配套服务，降低创业门槛。

推动产学研一体化，鼓励高校教师和企业技术人员共同参与科研项目，推动科技成果在乡村产业中的应用，建立技术转移机制，将高校的科技成果转化为乡村产业的实际生产力。开发与乡村产业相关的创业型人才培养课程，如乡村旅游管理、农产品电商运营等，并采用项目驱动、案例分析等教学方法，提高学生的实践能力和创新思维。营造良好的创业氛围，培养积极的创业文化，鼓励学生和乡村居民积极参与创业活动，定期举办创业比赛、创业论坛等活动，激发创新热情，分享创业经验。

（三）孵化实施方式

"校企共建"孵化域乃是高校乡创工匠培育的关键路径，在提升乡创工匠的培养质量、助推乡村振兴方面发挥着至关重要的作用。"校企共建"孵化域在乡创工匠培育中通过项目嵌入、技术支撑、资本入股、成果共享等方式来实现这一目标。

1. 项目嵌入

在乡创工匠培育实践中，与乡村企业共同开发与乡村振兴相关的项目，如现代农业技术、乡村旅游规划、乡村文化传承等。学生参与到这些合作项目中，通过实际操作来提升自身的专业技能和实践经验，达到乡创工匠培育目标。

例如，与当地的农业科技公司合作，共同开发一个智能温室项目。该项目旨在提高农作物的产量和质量，同时降低资源消耗。学生在项目中负责数据收集、作物生长监测等工作，同时学习现代农业技术和项目管理技能。

2. 技术支撑

高校提供技术支持，帮助企业解决在乡村振兴过程中遇到的技术难题。技术成果、研究成果可以直接转化为乡村发展的实用技术，以提高乡村产业的科技含量和竞争力。

例如，某高校与乡村手工艺品企业合作，利用该校在艺术设计科学方面的研究成果，开发新型材料用于手工艺品的制作，这不仅提升了产品的附加值，也增强了企业的市场竞争力。

3. 资本入股

企业可以通过股权投资的方式参与到高校的科研项目或学生创业项目中，实现资本与智力的结合。鼓励风险投资进入乡村振兴领域，为有潜力的乡创项目提供资金支持。

例如，某市城投公司对所在地大学的乡村电商平台项目进行了股权投资，该平台旨在帮助农民销售特色农产品，投资公司的资金支持使得平台能够扩大规模，覆盖更多的乡村地区，实现乡创工匠培育项目的落地。

4.成果共享

高校与企业共同拥有所产生的知识产权，通过共享机制激励双方的合作，建立合理的利益分配机制，确保合作双方都能从乡村振兴项目中获益。

例如，某高校与一家乡村旅游公司合作规划开发乡村旅游规划方案。方案实施吸引了大量游客，提高了当地旅游业的收入，根据双方的合作协议，学校和公司共同享有由此产生的经济收益，并将部分收益用于支持当地的教育和基础设施建设。

二、"校站联建"研发域

（一）"校站联建"协同培育

在乡创工匠的培育进程中，"校站联建"研发域占据着举足轻重的地位。借助高校与博士后科研工作站的协同建设，能够全方位整合双方的资源与优势，从而为乡创工匠的培育给予坚实有力的支撑。

高校与博士后科研工作站签订合作协议，建立合作机制，明确双方的合作目标、责任分工、资源共享等内容，双方共同成立联合工作组，负责协调和推进合作项目的实施，共同深入乡村进行技术需求调研，了解乡村产业发展的技术瓶颈和创新需求，设计联合攻关项目。针对乡村产业的技术需求，高校与博士后科研工作站共同开展科研项目，进行技术攻关和创新，根据乡村产业的特点和需求，开展乡创工匠人才培养与交流，开发定制化的课程和培训项目，培养适合乡村发展的创新创业型人才，并组织高校师生进行交流和实践，参与技术研发和创新创业活动，同时，筛选有潜力的乡村创业项目，进行重点培育和扶持，推动项目落地和成长，将研发成果转化为乡村产业的实际应用，提高乡村产业的技术水平和市场竞争力。

乡创工匠的培育需要校站联建。高校所具备的丰富学术资源、雄厚师资力量以及完备教学设施，能够为研发工作赋予理论层面的指引以及技术方面的支持。博士后科研工作站积累的实践经验以及所掌握的市场需求信息，能够促使研发工作更具明确的指向性以及切实的实用性。在研发域的建设中，可以通过"校站联建"的方式，实现科研与地方需求的对接。

"校站联建"研发域在促进产学研深度融合方面发挥着显著作用。学校的科研成果能够在工作站接受实践的检验，并得以应用和推广，乡创工匠实际需求也能够迅速反馈，进而推动学校在科研创新领域的发展。

（二）研发领域拓展

在研发域的建设中，可以通过"校站联建"的方式，实现科研与地方需求的对接。高校应设立智库，组织师生入驻乡镇，参与实际项目，系统研发针对地方特色的产品与技术。同时，可以在农村地区建立乡创基地，结合当地资源，形成一系列"产教创"基地。这不仅促进地方经济的发展，也使乡创工匠在实践中提升创新能力与技术水平。

"校站联建"研发域需要构建专门的项目团队，这一团队由学校教师和博士后科研工作站专家共同构成，针对乡村产业发展过程中的关键技术以及突出问题展开深入研究。与此同时，还需要设立联合实验室或者研发中心，配备前沿的设备和先进的技术，为乡创工匠打造实践操作以及创新研发的优良平台。

通过"校站联建"研发域，能够显著强化人才的交流与培养。学生能够前往站点进行实习锻炼，进而提升自身的实践能力；站点人员也能够到学校进行进修学习，从而提高自身的理论水平。"校站联建"研发域为地方高校乡创工匠的培育开辟了全新的路径和模式，对于乡创工匠技艺水平的提升以及乡村产业的发展具有至关重要的推动作用。

（三）研发实施途径

在乡创工匠培育的进程中，依托博士后科研工作站，"校站联建"研发领域可通过"平台下乡—智库驻村—村士入户—项目到人"方式，打造一批创造空间、创享田园、创客驿站等乡创基地，设聘"作孚村士"，共同研发项目。

1. 平台下乡

高校与乡村合作，在乡村地区建立研发基地，将科研平台延伸到乡村一线，

第六章 乡创工匠之培育模式
DI-LIU ZHANG　XIANGCHUANG GONGJIANG ZHI PEIYU MOSHI

实施技术推广服务，通过研发基地，将高校的科研成果和技术推广到乡村，解决乡村发展中的实际问题。

例如，某高校、博士后科研工作站与当地政府合作，建立"现代农业技术推广中心"等科研平台，由博士后科研工作站提供技术支持，专注于推广适合当地土壤和气候的农作物种植技术，提高了当地农民的收入。

2. 智库驻村

高校组织专家团队进驻乡村，为乡村发展提供智力支持和决策咨询，开展专题研究，针对乡村发展的关键问题开展专题研究，提出解决方案和建议。

例如，某高校城乡地理规划专业与乡村旅游发展村庄合作，组建了一个由旅游管理、市场营销等领域的专家组成的智库团队。该团队对村庄的旅游资源进行了深入研究，并提出了发展乡村旅游的策略和规划。

3. 村士入户

高校选拔和培养乡村技术骨干受聘乡村产业，让他们成为乡村发展的带头人和技术传播者，深入农户家中，提供技术指导和咨询服务，帮助农民解决生产中的技术难题。

例如，某高校与中国最美村庄合作，选拔了一批有潜力的博士进行专业技术培训，深入乡创培训，将所学知识传授给村民，提高了全村的农业生产技术水平。

4. 项目到人

根据乡村工匠的个人特长和需求，为其量身定制创新创业项目，提供项目实施的全过程监督和技术支持，确保项目顺利进行。

例如，某博士后科研工作站与乡村工艺工匠合作，为其设计工艺品的创新项目。该项目不仅提高了工艺品的艺术价值，还开拓了线上销售渠道，增加这项产业收入。

三、"校地合建"工坊域

乡创工匠的培育进程中，工坊域的创设是利用品牌植入、政策扶持、文创经营、研学旅行等形式，推动市场经营与产教创相结合。通过打造"超大城市数字治理工坊",为学生提供一个相对自由且充满创意的环境,让他们可以进行项目实践与技能训练。在"卢作孚旧居"等历史文化场所,共建创业工坊,传承和弘扬地方文化,同时也可以在实际操作中积累经验,提升乡创工匠的综合素质。

(一)"校地合建"协作赋能

在校地合建的合作模式下,高校与地方经济、社会资源进行了有效对接,推动了乡创工匠实践项目的落地,为学生提供了丰富的实践经验和创业机会。这种多元化的合作模式,不仅促进了高校的成果转化,也为乡村的可持续发展提供了重要动力。

"校地合建"工坊域还能够有力地推动产学研实现深度融合。学校的科研成果能够在工坊当中得以转化并加以应用,地方的产业也能够凭借学校的科研力量达成升级与创新的目标。这种深度融合不但有益于提升乡创工匠的培养质量,而且能够为地方经济的发展注入源源不断的崭新活力。

(二)工坊场域丰富

高校乡创工匠的培育进程中,借助校地合作共同构建工坊这一模式,能够全方位整合学校与地方所具备的资源优势,从而为乡创工匠的培育给予坚实有力的支撑。

乡村实践,能够为工坊赋予丰富多元的实践场景以及真实确切的项目需求,促使学生于实践操作中积累丰富经验,进而提升乡创技艺。地方独具特色的产业、源远流长的传统工艺等,皆可充当学生实践的素材与对象,使得学生在与实际问题的接触以及解决过程中,持续不断地磨炼自身技能。

高校培养,能够为工坊配备专业的师资团队以及给予理论层面的指导,保证学生在开展实践活动的同时,能够获取到系统完备的知识体系支撑。教师能够将理论知识和实践项目紧密结合起来,引领学生展开深入的思考并进行创新。比如,在某地乡创项目中,教师指导学生将市场营销的理论应用于地方农产品的推广,取得了显著的效果。

"校地合建"工坊域乃是地方高校乡创工匠培育的关键途径,通过对资源的整合以及融合的促进，能够为乡创工匠的成长营造优良的环境和创造优越的条件。

（三）工坊应用场景

"校地合建"工坊域，通过"品牌植入、政策扶持、文创经营、研学旅行"的方式，为乡创工匠育训提供了应用场景，但其效果的最大化依赖于校地合建工坊的持续深入。

1. 品牌植入

高校与地方政府品牌合作，将知名品牌引入乡村，提升乡村产品的知名度和附加值，培育乡村本土品牌，通过高校的专业知识和创意设计，提升品牌形象和市场竞争力。

例如，在茶叶生产为主的乡村合作项目中，引入了知名茶叶品牌，并帮助当地茶农建立了自己的品牌"安逸茶园"，通过品牌合作和培育，当地茶叶的销量和价格都有了显著提升。

2. 政策扶持

专家团队研究国家和地方的乡村振兴政策，为乡村提供政策解读和应用指导，协助乡村申报政府的乡村振兴项目，争取政策和资金支持。

例如，某高校在与一个乡村产业合作项目中，深入"三农"场域，帮助当地申报了"国家级农村综合改革试验区"项目，获得了国家的资金和政策支持，促进了当地产业的发展。

3. 文创经营

结合乡村文化特色，开发文化创意产品，提升手工艺品、纪念品等价值，增加乡村经济收入，举办文化创意活动，乡村文化节、艺术展等，吸引游客，提升乡村文化影响力。

例如，某高校与峡砚乡村合作，开发了一系列具有当地特色的峡砚文创产品，并在当地举办了"文化艺术节"，吸引了大量游客和媒体的关注，提升了乡村的知名度和经济收入。

4. 研学旅行

开发与乡村文化、产业、生态等相关的研学旅行课程，发掘研学旅行课程，吸引学生和游客参与，建设研学旅行基地，提供住宿、餐饮、教学等服务，打造研学旅行目的地。

例如，某高校与历史文化村落合作，开发"古村落文化研学旅行"课程，并在当地建立了一个研学旅行基地，课程和基地吸引来自全国各地的学生和游客，不仅让学生们深入了解了乡村文化，也为当地带来了经济收益。

四、"共生理论"推动学生"能创"

高校乡创工匠的培育进程中，"共生理论"发挥着至关重要的作用，有力地推动着学生"能创"。"共生理论"着重凸显了不同主体彼此依存、协同共进的关联，借助这一理论能够对各方资源加以整合，进而营造出有益于学生创新创业的生态环境。

学校和企业的共生合作意义非凡，它为学生搭建起实践的平台，赋予学生真实的项目体验。企业所具备的市场需求以及丰富的实践经验，与学校传授的理论知识相互交融，促使学生在实际操作中提升乡创技艺，强化创新能力。比如，某企业与学校合作开展的乡村旅游项目，让学生参与其中，从规划到实施，学生不仅将所学知识运用到实践中，还在与企业人员的交流中获取了新的思路和方法，创新能力得到显著增强。

学校与地方的共生合作同样价值显著，为学生创造了深入洞悉乡村的契机。学生得以接触乡村的实际问题与需求，由此激发创新思维，进而提出切实可行的解决办法。就像在某个乡村振兴项目中，学生通过实地调研，了解到当地农产品滞销的问题，于是运用所学知识，提出了线上线下相结合的销售方案，成功解决了问题，创新思维得到有效锻炼。

"共生理论"积极推动了不同学科之间的交叉融合，助力培养学生乡创工匠的综合素养以及跨领域创新能力。身处这样的共生环境，学生能够尽情施展自身的潜能，持续不断地探索和实践，最终切实达成"能创"的目标。

第四节　乡创工匠培育模式的思忖

乡村振兴战略的实施，乡创工匠的培育扮演着至关重要的角色。教育与培训是培育乡创工匠的基础，需要注重实用技能的提升和创新思维的培养，以适应乡村产业发展的需求。产业与市场的有效对接是确保创新创业成功的关键，这要求人们深入了解市场需求，整合产业链资源，形成具有竞争力的产品和服务。科技与创新的融合则是推动乡村产业转型升级的引擎，通过引入现代科技手段，提高生产效率和产品质量。可持续发展的理念应贯穿于乡村振兴的全过程，确保经济发展与生态保护相协调。乡创工匠的培育是一个系统工程，需要政府、乡村、高校和社会各界的共同努力，以实现乡创工匠育训、支撑乡村振兴的愿景。

一、乡创工匠培育模式的探求

围绕高校乡创工匠的培育模式开展深入全面的探究，经由对乡创工匠培育所涉的理论基础、培育模式、情怀培养、知识范畴、技艺素养以及案例剖析等诸多层面的钻研，收获了一系列显著成果。

（一）理论体系的引领指导

1. 理论基础界定

在理论基础上，清晰界定了乡创工匠的内在要义与价值所在，细致梳理了高校所具备的教育资源，成功构建起乡创工匠培育的理论模型，并且充分借鉴了国内外的相关有益经验。对工匠精神内涵的探究中，深入分析了其精益求精、专注执着等核心特质在乡创工匠培育中的重要引领作用。

2. 培育模式丰富

在培育模式上，校企合作、产教融合、文化传承以及创新创业教育等多元模式，为乡创工匠的养成开辟了丰富多样的路径。以校企合作为例，企业为学生提供了真实的工作场景和实践机会,让学生能够在实践中提升技能,而学校则为企业输送了具备专业知识和创新思维的人才,实现了双方的互利共赢。

3. 知识范畴架构

在知识范畴上,"科教融汇"构建通识课程、"产教融合"优化专识课程、"职普融通"强化特识课程以及"融合跨界"驱动学生"会创",全方位且大幅度地提升了学生的知识层级。

(二)育训成效的激励驱动

1. 情怀培养叠合

在情怀培养上,借由感知乡创文化、认知乡创气象、行知乡创价值以及基于循环法则,成功激发了学生的向乡信念、兴乡情怀和强乡素养,有力触动了学生"想创"的强烈意愿。

2. 技艺能力提升

在技艺素养上,"校企共建"孵化域、"校站联建"研发域、"校地合建"工坊域以及"共生理论"推动学生"能创",为学生搭建起了实践与创新的优质平台。

3. 典型案例解析

在典型案例的分析上,乡创工匠培育对成功与失败的经验予以总结,展开了深入的比较与探讨,获取了具备启发和借鉴价值的结论,并将案例加以推广和应用,乡创工匠的培育呈现了相对完备且成体系的理论支撑与实践指引。

(三)乡创工匠培育的发展趋向

在乡村振兴战略不断深化推进下,乡创工匠培育在未来展现出诸多令人瞩目的发展动向。乡村振兴战略的深入实施,致使对乡创工匠的需求呈现持续增加态势。

1. 综合素质的全面提升

乡创工匠的培育越发注重综合素质的全方位提升,不仅要拥有乡创技艺,还须具备创新思维、团队协作以及对市场的敏锐感知等能力。乡创工匠不仅要精通传统技艺，还需能够结合现代设计理念进行创新，以满足市场对于特色产品的新需求。与此同时，数字化技术在乡创工匠培育过程中扮演着愈发关键的角色，诸如借助虚拟现实、人工智能等前沿手段开展培训与实践活动，从而大幅提升培育的效率与成效。

2. 育训模式的深刻变革

乡创工匠的培育在教育模式上采用线上线下相融合的培育方式渐成主流态势，成功突破了时间与空间的束缚，使得更多人能够获取优质的乡创工匠培育资源。通过线上课程，身处偏远乡村的学习者能够接触到来自大城市的优秀师资和先进理念；而线下的实践操作则能让他们更直观地掌握技能。与此同时，跨学科、跨领域的合作愈发频繁，不同专业的知识与技能相互交融，旨在培育出契合多元化乡村发展需求的乡创工匠。农业与旅游领域的结合，促使乡创工匠既懂得农业生产的技术，又能策划富有特色的乡村旅游项目。

3. 特色产业的紧密关联

乡创工匠培育还将进一步强化与当地特色产业的紧密关联，依据不同地区独特的产业特质和深厚的文化底蕴，量身定制个性化的培育方案，达成精准培育的目标。以某些拥有丰富民俗文化的乡村为例，乡创工匠培育会侧重于传承和创新民俗技艺，开发与之相关的特色产品。社会各界对于乡创工匠的认同与支持力度持续增强，为乡创工匠的成长与发展营造出更为有利的环境。

乡创工匠培育的发展趋向正朝着愈发多元化、专业化、数字化以及个性化的方向大步迈进，为乡村振兴源源不断地注入强大动力。

二、乡创工匠培育的路径展望

高校乡创工匠的培育成为乡村振兴战略得以顺利实施的强大支撑力量，为达成乡村产业兴旺、生态宜居、乡风文明、治理有效、生活富裕的宏伟目标，提供了至关重要的人才保障以及强大的智力支持。

（一）乡村振兴战略的耦合赋能

高校乡创工匠的培育展现出多维度且意义深远的重要价值，在乡村振兴战略的推进过程中，乡创工匠凭借自身精湛的技艺以及出众的创新能力，为乡村振兴的发展源源不断地注入全新的活力与创新思维。

1. 传统农业的转型升级

乡创工匠的培育有力地推动了传统农业的转型升级，促使农村第一、第二、第三产业实现深度融合发展，进而增加了农民的收入，显著提升了乡村的经济实力。乡创工匠利用先进的农业技术和创新的经营模式，将传统的农产品加工产业升级为具有高附加值的特色产业，不仅提高了农产品的市场竞争力，还带动了周边农民的就业和增收。

2. 乡村文化的赓续传承

乡创工匠在传承与弘扬乡村文化这一领域发挥着举足轻重的关键作用。乡创工匠积极投身于对乡村传统文化的深入挖掘、精心保护以及富有创意的创新工作，使得乡村文化得以传承和蓬勃发展，极大地增强了乡村的文化自信，有力地凝聚了乡村的向心力。乡创工匠通过将古老的民间艺术与现代设计理念相结合，创作出具有地方特色的文化产品，不仅让传统文化焕发出新的生机，还吸引了更多人对乡村文化的关注和喜爱。

3. 乡村人才的润泽振兴

乡创工匠的培育对于吸引人才回流乡村具有显著的促进作用。乡创工匠的创业精神与成功案例能够激发年轻人踊跃投身于乡村建设事业中，为乡村带来崭新的理念、前沿的技术以及先进的管理经验，有力地推动乡村振兴。乡创工匠在乡村成功创办电商企业、新型农业种植，吸引年轻人返乡创业，共同为乡村的发展贡献力量。

4. 乡村生态宜居宜业

乡创工匠在推进乡村生态宜居建设方面同样产生了积极且显著的影响。乡创工匠高度重视绿色发展和生态保护，踊跃参与到乡村环境的整治以及生态的修复工作当中，致力于打造出美丽宜人、舒适宜居的乡村环境。比如，一些乡创工匠倡导并推广绿色农业生产方式，减少农业面源污染，积极参与乡村河道治理和绿化工程，让乡村的生态环境得到了显著改善。

（二）乡创工匠培育的内在建构

在乡村振兴的大背景下，乡创工匠的培育不仅是推动乡村经济发展的关键，也是实现乡村文化复兴和社会进步的重要途径。

1. 育训体系的完善

构建从基础教育到高等教育，再到成人教育和职业培训的多层次教育体系，确保乡创工匠在各个阶段都能获得相应的知识和技能。通过校企合作、实习实训等方式，加强学生的实践能力培养，使他们能够将理论知识应用于实际工作中。鼓励乡创工匠参与终身学习，通过在线课程、研讨会等形式，不断更新知识和技能。

2. 产业市场的融合

推动乡创工匠参与乡村产业链的各个环节，从原材料采购、产品设计、生产制造到市场营销，形成完整的产业链条。乡创工匠的创新和创业活动应以市场需求为导向，开发具有地方特色和竞争力的产品和服务，加强乡村品牌的建设和推广，提升乡创产品的市场认知度和附加值。

3. 科技创新的驱动

激励乡创工匠运用现代科技手段，如互联网、物联网、人工智能等，提高生产效率和产品质量。加强与高校、科研机构的合作，开展技术研发和创新项目，提升乡创工匠的科技水平。推动智慧乡村建设，利用信息技术改善乡村治理，提高乡创工匠的创业效率。

4. 可持续发展的理念

在乡村创新创业活动中注重生态保护，确保产业发展与环境保护相协调，推广循环经济和绿色生产方式，减少资源浪费，提高资源利用效率。关注乡村社会公平，确保乡创工匠的创新创业活动惠及所有乡村居民，减少贫富差距。

乡创工匠培育的路径展望是一个多维度、系统性的工程，需要政府、企业、高校和社会各界的共同努力。通过完善教育与培训体系、深化产业与市场的融合、驱动科技与创新以及坚持可持续发展的理念，从而有效地培育出适应乡村振兴需求的乡创工匠，为乡村的全面发展贡献力量。

本章小结

本章详细探讨了乡创工匠的培育模式,从立心领域、厚识界域、富能场域和培育模式的思忖四个层面。分别阐释和解析了从基于"PDCA 循环法",推进"感知一周、认知一月、行知一季"三知递进;以融合教育、跨界教育理论指导"通识培根、专识固本、特识精技"三识联动;以利益相关者和资源共生理论指导,推动"孵化域、研发域、工坊域"三域共生;乡创工匠培育是一个系统工程,需要协同共育,以实现乡创工匠育训、支撑乡村振兴的愿景。同时,探究如何有效培育乡创工匠,以推动乡村振兴战略的实现,分析高校在乡创工匠培育过程中的角色,构建符合地方特色和实际需求的培养模式,并确立乡创工匠培养目标,乡创工匠是具有"向乡情怀、兴乡器识、强乡本领"的战略人才。本章秉持培育"终身创客"理念,构建"立心领域—厚识界域—富能场域"的"学域"。

案例分享

重庆市巫溪县中梁乡党委副书记、乡长张学军,乡创型工匠,主抓"三农"工作。带领巫溪县中梁乡大力推进特色产业现代化发展工作。一是发展特色野生猕猴桃产业,促进群众稳定增收。中梁乡拥有野生猕猴桃3280 亩,每年能产50 余吨天然野生猕猴桃,年产值20 万元。经人工管护后,年产量能达到80 余吨,总产值达到40 万元。2022 年通过电商平台销售野生猕猴桃近 3000 斤,惠及贫困户 343 人,人均年净收入约 875 元,未来五年将按照每年 20% 的速度加快推进。二是积极培育壮大企业,引导农产品向精深加工转移。中梁乡已成功酿制出新型产品——野生猕猴桃酒,果酒醇香,口感绵柔,市场前景较好,正在向相关部门申请量产所需相关资质。三是加大与电商平台合作,加快推动营销模式转换。野生猕猴桃已实现线上线下同步销售,打造"野生猕猴桃保护基地""乡村旅游采摘园",注册"黄连溪猕猴桃"品牌,野生猕猴桃优选精包装后通过直销、电子商务等方式销往全国各地,壮大村集体经济,带动89 户贫困户户均增收3500 元以上。

第七章 乡创工匠之质量评价

DI-QI ZHANG　XIANGCHUANG GONGJIANG ZHI ZHILIANG PINGJIA

对产品或服务精益求精的乡创人才是产业创新的重要主体，是加快发展新质生产力的重要人才引擎和创新绩效的主要来源。产业创新不仅要强化品质追求、推动技术创新、提高产品的质量和效能、满足用户个性化需求，而且创造了巨大经济效益和社会效益，直接影响产业的成功转型与发展延续。因此，有效激励和培育乡创工匠刻不容缓。本章遵循扎根理论的基本方法，探寻乡创工匠的基本结构，结合专家咨询法与层次分析法确定乡创工匠质量的评价指标，通过层次分析法赋权评估指标，构建乡创工匠教育质量的模糊综合评价模型，并进行实证检验与案例检验。

第一节　乡创工匠质量的评价指标

一、乡创工匠的结构

（一）研究方法

扎根理论最早出现在1976年，由Glaser和Strauss两位学者共同提出。其主要思想是通过大量资料收集，寻求社会现状的概念范畴，并将这些概念范畴联系起来进行分析，从而形成最终的理论模型，是一种自下而上建立理论模型的质性研究方法。扎根理论共分为三个学派：经典扎根理论、程序化扎根理论及建构式扎根理论。本文采用程序化扎根理论来进行研究，其主要步骤包括开放式编码（Open Coding）、主轴式编码（Axial Coding）及选择式编码（Selective Coding）三个环节。开放式编码是将原始资料揉碎打散，并逐步进行分解、比较和归纳，实现原始数据的概念化和初步范畴化；主轴式编码是在开放式编码基础之上建立概念之间的类属逻辑关系，形成主范畴；选择性编码是对上级编码再次进行系统分析，得出一个核心类属。此外，在上述三个步骤完成后，还需进行理论饱和度检验，以证明理论达到饱和状态。

本章研究过程的设计参照了既有文献：整理目前对于"乡创工匠"特点的文献，分析与总结现有研究的不足；在冰山理论的基础上建立了乡创工匠质量的初步理论模型；为具体明确乡创工匠质量评价的关键点，采用深度访谈，收集了相关数据，使用Nvivo11软件对相关数据进行开放式编码、主轴型编码与选择性编码，结合已有研究编码结果进行分析，最终得出乡创工匠的结构，以期为提升乡创工匠质量提供理论与实践依据。

（二）样本选择

本文的样本来源主要是以重庆市为例，我们对乡创工匠进行深入访谈，将访谈文本资料作为扎根理论的分析样本。根据学者D.Silverman观点，质性研究的样本规模一般较小。因此，本研究共选取25名乡创工匠作为深入访谈对象。访谈方式上以线上和线下相结合的方式，线下主要通过调研的方式采取一对一深入访谈，线上主要依托互联网进行。访谈于2023年12月—2024年3月进行，受访者基本信息见表7-1。

表7-1 访谈对象基本情况

访谈对象	性别	年龄	工作年限	访谈时长
01	男	42	20年	15分30秒
02	男	58	39年	20分04秒
03	女	47	25年	18分23秒
04	男	35	15年	14分18秒
05	女	38	18年	16分07秒

续表

访谈对象	性别	年龄	工作年限	访谈时长
06	女	43	22 年	20 分 54 秒
07	男	36	14 年	16 分 32 秒
08	男	49	29 年	19 分 55 秒
09	男	52	33 年	24 分 23 秒
10	女	45	24 年	19 分 02 秒
11	女	34	12 年	14 分 45 秒
12	男	40	18 年	18 分 35 秒
13	女	41	19 年	16 分 05 秒
14	女	37	16 年	15 分 54 秒
15	男	45	25 年	24 分 17 秒
16	男	29	8 年	15 分 33 秒
17	男	35	12 年	18 分 19 秒
18	女	33	10 年	17 分 35 秒
19	男	42	22 年	22 分 09 秒
20	女	50	30 年	25 分 16 秒
21	女	28	5 年	13 分 49 秒
22	男	39	15 年	15 分 12 秒
23	女	32	10 年	14 分 56 秒
24	男	47	20 年	23 分 19 秒
25	男	35	12 年	21 分 03 秒

具体在质性研究过程中，通过预访谈5人，确认了"乡创工匠提纲"，其中正式的深度访谈法访谈了25名乡创工匠。同时考虑到研究时间、经费与人员等条件，尽量选择典型、有代表性而又尽量多能够展现出乡创工匠质量的多案例研究样本，所以其外部效度较高。选取的样本来自重庆市25名乡创工匠。被访谈者年龄介于25～60岁之间，其中男性14人（占56%），女性11人（占44%）。每个人访谈时间控制在20分钟左右，必要时进行座谈，举行座谈3次，每次3～5人，时间控制在1～2个小时之间。

访谈与问卷设计大纲如下：

访谈的问题涉及以下方面：（1）如何评价乡创工匠质量？请列举不少于3个。（2）乡创工匠质量受到哪些因素的影响？（3）未来您打算如何提升自我？并用录音笔对访谈结果进行录音与记录，删除录音缺失以及与访谈主题偏差太大的录音后，有效样本25个，将有效录音最终转化成10万余字文本文字。

（三）编码分析和求解

1. 开放式编码

开放式编码是扎根理论编码的第一步，通过前期的数据整理与归纳，本研究共获得10万余字的有效文字资料，同时挑选有意义的语句进行逐句逐行编码，为提高编码的效率及严谨性，本研究借助Nvivo11软件进行全程编码。经过多次整理、归纳、条目化和范畴化，剔除出现次数较少或无效的初始概念，最终得到初始概念和11个范畴（C1～C11），如表7-2所示。

表7-2 开放式编码结果

范畴	初始概念
C1. 创业意愿	改革意愿、质疑精神、事业成就感
C2. 风险承担	抵抗挫折、勇于承担风险
C3. 行动能力	开拓事业、积极竞争
C4. 个人素养	职业品质、人文修养
C5. 创新思考能力	创造性思考、问题意识、科技敏感度
C6. 实验能力	实践操作能力、数据分析处理能力、实验设计能力
C7. 工程实践能力	设备操作维护能力、过程质量控制能力、报告撰写能力
C8. 成果转化能力	技术吸收能力、技术实验能力、技术转化能力
C9. 机会把握能力	机会评估能力、机会使用能力
C10. 资源整合能力	资源识别能力、战略决策能力、资源使用能力
C11. 团队控制能力	人际沟通能力、团队建构能力、团队运行能力

2. 主轴式编码

主轴编码的目的是恢复开放式编码中处于分割状态的资料，根据一定的逻辑次序对所形成的副范畴进行再次归纳、总结、合并和凝练，找出主范畴。通过进一步挖掘上述产生的 11 个范畴之间的内在联系，最终得到 3 个主范畴，分别为：精神维度（B1），能力维度（B2），管理维度（B3）。主轴式编码见表 7-3。

表 7-3　主轴式编码结果

主范畴	副范畴	副范畴概念
精神维度 B1	C1. 创业意愿	改革意愿、质疑精神、事业成就感
	C2. 风险承担	抵抗挫折、勇于承担风险
	C3. 行动能力	开拓事业、积极竞争、敏于实践
	C4. 个人素养	职业品质、人文修养、道德精神
能力维度 B2	C5. 创新思考能力	创造性思考、问题意识、科技敏感度、
	C6. 实验能力	实践操作能力、数据分析处理能力、实验设计能力
	C7. 工程实践能力	设备操作维护能力、过程质量控制能力、报告撰写能力
	C8. 成果转化能力	技术吸收能力、技术实验能力、技术转化能力
管理维度 B3	C9. 机会把握能力	机会评估能力、机会使用能力
	C10. 资源整合能力	资源识别能力、战略决策能力、资源使用能力
	C11. 团队控制能力	人际沟通能力、团队建构能力、团队运行能力

3. 选择性编码

在选择性编码阶段，通过反复比较、归纳和分析主轴编码阶段形成的主范畴，挖掘出具有统领作用的"核心类属"，同时分析核心范畴与其他范畴的关系，开发出故事线，揭示主范畴的典型关系。主范畴的典型关系结构如表 7-4 所示。

表 7-4　选择性编码结果

主范畴	评价层次	层次内涵
B1. 精神维度	基础层	乡创工匠需要具备的基本精神
B2. 能力维度	核心层	乡创工匠需要具备的科技能力
B3. 管理维度	动力层	乡创工匠需要具备的管理能力

4. 理论饱和度检验

扎根理论研究抽样终止的前提是理论达到饱和状态。本研究在完成 25 份访谈资料的分析后，未出现新的概念和信息，也无法提取和归纳出新的概念范畴，说明各主范畴已经发展较为充分，范畴之间的典型关系结构也基本清晰。为进一步检验理论已经达到饱和状态，确保研究范畴的信度和效度，本研究继续分别访谈了5名乡创工匠，通过对5名受访者的访谈数据进行科学分析、编码结构反复比对，并未发现新的概念和范畴，由此确认本研究构建的理论已经达到饱和状态。

二、指标体系的初步构建

（一）指标体系构建的原则

1. 全面性与系统性

乡创工匠不仅涉及服务、协调多方面工作，更涉及政策指导、应急资源的协调与调配等多元主体，因此评估指标应该尽可能全面。同时，在设计上应考虑指标之间的逻辑关系，各个指标独立但不孤立存在，既要有其特定意涵又要与其他指标形成一定内在联系，共同构成完整统一的乡创工匠评价体系。

2. 合理性与科学性

指标体系需符合专业领域内的理论、习惯、标准和需求，具备科学性和合理性，方能真实有效地反映实际情况。因此乡创工匠评估指标设计应有创业力领域的成熟理论框架作支撑，参考官方文件，学习过往乡创工匠评价研究的指标选取和体系构建方法，尽可能确保指标体系的科学性与合理性。

3. 针对性与突出性

指标必须能够反映研究对象的某一方面特征，是与研究主题关联的、具有针对性和影响力的研究切入点或研究要素，能够直接或间接反映研究对象的实际情况，不能脱离研究主题。当然，影响乡创工匠的因素有很多，尽管指标的全面性是重要的，但指标数量并非越多越好，应该在遵循乡创工匠发展规律的基础上，找出对乡创工匠主导性作用的因素，明确能够突出反映乡创工匠的方面。

4. 简明性与可评价性

指标的选取应当简明扼要，不应过于复杂，具备代表性和可评价性，让评价者对指标有所感知，能够针对指标所涉及的具体情况做出自身的判断。指标体

系中的各指标内容应定义清晰，具备可获得性，具有较强的适用性，以便于评价操作。

（二）乡创工匠指标体系的归属分类

乡创工匠指标体系的初步确立通过综合运用文献分析和行为事件访谈两种方法进行。首先，通过中国知网检索关键词"乡创工匠""创业""工匠"等将这些词以单个或交叉组合相结合的方式进行文献搜索，并将文献的检索年限范围定在2000—2024年，最终得到有效文献，对这些文献进行汇总与编码，得到乡创工匠特征136项，并根据频次统计由高到低排列，为进一步筛选与归类打下基础。其次，依据对30名乡创工匠有效访谈样本的结果分析编码，结合对访谈结果运用扎根理论法编码的结果所形成的四个维度结构体系，进一步对各级指标进行补充完善，最终形成包括3个一级指标，11个二级指标与31个三级指标的乡创工匠指标体系。

根据构建指标的要求，针对初步构建的乡创工匠评价指标体系，具体对一级指标的相关归属进行分类，其中创业科技能力、创业管理能力均在冰山理论中位列于冰山显现部分；创业基本精神则在冰山理论中位列于冰山下部支撑部分。具体结果如表7-5所示。

表7-5 乡创工匠质量评价的初始指标

一级指标	二级指标	三级指标	指标归属说明
B1.精神维度	C1.创业意愿	D1.改革意愿	知识技能类
		D2.质疑精神	
		D3.事业成就感	
	C2.风险承担	D4.抵抗挫折	
		D5.勇于承担风险	
	C3.行动能力	D6.开拓事业	
		D7.积极竞争	
		D8.敏于实践	

续表

一级指标	二级指标	三级指标	指标归属说明
B1. 精神维度	C4. 个人素养	D9. 职业品质	知识技能类
		D10. 人文修养	
		D11. 道德精神	
		D12. 创造性思考	
B2. 能力维度	C5. 创新思考能力	D13. 问题意识	
		D14. 科技敏感度	
	C6. 实验能力	D15. 实践操作能力	
		D16. 数据分析处理能力	
		D17. 实验设计能力	
	C7. 实践能力	D18. 设备操作维护能力	
		D19. 过程质量控制能力	
		D20. 报告撰写能力	
	C8. 成果转化能力	D21. 技术吸收能力	
		D22. 技术实验能力	
		D23. 技术转化能力	
B3. 管理维度	C9. 机会把握能力	D24. 机会评估能力	
		D25. 机会使用能力	
		D26. 资源识别能力	
		D27. 战略决策能力	
	C10. 资源整合能力	D28. 资源使用能力	
	C11. 团队控制能力	D29. 人际沟通能力	价值观+个性特质类
		D30. 团队建构能力	
		D31. 团队运行能力	

三、指标体系的检验与确定

（一）指标体系的专家咨询评议

在综合评价研究中，通过扎根理论构建了初始指标体系之后，需要运用合理的指标筛选方法对初始指标体系进行优化,以确保研究中所建立指标体系的科学性、合理性以及适用性。在本研究中,由于乡创工匠评价初始指标以扎根理论为主,选择运用德尔菲法对乡创工匠评价初始指标体系进行优化,主要内容为优化指标用语及剔除必要性较低的指标。在选取专家时,设置了三项条件,一是创业成功的乡创工匠,二是创业5年以上,三是具备乡村创业技术。基于上述条件,本研究选择了15位专家作为指标筛选过程的咨询专家,这些专家普遍具有丰富的工作经验,普遍具有创业经历,能为乡创工匠评价指标体系的优化提供具有较高价值的信息。15名专家对各初始指标重要性进行评价,具有较好的权威性及可信度。

专家评议表采用李克特量表的5等级(非常重要5分、比较重要4分、一般重要3分、不太重要2分、很不重要1分)进行评分。同时,专家评议表中设置了修改建议一栏,填写评议表的相关专家若对指标用语或内涵有合理意见,可填写于专家评议表中。对回收的专家评议表进行打分数据汇总,再采用数据处理软件SPSS22.0对专家咨询的数据进行处理,计算出各项指标得分的平均值和标准差,对指标进行筛选优化。平均值反映了专家对各个指标重要性的判断情况,均值小于3,说明指标重要性不足;标准差与平均分值之间的差值越小,说明专家打分越接近指标平均分,专家的观点也就越集中;变异系数反映的是专家观点是否具有相似性,其数值愈小,则表示专家评分的收敛性愈强,当指标的变异系数值大于0.3时,表明专家评分的收敛性较弱,则不符合要求。

本研究进行两轮专家评议后,一致认为该指标体系的建立较合理,指标平均值大于3,其变异系数均未超过0.3,均在合理范围,故不再进行第三轮的专家评议。

(二)第一轮专家评议结果与数据反馈

本研究采用《乡创工匠质量评价指标专家评议表》自编问卷,包含三个层级,通过纸质问卷、邮件或微信的方式发放给各个专家,邀请各个专家对乡创工匠质量评价初始指标体系中的各个具体指标提出相应意见,发放16份专家评议表,回收15份,回收率93.75%,回收的15份问卷三层指标得分情况见表7-6、7-7、7-8。

表7-6 一级指标第一轮专家咨询评议结果

一级指标	平均值	标准差	变异系数
精神维度	4.7143	0.6112	0.1297
能力维度	4.6429	0.6333	0.1364
管理维度	4.5714	0.7559	0.1654

表7-7 二级指标第一轮专家咨询评议结果

二级指标	平均值	标准差	变异系数
创业意愿	4.3571	0.9288	0.2132
风险承担	4.0714	0.8287	0.2036
行动能力	3.9286	0.6157	0.1567
个人素养	4.2143	0.8926	0.2118
创新思考能力	4.1429	0.6630	0.1600
实验能力	3.8571	0.6630	0.1719
实践能力	3.7143	1.0690	0.2878
成果转化能力	4.2857	0.4688	0.1094
机会把握能力	4.0714	0.7300	0.1793
资源整合能力	3.9286	0.6157	0.1567
团队控制能力	2.8571	1.0995	0.3848

表7-8 三级指标第一轮专家咨询评议结果

三级指标	平均值	标准差	变异系数
三级指标	平均值	标准差	变异系数
改革意愿	3.7857	0.5789	0.2222
质疑精神	3.7143	0.8254	0.2421
事业成就感	3.6429	0.9288	0.2550
抵抗挫折	4.0714	0.8287	0.2036
勇于承担风险	3.7143	0.7263	0.1955
开拓事业	4.1429	0.7703	0.1859
积极竞争	3.4286	0.6462	0.1885

续表

三级指标	平均值	标准差	变异系数
敏于实践	2.8571	0.8644	0.3215
职业品质	3.7143	0.9945	0.2677
人文修养	4.0714	0.6157	0.1512
道德精神	2.1143	0.6993	0.3559
创造性思考	3.7857	0.8018	0.2131
问题意识	3.9286	0.9169	0.2334
科技敏感度	3.5714	0.9376	0.2625
实践操作能力	3.8571	0.9493	0.2461
数据分析处理能力	4.2143	0.8018	0.1903
实验设计能力	3.6175	0.7532	0.2254
设备操作维护能力	3.7857	0.8135	0.2118
过程质量控制能力	3.9286	0.7300	0.1858
报告撰写能力	3.5865	0.7864	0.2642
技术吸收能力	4.0714	0.9169	0.2252
技术实验能力	4.0714	0.9169	0.2252
技术转化能力	3.9286	0.7300	0.1858
机会评估能力	4.0714	0.8287	0.2036
机会使用能力	4.1423	0.7703	0.1859
资源识别能力	3.6429	0.8419	0.2311
战略决策能力	3.7857	0.8018	0.2118
资源使用能力	2.7143	0.9945	0.2764
人际沟通能力	2.8571	1.1673	0.2586
团队建构能力	3.9286	1.0716	0.2728
团队运行能力	3.9286	0.9169	0.2334

需要注意到，三级指标"敏于实践"的均值小于3，变异系数也较大，可见专家对此指标的认可度不高，一般通常对此类指标进行删减或替换处理。结合专家意见，笔者考虑到"敏于实践"可以归属于"实践能力"当中的一部分，无须再将"敏于实践"作为二级指标，同时根据第 轮专家评分数据统计表，剔除掉

三级指标"敏于实践"。三级指标"道德精神"的均值小于3，变异系数也较大，可见专家对此指标的认可度不高，一般通常对此类指标进行删减或替换处理，故将此指标删除，继续参与第二轮专家评议。

其他专家意见有：

对于三级指标"科技敏感度"，科技一词不是特别合适，建议改为"技术敏感度"。

根据第一轮专家评议结果和意见反馈，笔者对指标进行了如下改动，详见表7-9。

表7-9 第一轮评议指标改动汇总

指标层级	新指标	原指标	变动形式
三级指标	无	敏于实践	调整合并
三级指标	无	道德精神	删除
三级指标	技术敏感度	科技敏感度	调整

（三）第二轮专家评议结果与数据反馈

本书根据第一轮专家评议的结果与意见对指标体系进行调整，重新确定了第二轮《乡创工匠质量评价第二轮专家评议表》，对15名专家进行第二轮问卷咨询，15份问卷全部有效回收。计算指标得分平均值、标准差与变异系数，第二轮评议结果如下，情况详见表7-10、表7-11、表7-12。

表7-10 一级指标第二轮专家咨询评议结果

一级指标	平均值	标准差	变异系数
精神维度	4.7857	0.4258	0.0890
能力维度	4.9286	0.2673	0.0542
管理维度	4.6429	0.6333	0.1364

表7-11 二级指标第一轮专家咨询评议结果

二级指标	平均值	标准差	变异系数
创业意愿	4.3571	0.9288	0.2132

第七章 乡创工匠之质量评价

续表

二级指标	平均值	标准差	变异系数
风险承担	4.0714	0.8287	0.2036
行动能力	3.9286	0.6157	0.1567
个人素养	4.2143	0.8926	0.2118
创新思考能力	4.1429	0.6630	0.1600
实验能力	3.8571	0.6630	0.1719
实践能力	3.7143	1.0690	0.2878
成果转化能力	4.2857	0.4688	0.1094
机会把握能力	4.0714	0.7300	0.1793
资源整合能力	2.8571	1.0995	0.3848
团队控制能力	3.9286	0.6157	0.1567

表7-12 三级指标第二轮专家咨询评议结果

三级指标	平均值	标准差	变异系数
改革意愿	3.7857	0.5789	0.2222
质疑精神	3.7143	0.8254	0.2421
事业成就感	3.6429	0.9288	0.2550
抵抗挫折	4.0714	0.8287	0.2036
勇于承担风险	3.7143	0.7263	0.1955
开拓事业	4.1429	0.7703	0.1859
积极竞争	3.4286	0.6462	0.1885
职业品质	3.7143	0.9945	0.2677
人文修养	4.0714	0.6157	0.1512
创造性思考	3.7857	0.8018	0.2131
问题意识	3.9286	0.9169	0.2334
技术敏感度	3.5714	0.9376	0.2625
实践操作能力	3.8571	0.9493	0.2461
数据分析处理能力	4.2143	0.8018	0.1903
设备操作维护能力	3.7857	0.8135	0.2118
实验设计能力	3.5392	0.7496	0.2354
过程质量控制能力	3.9286	0.7300	0.1858
报告撰写能力	3.6132	0.7247	0.2463

续表

三级指标	平均值	标准差	变异系数
技术吸收能力	4.0714	0.9169	0.2252
技术实验能力	4.0714	0.9169	0.2252
技术转化能力	3.9286	0.7300	0.1858
机会评估能力	4.0714	0.8287	0.2036
机会使用能力	4.1423	0.7703	0.1859
资源识别能力	3.6429	0.8419	0.2311
战略决策能力	3.7857	0.8018	0.2118
资源使用能力	2.7143	0.9945	0.3164
人际沟通能力	2.8571	1.1673	0.2186
团队建构能力	3.9286	1.0716	0.2728
团队运行能力	3.9286	0.9169	0.2334

第二轮专家评议结果显示，所有指标得分均值大于3，变异系数小于0.3，指标体系构建情况良好。

（四）指标体系的最终确定

根据二轮专家评议，包含了精神维度、能力维度、管理维度3个一级指标，创业意愿、风险承担、行动能力、个人素养、创新思考能力、实验能力、实践能力、成果转化能力、机会把握能力、资源整合能力、团队控制能力11个二级指标，改革意愿、质疑精神、事业成就感、抵抗挫折、勇于承担风险、开拓事业、职业品质、人文修养、创造性思考、问题意识等29个三级指标的指标体系最终得以确认，如表7-13所示：

表7-13 乡创工匠质量评价指标

一级指标	二级指标	三级指标
B1. 精神维度	C1. 创业意愿	D1. 改革意愿
		D2. 质疑精神
		D3. 事业成就感
	C2. 风险承担	D4. 抵抗挫折
		D5. 勇于承担风险

续表

一级指标	二级指标	三级指标
B1. 精神维度	C3. 行动能力	D6. 开拓事业
		D7. 积极竞争
	C4. 个人素养	D8. 职业品质
		D9. 人文修养
B2. 能力维度	C5. 创新思考能力	D10 创造性思考
		D11. 问题意识
		D12. 技术敏感度
	C6. 实验能力	D13. 实践操作能力
		D14. 数据分析处理能力
		D15 实验设计能力
	C7. 实践能力	D16. 设备操作维护能力
		D17. 过程质量控制能力
		D18. 报告撰写能力
	C8. 成果转化能力	D19. 技术吸收能力
		D20. 技术实验能力
		D21. 技术转化能力
B3. 管理维度	C9. 机会把握能力	D22. 机会评估能力
		D23. 机会使用能力
	C10 资源整合能力	D24. 资源识别能力
		D25. 战略决策能力
		D26. 资源使用能力
	C11. 团队控制能力	D27. 人际沟通能力
		D28. 团队建构能力
		D29. 团队运行能力

第二节　乡创工匠质量的评价实证

一、乡创工匠质量评价指标权重

（一）层次分析法的基本原理

层次分析法（Analytic Hierarchy Process，简称AHP）由美国运筹学家萨蒂提出，是融合评价者的经验判断，使定性与定量相结合的一种分析决策方法。AHP能够在较为复杂的问题背景下，利用相对应的权数大小来判断各个方案的优劣，从而为决策者提供决策参考；亦可以对各层级的指标进行权重判断，为指标赋权。层次分析法尤其适用于多层次、多目标的系统性评价，其过程简明、易于求解，在我国众多领域得到了广泛的重视和应用。AHP是一种整理和综合专家们经验判断的方法，是将分散的咨询意见数量化与集中化的有效途径。AHP把要识别的复杂问题分解成若干层次，由专家和决策者对所列指标通过两两比较重要程度而逐层进行判断评分，利用计算判断矩阵的特征向量确定下层指标对上层指标的贡献程度，从而得到基层指标对总体目标或综合评价指标重要性的排列结果。AHP大致可以分为以下五个步骤：

1. 建立层次结构模型

在层次分析法中，层次结构一般包括四个部分。第一部分是目标层：指问题的研究目标；第二部分是准则层：指影响目标实现的准则，可理解为一级指标；第三层是子准则层，可理解为二级指标；第四层是指标层，即各个子准则层指标下属的具体指标，可理解为三级指标。

2. 构建判断矩阵

其主要是通过咨询相关专家意见，对层次结构模型中各层级指标进行两两比较，比较内容为各指标的相对重要性，采用数字1-9及其倒数进行定义，具体如下，见表7-14。

表 7-14 判断矩阵比率标度及其含义

标度	含义
1	两元素相比，具有相同重要性
3	两元素相比，前者比后者稍微重要
5	两元素相比，前者比后者较为重要
7	两元素相比，前者比后者强烈重要
9	两元素相比，前者比后者极端重要
2、4、6、8	上述相邻判断的中间值
倒数	若元素 i 和 j 的重要性之比为 a，则元素 j 和元素 i 的重要性之比为 $1/a$

3. 计算各指标的权重

层次单排序是指对某一判断矩阵中各指标相对权重（相对于上一层指标的权重）计算并进行一致性检验。在构建完成所有判断矩阵后，基于构建的判断矩阵计算出各指标的权重，具体过程如下：

第一步，将判断矩阵的每一行元素乘积给计算出来：

$$M_i = \prod_{j=1}^{n} a_{ij} \quad \text{（公式 7-1）}$$

说明：M_i 表示第 i 行元素乘积；a_{ij} 表示判断矩阵值。

第二步，计算每一行元素乘积的 n 次方根：

$$\overline{W_i} = \sqrt[n]{M_i} \quad \text{（公式 7-2）}$$

第三步，对 W_i 标准化，可得到各指标权重：

$$W_i = \frac{\overline{W_i}}{\sum_{j=1}^{n} \overline{W_i}} \quad \text{（公式 7-3）}$$

说明：W_i 表示第 i 个指标的权重值。

4. 一致性检验

求出各指标相对权重后，需进行一致性检验，以验证判断矩阵是否合理。

第一步，计算一致性指标 CI 值：

$$CI = \frac{\lambda_{\max} - n}{n-1} \quad \text{（公式 7-4）}$$

其中，$\max$ 表示该判断矩阵的最大特征值，n 代表判断矩阵阶数。

最大特征值 max 的计算公式如下：

$$\lambda\max=\sum_{i=1}^{n}\frac{\sum_{j=1}^{n}a_{ij}W_i}{nW_i}$$（公式 7-5）

第二步，查找平均随机一致性指标 RI 标准值如下，见表 7-15：

表 7-15　平均随机一致性指标 RI 标准值（部分截取）

n	1	2	3	4	5	6	7	8	9
RI	0	0	0.52	0.89	1.12	1.26	1.36	1.41	1.46

第三步，计算一致性比例 CR：

$$CR=\frac{CI}{RI}$$（公式 7-6）

若 CR<0.1，则认为该判断矩阵满足一致性要求。

5. 计算各层元素的综合权重

重复进行上述的 2、3 步来分别求出各层指标相对于其上一层次的权重，然后将每一层指标的权重相结合，并进行一致性检验，确定综合权重。

（二）运用层次分析法进行指标赋权

1. 构建层次结构模型

根据前文所构建的乡创工匠质量评价指标体系，将其指标分为一个目标层和三个等级层，构建了包括精神维度、能力维度、管理维度 3 个一级指标，创业意愿、风险承担、行动能力等 11 个二级指标，改革意愿、质疑精神等 29 个三级指标的层次结构模型。

2. 构建判断矩阵

在本研究中，邀请 8 位专家对各层级指标进行两两比较，同一层级指标有 8 个相对应的判断矩阵。以专家 1 为例，其对精神维度 B1、能力维度 B2、管理维度 B3 等三项准则层指标相对于目标层的重要性进行两两比较构建的判断矩阵如下，见表 7-16：

第七章 乡创工匠之质量评价

表7-16 准则层指标两两比较矩阵（专家1）

A	B1	B2	B3
B1	1/2	1	1/2
B2	2	2	1
B3	1	2	1/2

在此判断矩阵中，A为目标层元素，即"乡创工匠质量评价A"，B1-B3分别为三项准则层指标，判断矩阵中具体数值为横向指标与纵向指标的重要性比较值。

3.计算各指标的权重

基于构建的各个判断矩阵，运用"方根法"求取所有判断矩阵的归一化后的特征向量，归一化后特征向量值依次代表判断矩阵中各指标的权重。同样以基于专家1数据构建的准则层指标两两比较矩阵为例，计算各准则层指标权重的具体过程如下。

第一步，计算出该准则层指标两两比较矩阵的每一行元素乘积；

第二步，计算出每一行元素乘积的4次方根；

第三步，对每一行元素乘积的4次方根归一化处理，可得到各指标归一化后特征向量值权重，即权重值。

4.进行一致性检验

第一步，计算出该两两比较矩阵的最大特征值为3.054，则可求得其对应CI值为CI=（4.1171-4）/（4-1）= 0.0027。

第二步，根据判断矩阵中指标数量确定RI标准值，该矩阵为4阶矩阵，拥有精神维度B1、能力维度B2、管理维度B3等3项指标，因此其RI值为0.049。

第三步，基于已经求得的CI值和RI值求得CR值，CR=0.046，小于0.1，通过一致性检验。

5.指标权重汇总

对每位专家的判断矩阵重复上述步骤的运算，求得每位专家对各个指标的权重判断（未通过一致性检验的标度与专家沟通后进行调整，重新打分后均通过一致性检验），再计算专家们对各个指标权重判断的均值，然后将均值在其所处层次的指标中再次进行归一化，最终得到各个指标的权重，完成指标赋权。

权重指标汇总表如下,见表7-17。

表7-17 乡创工匠指标权重汇总

一级指标	权重	二级指标	权重	三级指标	权重
B1. 精神维度	0.198	C1. 创业意愿	0.3479	D1. 改革意愿	0.3271
				D2. 质疑精神	0.3933
				D3. 事业成就感	0.2796
		C2. 风险承担	0.4216	D4. 抵抗挫折	0.5413
				D5. 勇于承担风险	0.4587
B1. 精神维度	0.198	C3. 行动能力	0.2305	D6. 开拓事业	0.5663
				D7. 积极竞争	0.4337
		C4. 个人素养	0.3296	D8. 职业品质	0.6032
				D9. 人文修养	0.3968
B2. 能力维度	0.49	C5. 创新思考能力	0.3863	D10. 创造性思考	0.3003
				D11. 问题意识	0.2625
				D12. 科技敏感度	0.4372
		C6. 技术能力	0.1870	D13. 实践操作能力	0.4304
				D14. 数据分析处理能力	0.2571
				D15. 实验设计能力	0.3125
		C7. 实践能力	0.4225	D16. 设备操作维护能力	0.3300
				D17. 过程质量控制能力	0.3263
				D18. 报告撰写能力	0.3437
		C8. 成果转化能力	0.5775	D19. 技术吸收能力	0.2997
				D20. 技术实验能力	0.3416
				D21. 技术转化能力	0.3587
B3. 管理维度	0.312	C9. 机会把握能力	0.2557	D22. 机会评估能力	0.4286
				D23. 机会使用能力	0.5714
		C10. 资源整合能力	0.3937	D24. 资源识别能力	0.3026
				D25. 战略决策能力	0.3575
				D26. 资源使用能力	0.3399

续表

一级指标	权重	二级指标	权重	三级指标	权重
B3. 管理维度	0.312	C11. 团队控制能力	0.3506	D27. 人际沟通能力	0.3120
				D28. 团队建构能力	0.3583
				D29. 团队运行能力	0.3297

二、乡创工匠质量指标评价的实证

（一）评价模型的构建

基于模糊数学原理而发展起来的模糊综合评价法是一种定性和定量相结合的综合评价方法，它可以通过构造等级评语集和因素评价矩阵把定性指标因素进行量化，利用模糊线性变换的原理和矩阵乘法运算得出相应的评价结果，对各指标因素进行综合性评价，有效处理在评价过程中带有的主观性和实际问题存在的模糊现象。对乡创工匠质量这样多层次、多指标、影响因素复杂、有较强的主观性和模糊性的问题，采用多级模糊综合评价较为适用，即从三级指标开始逐级向上进行评价，根据所构建的单因素评价矩阵和各指标的权重值来确定，通常根据最大隶属度原则判断最终评价结果落在哪个级别的评语上。主要步骤如下。

1. 构建因素集

确定影响评价对象的因素，组成因素集，即评价指标体系中各层级具体指标。

2. 构建评语集

确定评价对象的评语集V，即对评价对象的评价结果的概括，表示不同的评价结果的等级，在现有相关研究中，一般分为四个等级或五个等级，其衡量评价对象的综合水平。同时设置具体的数值集，与评语集中各评价等级一一对应。

3. 构建权重集

确定影响评价对象的因素的权重，组成权重集W，权重的不同也会导致最后得到不同的评价结果，本文采用层次分析法确定乡创工匠质量评价指标的权重。

4. 构建单因素评价矩阵

进行单因素模糊评价，即确定各具体指标的隶属度（模糊评价集）及单因素模糊关系矩阵 R，明确各具体指标与各评语之间的具体关系，为后续模糊综合评价构建基础。

5. 进行多级模糊综合评价运算

根据设置的评价指标体系的层次，一般有多层的模糊评价。此处需要结合前文得到的权重集和单因素模糊关系矩阵，根据公式 T=W×R 将二者相乘得到上层指标乃至整体对应的隶属度，再根据最大隶属度原则确定评价对象所属的评价等级。为了将评价结果细化，通过公式 S=T×NT 求得评价对象具体评分，分值越高，综合水平相对越好。

（二）评价模型的实证检验

1. 研究对象选择

本书采取问卷星形式发放和回收电子版问卷，调查范围覆盖了全国 34 个省级行政区域，调查于 2024 年 3 月开始至 2024 年 8 月完成，累计发放问卷 800 份，回收有效问卷 786 份，样本有效率为 98.25%。从样本数据的分布来看，样本覆盖了不同学历层次、不同院校层次、不同院校类型、不同经济区域的在校乡创业工匠。根据本文对相关概念的界定，本研究的调查对象包括两类：①实际创办企业的乡创工匠；②还没有创业的工匠。之所以将一部分未创业工匠纳入样本中，是为了比较两类调研对象之间创业人力资本水平的差异性，进一步证明实际创业会显著提高乡创工匠创业能力水平。样本数据描述性统计结果如表 7-18 所示。

表 7-18 样本描述性统计结果

	类型	百分比
性别	男	71.96%
	女	28.04%
学历情况	高职	13%
	本科	45.3%
	硕士研究生	31.2%
	博士研究生	10.5%

续表

	类型	百分比
就读院校类型	综合类	26.36%
	理工类	23.89%
	财经类	5.32%
	师范类	4.31%
	农林类	34.31%
	其他类型	5.42%
就读院校所在区域	东北地区	8.95%
	东部地区	51.49%
	中部地区	27.85%
	西部地区	11.71%
所属行业	先进制造业	19.30%
	新材料	18.98%
	新农业	30.26%
	新能源	18.83%
	传统农业	12.23%
所学专业与创业活动匹配程度	很强	18.83%
	较强	48.67%
	一般	22.65%
	较弱	5.67%
	没关系	5.31%

从调查样本的分布情况来看，调查对象的男性多于女性，这与经验判断和企业研究领域的人口统计学分布相符合。调查对象的学历层次以本科和硕士为主；就读院校的类型以综合类和农业类院校为主；就读院校所在区域集中在东部地区；创业项目的行业分布主要集中在先进制造业、新材料、新农业和新能源及绿色环保。样本特征与乡创工匠的特点契合度较高，说明样本数据具有较强的代表性，符合我国乡创工匠创业实践的基本情况。

2. 评价过程

（1）构建因素集、评语集和权重集

本研究因素集即为上文中构建的乡创工匠质量指标体系中的全部指标，根据乡创工匠质量指标体系，在模糊综合评价模型中因素集有3层。

第一层：乡创工匠质量 A=（B1，B2，B3）

第二层：精神维度 B1=（C1, C2, C3, C4）

能力维度 B2=（C5, C6, C7, C8）

管理维度 B3=（C9, C10, C11）

第三层：C1=（D1, D2, D3）

C2=（D4, D5）

C3=（D6, D7）

C4=（D8, D9）

C5=（D10, D11, D12）

C6=（D13, D14, D15）

C7=（D16, D17, D18）

C8=（D19, D20, D21）

C9=（D22, D23）

C10=（D24, D25, D26）

C11=（D27, D28, D29）

参考已有相关研究，结合本研究的评价对象与评价目标，设定评语集为 V=（差，较差，一般，良好，优秀）。

设定数值集与评语集一一相对应，设 N=（55, 65, 75, 85, 95），其中 55、65、75、85、95 分别代表差、较差、一般、良好、优秀的标准分值，标准分值是评价结果评分区间的中间值。

表 7-19 指标评估等级分值划分

等级	差	较差	一般	良好	优秀
分值	[50-60)	[60-70)	[70-80)	[80-90)	[90-100]

基于层次分析法所求得的各层级指标权重，可得各级指标对应权重集，具体如下：

W（A）=（0.198, 0.49, 0.312）

W（B1）=（0.3479, 0.4216, 0.2305, 0.3296）

W（B2）=（0.3863, 0.1870, 0.4225, 0.5775）

第七章 乡创工匠之质量评价

W（B3）=（0.25574，0.3937，0.3506）

W（C1）=（0.3271，0.3933，0.2796）

W（C2）=（0.5413，0.4587）

W（C3）=（0.5663，0.4337）

W（C4）=（0.6032，0.3968）

W（C5）=（0.3003，0.2625，0.4372）

W（C6）=（0.4304，0.2571，0.3125）

W（C7）=（0.3300，0.3263，0.3437）

W（C8）=（0.2997，0.3416，0.3587）

W（C9）=（0.4286，0.5714）

W（C10）=（0.3026，0.3575，0.3399）

W（C11）=（0.3120，0.3583，0.3297）

（2）构建单因素矩阵

根据乡创工匠质量评价指标体系中的D1.改革意愿、D2.质疑精神、D3.事业成就感、D4.抵抗挫折、D5.勇于承担风险、D6.开拓事业等29项三级指标设计调查问卷，内容为对学生新质创业力在各三级指标方面的表现进行评价，即从差、较差、一般、良好、优秀等五项中选择一项。汇总各三级指标在差、较差、一般、良好、优秀等五个选项的填写量，对填写量结果进行归一化处理，得到各三级指标隶属度（即模糊评价集），具体如下，见表7-20。

表7-20 乡创工匠质量指标评价结果

评价指标	各评价指标等级人数汇总					隶属度分布				
	差	较差	一般	良好	优秀	差	较差	一般	良好	优秀
D1	3	12	31	27	11	0.0357	0.1429	0.3690	0.3214	0.1310
D2	2	10	13	45	14	0.0238	0.1190	0.1548	0.5357	0.1667
D3	5	7	24	32	16	0.0595	0.0833	0.2857	0.3810	0.1905
D4	5	5	35	26	13	0.0595	0.0595	0.4167	0.3095	0.1548
D5	4	10	30	24	16	0.0476	0.1190	0.3571	0.2857	0.1905
D6	3	12	34	24	11	0.0357	0.1429	0.4048	0.2857	0.1310
D7	3	7	27	33	14	0.0357	0.0833	0.3214	0.3929	0.1667

续表

评价指标	各评价指标等级人数汇总					隶属度分布				
	差	较差	一般	良好	优秀	差	较差	一般	良好	优秀
D8	4	8	35	27	10	0.0476	0.0952	0.4167	0.3214	0.1190
D9	2	6	27	34	15	0.0238	0.0714	0.3214	0.4048	0.1786
D10	1	9	36	30	8	0.0119	0.1071	0.4286	0.3571	0.0952
D11	9	11	28	24	12	0.1071	0.1310	0.3333	0.2857	0.1429
D12	2	6	15	38	23	0.0238	0.0714	0.1786	0.4524	0.2738
D13	5	4	17	42	16	0.0595	0.0476	0.2024	0.5000	0.1905
D14	4	8	7	36	29	0.0476	0.0952	0.0833	0.4286	0.3452
D15	2	9	13	39	21	0.0238	0.1071	0.1548	0.4643	0.2500
D16	2	15	30	17	20	0.0238	0.1786	0.3571	0.2024	0.2381
D17	4	8	13	35	24	0.0476	0.0952	0.1548	0.4167	0.2857
D18	3	7	10	45	19	0.0357	0.0833	0.1190	0.5357	0.2262
D19	5	6	12	40	21	0.0595	0.0714	0.1429	0.4762	0.2500
D20	3	12	31	24	14	0.0357	0.1429	0.3690	0.2857	0.1667
D21	4	10	36	18	16	0.0476	0.1190	0.4286	0.2143	0.1905
D22	5	8	24	32	15	0.0595	0.0952	0.2857	0.3810	0.1786
D23	2	10	21	37	14	0.0238	0.1190	0.2500	0.4405	0.1667
D24	6	7	16	34	21	0.0714	0.0833	0.1905	0.4048	0.2500
D25	5	10	21	29	19	0.0595	0.1190	0.2500	0.3452	0.2262
D26	4	7	34	27	12	0.0476	0.0833	0.4048	0.3214	0.1429
D27	2	9	41	18	14	0.0238	0.1071	0.4881	0.2143	0.1667
D28	4	6	12	37	25	0.0476	0.0714	0.1429	0.4405	0.2976
D29	2	10	35	30	7	0.0238	0.1190	0.4167	0.3571	0.0833

（3）进行多级模糊综合评价过程

计算得到所有11个二级指标的模糊综合评价结果。基于各个二级指标对应的模糊关系矩阵和权重向量，结合构建的权重集合的单因素矩阵，按照公式 $T=W \times R$ 求得乡创工匠在各个二级指标方面对应的隶属度组合而成的模糊评价集。

（4）多级模糊综合评价结果

根据最大隶属度原则，求得乡创工匠质量整体评价等级为良好，再通过公式 S=T×NT 求得整体评分为 0.0436×55+0.1021×65+0.2933×75+0.3677×85+0.1933×95= 80.6623。

同理，根据上述公式求得二级指标和一级指标方面的具体评分如下，见表7-21。

表 7-21　二级指标和一级指标对应评价结果

一级指标	评分	二级指标	评分
精神维度 B1	79.6323	创新意愿 C1	80.2669
		风险承担 C2	79.8363
		行动能力 C3	79.2591
		个人素养 C4	79.1671
能力维度 B2	82.6030	创新思考能力 C5	83.5224
		技术能力 C6	81.0491
		实践能力 C7	83.0374
		成果转化能力 C8	79.4496
管理维度 B3	80.33935	机会把握能力 C9	81.5149
		资源整合能力 C10	79.5606
		团队控制能力 C11	80.8323

第三节　乡创工匠评价结果的案例验证

一、乡创工匠评价结果的评价结果

乡创工匠评价的目标层、一级指标、二级指标的模糊综合评价结果汇总如下，见表7-22。

表 7-22　乡创工匠质量模糊综合评价结果

目标层	评价结果	一级指标	评价结果	二级指标	评价结果
乡创工匠评价	良好	B1. 基本维度	一般	创业意愿 C1	良好
				风险承担 C2	一般
				行动能力 C3	一般
				个人素养 C4	一般
		B2. 能力维度	良好	创新思考能力 C5	良好
				技术能力 C6	良好
				实践能力 C7	良好
				成果转化能力 C8	一般
		B3. 管理维度	良好	机会把握能力 C9	良好
				资源整合能力 C10	一般
				团队控制能力 C11	一般

通过 AHP 层次分析法指标赋权和模糊综合评价的相关计算，可以发现乡创工匠质量评价整体处于"良好"水平，但还有提升空间。其中管理维度和精神维度基本持平，能力维度相对较高。可见乡创工匠能力是其质量结构中的重心，但也是相对的短板仍有提升空间。上述现象可以参考蒂蒙斯创业过程理论进行初步解释。在创业初期需要创业者具有深厚和良好的专业能力，对于具备像乡创工匠的乡创工匠而言能力维度的水平可以很大程度上左右其发掘和把握机会的质量，而能力维度的提升则有相当的难度。能力维度对除了机会以外如资源应用和团队管理等创业管理能力以及创业精神的影响程度较弱，且此类管理能力和创业精神在创业初期要求较低，乡创工匠经过几年系统性的高等教育基本可以达到初步应对的程度，故评价较好。然而需要注意的是，到了创业中期阶段则对资源应用和管理能力有了大幅度的提升要求，对资源的重组机会的再创造、团队的运行提高到战略高度。

二、案例验证

（一）案例分析的研究思路

1. 案例分析的理论基础

在管理学和社会学研究领域，案例研究作为一种非常重要的实证研究方法已经越来越多地受到学者重视。针对复杂多变以及新事物不断涌现的创业活动案例研究方法显得尤其重要。首先从研究方法本身来说，案例研究更加适用于探讨"为何"和"怎样"之类的问题，并且这类问题针对的是研究者很难控制的充满变化的实际情景。其次采用大样本随机抽样的调查方法并非易事，一般需要借助有效的个人人际关系或者行政资源，这也对创业研究造成成本叠加。案例研究作为一种研究方法之前被认为在研究效力上逊于实验法或问卷调查法。对其最大的质疑是认为案例研究在严谨性上不足。主要原因是最早采用案例研究方法的学者在程序上没有逻辑严密的系统程序，在理论预设上可能存在偏见并以之指导研究，或者在论据说明时采用模棱两可的话语，这极易导致研究结论失实或不具有科学意义上的信效度。

由于本研究在实证方法上采用定性加定量的混合方式，理论及模型的构建均已通过定量研究方法验证，因此在案例实证中主要借鉴构建的案例研究方法论，根据案例在研究中起到的作用，将此次采用的案例分析方法作为验证理论的重要补充，采用验证性研究模式。验证性模式的目标在于验证理论命题。该模式可简洁地用先理论构建，后案例论证来表示。其构建过程是：通过梳理相关文献成果，运用特定的理论和方法对分析材料进行研究和推演，基于逻辑分析提出创新性的理论框架或构建出新的模型，再选取单个或多个与理论或模型相匹配的案例对其进行验证，目的在于证明所提出的理论或模型具有有效性。

从方法论角度看，在评定案例研究作为实证性社会研究方法时通常要用到以下几种检验，分别是：概念构建效度，对所要研究的核心概念进行准确的操作性限定；内部效度，即建立因果关系，旨在说明某些条件或因素会引发其他条件或因素的发生且不会受到其他无关因素的干扰；信度表明案例研究过程的每一个步骤都具有可重复性且如果重复同样的研究都可以得出相同的结果；外部效度指明研究结果可以类推的范围。验证性运用模式先在整理相关文献和理论的基础上提出理论框架，后再使用单独或多个案例进行验证，且通常选取的案例都是与理论框架存在匹配性的案例。该模式在几种检验方面的表现：在概念构建效度方面来自现有文献和理论，可以通过采用多维的证据源形成证据链来保证效度；内部效度方面可通过运用模式匹配、理论解释、时间序列分析等保证；信度方面则可通过周详的研究计划、案例研究资料库保证；外部效度方面，由于案例分析的特殊性，其案例的选择本身即在表明研究者的意图，即不在于在大样本的情势下得到归纳性的证实，而在于遵循复制法则下所要求的典型性，以之来说明验证理论，故此统计分析的、旨在类推总体的外部效度不适用于验证性案例分析研究，当案例在非单个的情况下出现了可复制的情况就可以证明其外部效度是存在的。

2. 案例研究设计思路

本文中案例研究的设计，旨在解决如下问题：乡创工匠真实体验和表现出来的创业过程能在多大范围内重现创业能力评价体系指标，其表现出来的特征和问题与定量实证得出的结果契合度有多高，从而实证地验证本研究所提出的评价体系及其模型。在流程设计上重点解决以下问题：案例选择的原则和数量、案例研究主要采用的资料、资料获得的方式。本研究案例选择的首要原则是典型性，这也和选择案例的数量有关。Eisenhards 认为从案例研究中构建理论至少需要 1 个案例或多个案例中嵌套几个小案例，否则结论难以令人信服。但是 Yin 认为单案例研究在特定条件下有其独到的价值，而且许多适用于单案例研究的情况并不适合进行多案例研究。本文采用 Yin 的观点，认为案例数量对案例研究方法品质的判定影响是很小的。想要通过对单个或者少数典型案例进行细致地研究发现新的理论关系改进旧的理论体系，就应当更加聚焦于重点案例的深度研究而非泛泛地对众多案例进行表面研究，案例研究的品质在于它的效用而非案例数量。因此，对于创业案例研究，我们可根据收集资料的难度和研究问题的具体需要来选择案例数目。本研究采用案例分析法，选择 1 个典型性案例进行分析。为保证案例的典型性，首先，案例的对象必须是乡创工匠；其次，创业的时间在 3 年以内，符合企业生长周期理论对于创业期的规定；最后，创业的内容与技术类创新相关。对访谈内容和访谈题目的确立，主要参考创业过程理论进行设计，以受访者回顾其创业过程为主线开展访谈。其优势是以时间为线索容易达成访谈的一致性，随着访谈的深入容易唤醒受访者的记忆。

（二）重庆某大学生乡创工匠案例

本案例访谈时间是 2024 年 2 月 23 日，地点在重庆某大学生命科学学院，访谈对象是刘同学（水污染治理负责人，生物学专业，理科生）。访谈前由访谈员向受访者宣读并解释案例访谈知情同意书，待其表示同意后开始录音。本次访谈要求受访者回答 3 个问题，分别是：①介绍你的背景。②你的创业过程是怎样的？③回想起来，创业对于你意味着什么？应受访者隐私保护要求，不公开其姓名和企业名称，详见表 7-23。

表 7-23　创业案例访谈结果

问题	回答	能力特征提取
介绍你的背景	我是重庆人，家住在农村，重庆某大学生命科学学院 2016 级学生。我从小就对生物感兴趣，高中时特地从文科转到理科，因为我心里的目标，就是将来要从事生物教育或科学研究。	事业成就感 质疑精神
你的创业过程是怎么样	选择这个项目具有一定偶然性。2017 年冬天，我参加学院带队的教委大学生创新训练计划项目比赛，现场观摩时，我对一项叫作"××对重金属离子镜的富集作用分子机理研究"的生物学方向的研究课题产生了兴趣。我联想到，重庆市内有许多的农村的园林水景观、养殖池塘水质污染十分严重，还有近一半的其他水源水质污染比较严重，但一直缺乏有效的环保解决措施。当时有很多技术，我对这种生物解决水质问题的方式最感兴趣，因为它符合我的专业方向，也可以在这个技术的基础上改进，所以最终选了这个项目。 我的研发团队是由我们学校化工数据分析处理技术、环境科学类专业的同学组成的，现在我们在实验室中已经自主培育和种植了××。它一种真菌，它具有吸收重金属离子和有机杂质、抑制细菌繁殖的作用。这种真菌是比较少有的，我们不断改良，不断实验，自己摸索，实在搞不清楚，就请老师帮忙，也遇到过较大的挫折，但是都坚持下来了。现在，技术方面基本成熟了，也达到了市场化运作的要求。	创新思考能力 机会评估能力 改革意愿 问题意识 技术吸收理解能力

续表

问题	回答	能力特征提取
你的创业过程是怎么样	创业初期，市场营销很艰难。一些重庆市的园林景观等地方，它的水质处理基本是大企业在提供服务。在详细了解市场情况后，我回到学校联系了老师。在老师的指导下，我学习了一些基本的企业管理和市场运营知识，撰写了基于技术优势的创业计划书。目前，我们正在一步一步开拓小市场，采取先服务再收费的模式，在市场开拓事业上积累口碑，然后通过参加重庆市或者全国的技术型比赛或者创业比赛扩大知名度，吸引潜在客户和潜在投资者的目光。在这一点上，学院帮了我不少忙。我的第一笔外部融资20万元就是在学院的帮助和推荐下拿到的。我的团队一开始只有2人，主要是做研发，后来业务需要，有了财务部门和市场部门，目前团队有10个人。公司正在进行工商注册手续，名字叫重庆××环保净水科技有限公司	实验设计能力 数据分析处理能力 实践能力成果转化能力 报告撰写能力 职业品质 创业实践能力 开拓事业 资源识别能力 团队建构能力
回想起来，创业对你意味着什么	我这几年创业最大的收获就是个人能力的综合提升。创业过程中，我发现自身知识和技能的欠缺，也体会到了专业技术的重要性。目前，我打算毕业后继续读研究生，同时做深这个项目，提高自己的专业水平	团队运行能力

通过对访谈内容及受访者提供的材料分析，可以看出受访者所表现出来的能力特征有17项，可以重现全部指标中的58%以上，在本研究中是可以接受的。该受访者在创业科技能力方面表现较多，这一维度多项指标的特征可以进行提取。刘同学认为在未来他应该攻读研究生学位，目的是增强其技术能力。而观察其创业团队的发展历程，其技术开发长达1年的时间，这两项特征体现了两个可能的解释：一方面，它在一定程度上印证了乡创工匠在评价体系当中权重层面的重要性；另一方面则表明受访者在现实中的创业科技能力方面有所欠缺，不足以支撑其创业的全局，需要进一步地深造学习。其指标特征在创业精神方面表现相对较弱，刘同学也提出在市场开拓环节遇到困难，1年的时间内主要是依靠学校资源进行解决，而其个人的行动能力、承担责任、战略决策能力、人文素养等要素也不突出，这样的能力结构可能会限制其未来的发展。通过对其特征的整体描述，可以看出该案例符合评价指标体系的内涵，并且符合对乡创工匠进行实证评价的结论。

（三）某村民乡创工匠案例

本案例访谈时间是 2024 年 3 月 1 日，地点在某乡村，访谈对象是 ×× 村民（蔬菜种植合作社负责人，农学专业）。访谈前由访谈员向受访者宣读并解释案例访谈知情同意书，待其表示同意后开始录音。本次访谈要求受访者回答 3 个问题，分别是：①介绍你的背景。②你的创业过程是怎样的？③回想起来，创业对于你意味着什么？应受访者隐私保护要求，不公开其姓名和企业名称。

表 7-24 创业案例访谈结果

问题	回答	能力特征提取
介绍你的背景	我原来是学农的，毕业后在保定农资市场干过，后来去过山东寿光、北京，以前在外边农场做技术员，负责技术，做农药。我一直有想开公司的想法，正好国家也有政策支持返乡创业，我就回来了。我想着还是家乡水土好，想着回来慢慢地发展健康、生态、绿色农产品。2015 年，盖了几个棚，种豆角、西红柿、西瓜，当时品种多产量少，农产品收获后就直接去县城卖	事业成就感 质疑精神 机会评估能力
你的创业过程是怎么样	后来国家的优惠政策更多了，我就准备干大一点。家中只有我和我爸，最开始我创业的时候，我爸也不太支持，后来他不劝我了，还经常赞助我资金，帮我干活。再后来要扩大规模的时候，钱就不够用了，必须得贷款。村里其他人觉得我这个不错，都是邻里，关系不错，我们几个就一起合伙成立了合作社，利用国家的政策去县金融办贷了 100 万元，租了 50 亩地进行生产，我主要学习技术，管技术，他们负责种植，等蔬菜下来一起拉出去卖。其间，政府也帮助不少，政府帮忙宣传，我们自己也在朋友圈与公众号发消息，驻村书记也通过他们食堂按照有机蔬菜的市场价格向我们下订单，这就能解决一半的产量	创新思考能力 改革意愿 资源识别能力 团队建构能力
	贷款下来后，我们一起租了 50 亩地，开了个生产基地，蔬菜年产量大约十五万斤。我想生产纯天然无公害的蔬菜，只用山上的水，不打农药，也不施化肥。可是这就出现个问题，很容易招虫子，蔬菜上全是孔，卖相不好，产量也打折扣。后来我们村里帮忙联系了一位南开大学的专家，给我们专门提供了相应的农药和有机肥，这解决了我的技术难题	问题意识 技术吸收理解能力 职业品质 开拓事业
回想起来，创业对你意味着什么	我想我这几年创业最大的收获就是个人能力的综合提升。创业让我发现了自己知识和技能的欠缺。另外团队的成员也很重要，团队中有退出的，这很影响项目进展，我觉得做事不够踏实、责任心差的人，很难融入我的团队	团队运行能力

通过对访谈内容及受访者提供的材料分析，可以看出受访者所表现出来的能力特征有12项，重现了大部分指标，在本研究中是可以接受的。

（四）乡创工匠的问题及成因

1. 乡创工匠的问题

（1）创业科技能力相对薄弱

大多数乡创工匠承认创业能力是其创业能力当中较弱的一项。而在创业能力评价指标构建的过程中，专家（包括成功创业者）赋予科技能力的权重是最高的，可见当前乡创工匠在创业科技能力方面距离成功创业所要求的掌握程度还有差距。从乡创工匠问卷填写情况来看，大多数创业科技能力的自我评价呈偏向右侧的钟形曲线分布，表明在剔除答题者心理自我保护及自我期许的干扰因素下，学生在极端负面评价和极端正面评价较少，对乡创工匠创业要求和实操要求较高的技术能力趋向普通评价的态势更加明显。

（2）创业精神有待加强

创业精神在乡创工匠表现较好，其评价选择的曲线呈明显偏右扇形分布。但是个别指标也呈现出较弱评价，比较明显的是开拓视野和问题预判能力，表明乡创工匠在创业实操阶段的积极心理、抵御挫折的准备有待加强。这一点从重庆的案例访谈结果也得到证实。乡创工匠对于个人的职业素养、人文素养等要素体现也不甚明显。

2. 乡创工匠问题的成因

（1）社会环境与高校支持不足

其一，社会环境对于个人认知、情感和技能具有重要的作用。个体在与社会的交往过程中不断接收到社会传达的各种信息，以直接或者间接的形式受到影响。同时，个体还具有主观能动性，个体通过对社会信息的筛选来选择符合自己经验与需求的信息和经验，从而达到个体的发展。个体受到的社会影响具有多种来源。针对本文的研究对象——乡创工匠而言，主要的社会影响包括政策与资金支持、社会创业大环境、同学朋友的创业经历、保守中庸的传统思想等，这些都可能对乡创工匠的创业能力产生影响。其二，高校作为乡创工匠培养主要主体，

第七章 乡创工匠之质量评价

肩负唤醒创业意识、开展新质创业教育、提供新质创业实训的能力培养责任。目前多数院校创业教育仅处于发展的初级阶段，课程设计和内容不够深入，师资队伍培养较难，激励和诱导要素没有完全体现，难以提供有效的创业实训机会，整体上还没有形成鼓励创业的氛围，不能完全满足乡创工匠创业实操能力提升的需要。乡创工匠培养是全面的，需要融入专业教育和人才培养，紧密联系乡创工匠技术背景和成长路线。构建全方位乡创工匠创业教育课的难度较高，一方面，将乡创工匠培养活动融入专业化的学科教育时，要求教师在熟悉学科教学内容的前提下，准确把握学科内在创新与创业要素，通过专业教学引导学生掌握相关的创业知识；另一方面，将创业能力培养活动融入人才培养全过程，要求教师既要紧密结合乡创工匠的技术发展成熟度，从年级或者培养层次特征纵向设计创业能力培养计划，又要根据学生个人成长需求及项目发展需求，从横向上打通学科壁垒和专业藩篱，与其他专业教师合作设计创业能力培养活动。因此，创业教育的改革涉及现有教育体制中教育思想、教育内容、教育方法、师资构建和整个人才培养方案的全面调整。

（2）创业力培养产业协同性不足

没有产业与企业的参与，合作乡创工匠的提升就失去了最有效的平台。创业行为的基本载体是基于项目研发、论证、运作的市场化操作，其最终的形态仍旧是企业型社会组织。科技型企业对乡创工匠的技术平台支持较少。企业作为国家科技研究三大主体之一，承担着重要的技术性研究与成果转化任务。对于中央直属及地方国有大型科技类企业而言，发掘当地技术潜力培育创新创业项目，地方及中央直属国有大型科技类企业而言，发掘当地技术潜力培育创新创业项目，既是本身后备发展需要，也是国有企业社会责任的担当。然而，目前普遍意义上的长效合作没有搭建，仅出现临时性合作现象，例如为创业大赛冠名、企业负责人作为校外专家召开创业讲座等。这样的合作易流于形式，甚至对创业能力培养造成隐患。例如创业大赛，企业即使发现有潜力的学生创业成果或创意，也往往由于缺乏长期合作，随着时间的流逝而搁置。邀请企业家到学校担任创业导师是值得提倡的做法，但囿于个体经验和个性差异，企业家的授课内容和教学效果缺乏有效监管与考评，各个创业讲座或报告自成体系，授课内容缺乏科学性、系统性甚或针对同一话题出现截然矛盾的观点与结论，这对乡创工匠而言徒增困扰。没有项目长效支撑，没有企业专家成体系科学化的跟踪指导，乡创工匠难以得到实质提升。

本章小结

首先，通过对25名乡创工匠进行访谈，构建了乡创工匠质量评价的四个维度。整个构建过程遵循扎根理论的基本方法，从大量开放性编码中汇集高频词汇，逐步对比提炼，抽提30个以上要素点，并多次归类聚焦，最终形成3个主范畴、11个副范畴。在构建过程中，不断抽象、归类、提炼各种关于乡创工匠的理解要点，进行了多次的近义词汇的合并与删减，融合当代新质生产力要求，构建出更为精炼和准确表意的、完整的乡创工匠教育质量维度模型。其次，通过层次分析法赋权评估指标，构建乡创工匠教育质量的模糊综合评价模型，并进行实证检验，计算各个指标的最终得分并进行评价。最后，通过案例进一步验证了评价结果，并发现当前乡创工匠存在的问题及成因。

案例分享

农业前景广阔，农村大有可为。近年来，不少大学生毕业后选择返乡创业，成为"乡创工匠"，32岁的蒋坤就是其中一位。

七年前，蒋坤回到家乡重庆市潼南区玉溪镇青石村，从零开始办起农业采摘。如今，他的精品果园里四季飘果香，春末枇杷可口、盛夏葡萄诱人、金秋柠檬飘香、隆冬沃柑甜美，旺季时每天可迎来上百人入园采摘。目前果园收益年过百万，还带动当地30余人就业，其中贫困户8人，平均每人务工年收入4000余元，带动2户当地老百姓发展种植产业140余亩。

七年来，蒋坤建立起苗圃基地，收集世界各地果树新品种12种，引进科研单位合作进行繁育试验，打造果树品种基因库。他打破传统农业发展模式，立足向重庆城区消费群体推介"潼南绿"经营理念，着力打造农业精品园、采摘园和科教基地，建立起完整的基地管理、人员管理、档案管理等规章制

第七章　乡创工匠之质量评价
DI-QI ZHANG　XIANGCHUANG GONGJIANG ZHI ZHILIANG PINGJIA

度，实行标准化作业、标准化生产，确保果品兼具高品质和安全性。

　　大学生回乡当"乡创工匠"，为现代农业发展增添了活力，同时创造了就业机会。他们不但拥有了自己的事业，还扛起了更大的社会责任。在经营理念上，他们线上线下互动，将乡村旅游和农业采摘相结合，让乡村旅游从乡村观光转向乡村生活，从简单化转向特色化、精品化，不仅为现代农业发展"锦上添花"，还为乡村旅游增添了新动力。

第八章 乡创工匠之培育策略

DI-BA ZHANG XIANGCHUANG ZHI PEIYU CELÜE

在乡村振兴战略深入推进的背景下，乡创工匠已成为促进乡村经济发展、传承传统技艺、推动乡村全面振兴的重要力量。乡创工匠不仅代表着一种技艺的传承，更承载着乡村文化的延续和创新发展的希望。如何通过政策引导、教育体系、技能培训等多层次措施，系统保障乡创工匠的成长和发展，推动技能传承与创新，是当前社会各界关注的焦点。本章将从培育乡创工匠的宏观、中观与微观保障角度，全面探讨促进乡创工匠队伍建设的有效路径和实施策略。

第一节 乡创工匠培育的宏观保障

一、国家政策引导方向

在全面推进乡村振兴、加快建设农业强国的新时代背景之下，我国高度重视乡村工匠的培育工作，将其作为乡村人才振兴的重要抓手，出台了一系列政策文件，为乡村工匠培育工作提供了强有力的政策支持和指引。

（一）顶层规划：明确培育乡村工匠的战略定位

中央对乡村人才振兴给予了高度重视，并将乡村工匠的培养纳入了国家的战略规划之中。2021年2月，中共中央办公厅与国务院办公厅联合发布的《关于加快推进乡村人才振兴的意见》明确指出，要加强对乡村工匠的支持和培育，积

第八章 乡创工匠之培育策略

极发掘乡村的手工艺人及传统艺术工作者，建议通过建立名师工作坊和大师传习所等方式来继承和发展传统的手工艺技能。这一政策定位，充分体现了乡村工匠在传承传统技艺、促进乡村产业发展中的重要作用，为乡村工匠培育工作指明了方向。

2023年1月，中共中央、国务院发布《关于做好2023年全面推进乡村振兴重点工作的意见》，其中强调要实施高素质农民培育计划，并大力发展面向乡村振兴的职业教育。这一文件要求将乡村工匠培育与职业教育发展紧密结合，为乡村工匠培育工作提供了新的思路和途径。①

（二）部门联动：构建全方位的政策支持体系

为落实党中央决策部署，国家各相关部门积极行动，构建起全方位的乡村工匠培育政策支持体系。

2022年11月，国家乡村振兴局与教育部、工业和信息化部等八部门，共同联合发布《关于推进乡村工匠培育工作的指导意见》（国乡振发〔2022〕16号），这是我国首个专门针对乡村工匠培育的全国性指导文件。该文件明确了新时代乡村工匠的定位，指出乡村工匠主要是在县域范围内从事传统工艺及乡村手工业的技能人才。他们致力于扎根农村，不仅传承和发展传统技艺，还将这些技艺转化为实际应用，以促进乡村产业的发展和农民就业机会的增加，从而助力乡村振兴。定义全面阐述了乡村工匠的内涵和作用，为各地开展乡村工匠培育工作提供了明确指引。②

紧随其后，在2023年，农业农村部等七个部门联合印发《乡村工匠"双百双千"培育工程实施方案》。该方案提出了具体的培育目标和实施路径，旨在培育一支高技能乡村工匠队伍，助力乡村全面振兴。这一方案的出台，标志着我国乡村工匠培育工作进入了全面实施阶段。③

（三）地方响应：因地制宜推进乡村工匠培育

在国家政策的引领下，各地积极响应，结合本地实际，制定了具有地方特色

---

① 赵思旭.在乡村振兴中培育乡村工匠[J].社会主义论坛，2023（01）：11-12.
② 孟德才，刘知宜.乡村工匠迎来新的发展机遇期[N].农民日报，2022-12-01（008）.
③ 姜春艳.乡村工匠"双百双千"培育工程启动实施[J].乡村科技，2023，14（15）：2.

的乡村工匠培育政策。例如，在浙江省，乡村振兴局等多个部门联合印发了《高水平推进乡村工匠培育工程实施方案》，提出到2025年实现的"百千万工程"目标。其中的"百"是指，要认定一百个省级乡村工匠名师工作室。"千"则是指要认定一千位省级乡村工匠名师。"万"是指要认定一万名市县级乡村工匠。由"百千万工程"，基本形成培育乡村工匠、支持乡村工匠、评价乡村工匠、管理乡村工匠的立体体系，打响浙江乡村工匠品牌。[①]

地方性政策的制定和实施，不仅体现对国家政策的积极响应，也充分考虑本地乡村工匠培育的实际需求和特点，为乡村工匠培育工作的深入开展提供了有力支撑。

（四）政策合力：形成多维度的培育支持

国家及地方的乡村工匠培育政策，形成了多维度的支持体系。

1. 在人才培养方面积极支持职业院校及各类培训机构开展针对乡村工匠的专业技能培训。同时，鼓励创建乡村工匠名师工作室与大师传习所等形式的教育平台，以此作为促进传统技艺传承与发展的重要手段。[②]

2. 在产业发展方面积极扶持乡村工匠领导或创办具有地方特色的小微企业，激励工匠开发和拓展能够体现当地文化及资源优势的特色产业项目，推动形成以特色手工艺为基础的产业集群，从而实现乡村产业的全面振兴与发展。

3. 在就业创业方面以一系列的政策扶持措施及财政资助，激励乡村工匠成为带动当地农民增加收入和创造就业机会的关键力量，提供税收减免、低息贷款以及创业培训等服务，降低工匠们的创业门槛，更好地发挥自身技能优势。建立健全相应的市场推广机制，让乡村工匠引领的企业能够顺利进入更广阔的市场空间，为更多农村劳动力提供稳定的工作岗位。

4. 在文化传承方面高度重视乡村工匠在维护和传递传统技艺以及保护非物质文化遗产中所扮演的关键角色，鼓励他们在保留传统文化精髓的基础上进行创新

---

① 郑竹沁."千万工程"助推乡村振兴的逻辑理路、现实挑战与深化路径：以浙江省"山区26县"为例［J］.领导科学论坛，2024（08）：97-100.
② 唐锡海，董晓璇.乡村人才振兴背景下职业教育与乡村工匠培育的耦合发展［J］.当代职业教育，2023（03）：30-37.

尝试，将现代设计理念和技术融入传统工艺之中，有效保存珍贵的文化遗产，为它们注入新的生命力。

5. 在评价激励方面建立乡村工匠评价体系，设立各级乡村工匠称号，提高乡村工匠的社会地位和认可度。

通过顶层设计、部门联动、地方响应等多层次的政策引领，构建全方位的乡村工匠培育支持体系。各类政策的出台和实施，为乡村工匠培育工作提供明确的方向指引和有力的政策支撑，提升乡村工匠的专业技能和社会地位，吸引更多有志之士投身于乡村发展事业中来，构建充满活力且可持续发展的农村社会，确保乡村振兴目标的顺利达成，并为国家整体农业现代化进程奠定坚实的基础。

二、法律法规支撑体系

在乡创工匠培育过程中，完善的法律法规框架是确保培育工作有序进行、保障乡创工匠权益的重要基础。近年来，我国不断健全相关法律法规，为乡创工匠的培育和发展提供了有力的制度保障。

（一）职业资格认定法规

为了规范乡创工匠的培育和管理，各级政府部门正在积极制定专门的职业资格认定办法。这些法规通常包括建立分级分层的职业资格体系、技能证书认定机制，以及健全相关从业标准等内容。此类法规的实施可为乡创工匠提供清晰的职业发展路径，满足其个人发展需求和技能晋升要求，从而增强其职业归属感和社会责任感。

在全国范围内，越来越多的地区开始将乡村工匠纳入职称评价体系。例如，一些地方将传统工艺从业人员、农村建筑工匠、农机合作社经理人等乡村工匠纳入职称评价序列，为这些传统技艺传承人提供了职业发展的新通道，保护和传承传统技艺，激发乡村工匠的创新创造活力。

（二）职称评价法规

在职称评价方面，针对乡创工匠的特点，各地正在积极探索适合的评价办法。许多地区已制定了针对乡镇农业服务机构农业技术人员的高级职称资格评聘办法。办法更加注重实际工作成效，将农业新品种、新技术、新工艺、新设备、新方法等的推广应用情况作为重要评价依据，打破了以往过分依赖学历、资历、发表论文数量以及获奖情况来评价人才的倾向。新型的职称评价法规，充分考虑乡创工匠的工作特点，更加注重田间地头的实际工作成果，有利于激发乡镇农业技术人员的创新创造活力，鼓励他们扎根基层，为乡村振兴贡献力量。[1]

（三）人才晋升通道法规

为了打破乡创工匠职业发展的天花板，全国各地都在积极探索畅通人才晋升通道的法规。采取的措施包括增设定向岗位、设置定向条件、畅通申报渠道等，为乡镇农业技术人才提供更多的晋升机会。

此外，一些地区还出台了特殊的人才认定办法。例如，对从事传统建筑保护修缮工作达一定年限、技艺娴熟、积极传承技艺的乡村工匠，直接向符合条件的行业技能人员颁发高级职业培训合格证书，并将他们纳入当地传统建筑工匠名录，正式认定为传统建筑建造与修缮技艺的传承人。这种做法既是对传统技艺传承人的肯定，也为他们提供了更多的发展机会。

（四）待遇保障法规

在完善乡创工匠法律法规框架的过程中，需注意制定相应的待遇保障法规。专家指出，乡村工匠的评价体系形成后，还要进行物质和精神层面相应的双重奖励兑现，让头衔不成为虚名。因此，在制定相关法规时，应当明确规定乡创工匠的待遇标准，包括工资待遇、社会保障、职业发展机会等，以增强乡创工匠的职业荣誉感和获得感。

健全的法律法规框架是乡创工匠培育工作的重要保障。通过不断完善职业资格认定、职称评价、人才晋升通道和待遇保障等方面的法规，我们可以为乡创工匠提供更好的发展环境，激发他们的创新创造活力，推动乡村振兴事业的深入发

---

[1] 李国.被纳入职称评价体系后，乡村工匠还需要什么？[N].工人日报，2023-12-08（005）.

展。然而，法规的制定只是第一步，如何有效实施这些法规，确保其真正落地生效，还需要各级政府部门的持续努力和社会各界的广泛参与。

三、资金投入扶持力度

在乡创工匠培育的宏观保障体系中，资金投入与扶持政策起着至关重要的作用。充足的资金支持为乡创工匠提供必要的硬件设施和培训资源，激励更多人才投身乡村振兴事业。从全息学域的视角来看，资金投入与扶持是连接政策、人才、产业等多个维度的关键纽带，对乡创工匠的培育起着全方位的支撑作用。

（一）资金投入的重要性

充足的资金投入构成了乡村工匠培育工作的基础性保障。长期以来，城乡在人才培养资金分配上存在一定的不平衡，对城市技能人才的投入往往高于乡村。因此，加大对乡创工匠培育的资金投入，已成为各地弥补这一不足、为乡村振兴提供人才支撑的重要举措。

在各地的实践中，资金投入主要支持以下几个方面的工作。

第一，建设培训基地和工作站，为乡创工匠提供良好的学习和工作环境。

第二，开展技能培训和交流活动，提升乡创工匠的专业水平。

第三，支持乡创工匠创新创业，促进传统工艺与现代市场的融合。

第四，设立奖励基金，激励优秀乡创工匠，树立行业标杆。

（二）具体扶持措施

为确保乡创工匠培育工作的顺利开展，全国各地陆续出台了一系列具体的扶持措施。这些措施主要包括资金补贴、税收优惠、金融支持等多个方面，形成了全方位的支持体系。

1. 资金补贴

资金补贴措施直接支持乡创工匠的培育和发展，为他们开展创新创业活动提供有力的经济保障。在该方面，各地普遍采取多元化的支持方式。以部分省份的实践为例，对乡村工匠名师、大师的培育工作提供全方位的资金支持。这些支持措施通常包括：为乡村工匠名师、大师的技能提升活动提供资金支持；支持技艺交流、产品研发、技能培训等活动；对乡村工匠名师、大师领办创办的特色产业项目给予资金支持；为国家级乡村工匠名师、大师领办创办的经营主体提供资金支持。

2. 税收优惠

税收优惠政策已成为各地支持乡创工匠发展的重要措施之一。许多地区正在探索通过税收优惠来吸引有志于投身农村农业发展的青年和企业人士返乡创业。税收优惠政策不仅可以降低乡创工匠的经营成本，还能有效提高其创业积极性，为乡村注入新的活力。

3. 金融支持

为解决乡创工匠在创业过程中可能面临的资金困难，各地推出一系列金融支持政策。这些政策包括创业担保贷款、专项贷款等多种形式，有效缓解乡创工匠在创业初期面临的资金压力，为其持续发展提供有力保障。

（三）资金使用情况

在全国范围内，乡创工匠培育资金的使用已经取得了初步成效。以某基金会的乡村工匠项目为例，2023年该项目收入1801.14万元，支出596.63万元，惠及多个省份的多个县，数百人直接受益。数据表明，乡创工匠培育工作已经获得了可观的资金支持，并在实际运作中产生了积极影响。

各地资金主要用于以下几个方面。

（1）建立乡村工匠工作站，包括文化展厅、研学基地和创新工坊的建设。

（2）开展技能培训和职业技能比赛，提升乡创工匠的专业水平。

（3）支持乡创工匠特色产业发展，健全联农带农机制。

（4）编写教学资料、拍摄教学片，为乡创工匠培育提供系统化的教学资源。

上述用途直接支持乡创工匠的培育工作，还在一定程度上推动了乡村特色产业的发展。例如，通过建立文化展厅，许多地区每年能吸引大量游客参观，有效带动了县域旅游业的发展。

资金投入与扶持政策为乡创工匠培育工作提供了坚实的物质基础。以资金补贴、税收优惠和金融支持等多种方式，各地不仅直接支持了乡创工匠的培育和发展，还为乡村工匠们的创新创业活动提供了坚实的经济支持。未来，还需要进一步完善资金投入机制，提高资金使用效率，确保这些政策能够真正惠及每一位乡创工匠，为乡村振兴事业培养更多优秀人才。[①]

四、人才培养战略规划

乡创工匠作为乡村振兴的重要力量，其培育和发展离不开系统的人才培养战略。国家高度重视乡创工匠的培养工作，通过制定全面的战略规划，为乡创工匠的成长提供坚实的政策支持和发展方向。

（一）国家层面人才培养战略

1. 明确培养目标

国家对乡创工匠的培养制定了明确的数量目标。根据相关政策文件，到"十四五"期末，计划在国家乡村振兴重点帮扶地区累计开展职业技能培训不少于300万人次，培养大约5万名具备高级工及以上技能水平的高技能人才和乡村工匠。

2. 构建多层次培养体系

为满足不同类型、不同水平乡创工匠的培养需求，全面提升乡创工匠的整体素质，国家注重构建多层次、全方位的培养体系。一方面，支持新建和改扩建大约100所技工院校及职业培训机构，以提升其教学设施和培训能力。另一方面，分层次、分级别地建设约100个高技能人才培训基地，根据不同的技能水平和专业领域进行设置，提供更为专业化和针对性的培训课程。

3. 创新培养模式

国家积极鼓励创新培养模式，推广具有中国特色的企业新型学徒制培训模式，组织开展以工代训、就业技能培训、岗位技能提升培训和创业培训等多种形式的培训。同时，大力推广网络创业培训和乡村创业带头人培训，充分利用现代信息技术提高培训效率和覆盖面。

---

① 路建彩,李潘坡,李萌.乡村振兴视域下乡村工匠的价值意蕴与分类培育路径[J].教育与职业,2021（01）：90-95.

4. 加强东西部协作

为了促进区域间的均衡发展，国家强调，应加强东西部地区在职业技能开发方面的对口协作。具体而言，鼓励东部地区的优质教育资源向西部地区流动，通过多种合作模式来提升西部地区的技能培训水平。合作方式包括但不限于专业共建、教师互访交流、教学研究资源共享以及在线教育平台的搭建，帮助西部地区提升乡创工匠培育能力。这一举措有助于缩小区域间的人才培养差距。

（二）高等教育在乡创工匠培育中的作用

1. 提供专业知识支持

高等院校，尤其是涉农院校，拥有丰富的专业知识资源和研究成果，能为乡创工匠提供系统的理论知识和前沿技术支持，可鼓励高校聘用乡村工匠作为兼任教师，促进理论知识与实践经验的融合。[1]

2. 培养高层次乡创人才

高等院校通过开设相关专业和课程，培养具有高层次理论知识和实践能力的乡创工匠，鼓励高等院校开设与乡村规划建设、乡村住宅设计等相关专业和课程，以系统化的教育和培训，培养具有专业知识和技术能力的专业人才梯队，形成乡村工匠队伍中的骨干力量。

3. 提供科技创新支持

高等院校的科研优势可为乡创工匠提供技术创新支持。通过产学研合作，促进先进技术在乡村的应用和推广，提升乡创工匠的技术水平和创新能力。这种合作模式对于推动乡村产业升级具有重要意义。[2]

4. 开展继续教育

高等院校为乡创工匠提供继续教育机会，以开设短期培训班、远程教育等多种形式，帮助乡创工匠不断更新知识、提升技能。

---

[1] 汪慧琳,温杰.高职院校融入乡村工匠技能提升的协同发展路径研究[J].山西农经,2022(03):151-153.
[2] 姜乐军,马海燕.我国乡村工匠培育的政策演进、内在逻辑与路径选择[J].教育与职业,2023,(15):97-102.

（三）职业教育在乡创工匠培育中的重要性

1. 提供实用技能培训

职业院校的教育特点是注重实践和技能培养，这与乡创工匠的培育需求高度契合。通过开设相关专业课程和实训项目，职业院校能够为乡创工匠提供实用的技能培训。这种"干中学、学中做"的培养模式有利于乡创工匠快速掌握实用技能。

2. 推动产教融合

职业教育注重与产业需求对接，通过校企合作、订单培养等模式，培养符合乡村产业发展需求的乡创工匠。这种产教融合模式有助于提高乡创工匠的就业创业能力，促进乡村产业发展。

3. 传承传统工艺

职业院校在传统工艺的传承和创新方面发挥着重要作用。通过设立相关专业，聘请民间艺人授课，职业院校能够系统化、规范化地传承和发展传统工艺，培养新一代乡创工匠，对于保护和发展乡村特色文化产业具有重要意义。

4. 提供灵活多样的教育形式

职业教育能够根据乡创工匠的特点和需求，提供灵活多样的教育形式，如短期培训、学历教育、"学历＋技能"双证培养等，满足不同群体的学习需求，灵活性使得更多有志于乡村发展的人才能够接受培训。

国家层面的人才培养战略为乡创工匠培育提供了宏观指导和政策支持，而高等教育和职业教育则在具体实施层面发挥着关键作用。[1]通过多层次、多形式的培养体系，我国正在逐步构建起一个完整的乡创工匠培育体系，为乡村振兴提供强有力的人才支撑。未来，随着这些战略和措施的深入实施，一支数量充足、素质优良的乡创工匠队伍将会成为推动乡村全面振兴的中坚力量。

---

[1] 唐锡海.职业教育培育乡村工匠：历史演进、意蕴与规定性[J].河北大学学报（哲学社会科学版），2023，48(6)：20-30.

第二节　乡创工匠培育的中观保障

一、教育体系对接调整

乡创工匠培育的关键在于建立与之相适应的教育体系。当前，我国乡创工匠教育体系存在结构不合理、层次不分明、针对性不强等问题，亟须进行系统性改革和创新。下面将从终身教育、职业教育和技能培训三个维度，探讨乡创工匠教育体系的对接路径。

（一）构建乡创工匠终身教育体系

乡创工匠的培育是一个长期过程，需要建立贯穿其职业生涯的终身教育体系。乡创工匠终身教育体系应包括以下要素。

1. 明确培养目标

以培养"有文化、懂技术、善经营、会管理"的乡创工匠为核心，强调技能的重要性，突出文化素养和管理能力的培养。"有文化"意味着乡村工匠应当具备一定的文化素养，能够深刻理解并有效传承乡村的文化，既包括对当地历史、传统习俗和民间艺术的了解，还涉及对乡村生活方式和社会结构的认识。"懂技术"强调专业技能的掌握，确保能够创造高质量的产品或服务。"善经营"旨在培养乡创工匠的市场意识和经营能力，使其能够将技艺转化为经济效益。"会管理"则要求乡创工匠具备组织和领导能力，能够带动更多人参与乡村振兴。

2. 完善课程体系

整合传统工艺、现代技术和创新创业等多元内容，全方位提升乡创工匠的综合能力。课程体系的设计应充分考虑乡创工匠的特点和需求，既要传承传统工艺，又要与时俱进。传统工艺课程可包括地方特色手工艺、传统农业技术等，以保持乡村特色。现代技术课程可涵盖信息技术、智能农业等内容，提升乡创工匠的现代化水平。创新创业课程则可包括市场分析、商业模式设计、品牌打造等，增强乡创工匠的创业能力。

3. 创新教学方式

采用线上与线下相结合、理论与实践互促进的教学模式。线上教学可利用互联网平台，提供灵活的学习时间和丰富的学习资源，使乡创工匠能够随时随地学习；线下教学则侧重于实践操作和面对面指导，增强学习效果。

理论学习，注重知识的系统性和完整性，为实践提供理论支撑；实践教学，则强调技能的实际应用，通过项目实践、现场教学等方式，提高学习的针对性和有效性，充分适应乡创工匠的学习特点和需求，提高教育培训的效果。

4. 建立评价机制

构建包括技能水平、创新能力和社会贡献等多维度的评价体系，关注乡创工匠的技能水平，重视其创新能力和对乡村发展的贡献。

技能水平评价可通过技能考核、作品评估等方式进行；创新能力评价可结合新产品开发、工艺改进等实际成果；社会贡献评价则可考虑乡创工匠带动就业、促进乡村经济发展等方面的表现。通过多维度的评价，全面反映乡创工匠的综合素质，引导其全面发展，更好地服务于乡村振兴。

乡创工匠终身教育体系的构建，将为乡村振兴提供持续的人才支撑。[1]据统计，2022年全国共有60余万个行政村，若每个行政村需要10名乡创工匠，则需600余万名乡创工匠才能满足乡村振兴的人才需求。这一庞大的培养目标，凸显了建立系统化、长期化乡创工匠教育体系的重要性。

（二）优化职业教育培养模式

职业教育是培养乡村工匠的主要渠道。然而，我国现阶段在通过职业教育培育乡村工匠方面仍面临一些挑战，主要问题是定位不够精准以及课程设置不尽合理等问题，角色和目标尚需进一步明确，课程内容需要更加贴近乡村实际需求，结合当地的文化特色和产业发展方向进行设计。目前，全国各地职业院校在乡创

---

[1] 陈向荣. 乡村振兴战略下构建农村终身教育体系的思考[J]. 教育教学论坛, 2020 (26): 17-18.

工匠培育方面进行了积极探索，形成了一系列有效的改革措施。[①]

1. 调整专业设置

增设乡村规划、乡村文化传承等与乡创工匠培育直接相关的专业，使职业教育更加贴近乡村振兴的实际需求。

乡村规划专业可培养具备乡村空间规划、生态保护、基础设施建设等知识的人才，为乡村的科学发展提供智力支持。乡村文化传承专业则致力于培养能够挖掘、保护和创新利用乡村文化资源的人才，促进乡村文化的传承与发展。

此外，还可根据各地特色产业需求，设置相应的特色专业，如茶艺、民宿管理、乡村旅游等，以培养适应当地发展需求的专门人才。有针对性地专业设置，能够更好地满足乡村振兴对多元化人才的需求。

2. 改革课程体系

加强传统工艺与现代技术的融合，突出乡土特色和创新能力培养。新的课程体系应当在保留传统工艺课程的基础上，引入现代技术和创新创业相关课程。例如，在传统农业课程中融入智慧农业、数字营销等现代元素；在手工艺课程中引入设计思维、品牌营销等内容。同时，增设乡土文化、乡村生态等特色课程，强化学生对乡村的认同感和责任感。创新能力的培养，可通过项目式学习和创新创业实践活动等多种方式来实现，以增强学生的创新思维和问题解决能力。项目式学习能够让学生在实际项目中应用所学知识，通过团队合作解决复杂问题，从而锻炼他们的实践能力和创新意识。创新创业实践则为学生提供了将创意转化为实际产品或服务的机会，在真实的市场环境中积累宝贵的经验。融合传统与现代、理论与实践的课程体系，能够全面提升乡创工匠的综合素质。

3. 强化实践教学

实践教学在培养乡村工匠的实际操作能力方面起着至关重要的作用。建立校企合作基地，以此方式，把实践教学在总体教学内容中所占的比例提升至50%及以上。职业院校可与当地企业、农业合作社、乡村工匠工作室等建立紧密合作关系，共同建设实践教学基地。在校企合作基地中，学生能够直接参与到实际的

[①] 朱德全，彭洪莉. 高等职业教育服务乡村高质量发展的技术逻辑[J]. 高校教育管理，2022，16（05）：22-32.

生产与管理过程中，更好地了解行业标准、工作流程以及企业运营模式，将课堂上学到的理论知识应用于真实的工作环境，在真实的情境中锻炼技能，加深对专业知识的理解和掌握。同时，可以采用现代学徒制等模式，让学生在实际工作环境中跟随经验丰富的工匠学习。此外，还可组织学生参与乡村振兴相关项目，如乡村规划设计、传统工艺改良等，提高他们解决实际问题的能力。通过增加实践教学比例，确保学生在毕业时就具备较强的实践能力和工作经验。

4. 引入"双师型"教师

广泛聘请乡村中的能工巧匠担任兼职教师，以增强教学内容的实用性和针对性。"双师型"教师不仅具备扎实的理论教学能力，还拥有丰富的实践经验，能够将理论知识与实际操作有机结合。职业院校可以通过多种方式培养和引进"双师型"教师。一方面，鼓励现有教师定期到企业或乡村实践，积累实际工作经验；另一方面，聘请乡村能工巧匠作为兼职教师，将其丰富的实践经验和技能带入课堂。还可以组建"校内专任教师＋企业专家＋乡村工匠"的教学团队，实现优势互补。"双师型"教师队伍的建设，能够显著提高教学的针对性和实用性，更好地培养适应乡村振兴需求的乡创工匠。

（三）完善技能培训体系

针对性的技能培训是快速提升乡创工匠能力的有效方式。在全国范围内，各地已经探索出一系列行之有效的培训模式。

1. 聘请民间工匠授课

将传统"师带徒"模式转化为系统化课堂教学。这种做法既传承了传统工艺，又提高了培训的效率和覆盖面。民间工匠通常拥有丰富的实践经验和独特的技艺，但可能缺乏系统的教学方法。因此，在聘请民间工匠授课时，可采取以下措施。

（1）教学培训：对民间工匠进行教学能力培训，帮助他们掌握基本的教学技巧和方法。

（2）知识显化：协助工匠将隐性知识显性化，制定详细的教学大纲和课程计划。

（3）组合授课：采用"工匠＋教育专家"的组合授课模式，由工匠负责技艺传授，教育专家负责教学组织和知识梳理，充分发挥民间工匠的技艺优势，又能确保培训的系统性和有效性。

2. 开展多元化培训

涵盖传统工艺、现代农业技术、电商营销等多个领域的多元化培训可全面提升乡创工匠的综合能力。传统工艺培训可包括地方特色手工艺、传统农业技术等，注重技艺的传承和创新。现代农业技术培训可涵盖智慧农业、生态种植、农产品加工等内容，提高乡创工匠的现代化生产能力。电商营销培训则可包括网络营销策略、直播带货技巧、品牌打造等，增强乡创工匠的市场竞争力。

此外，还可根据当地特色和需求，开设乡村旅游、文创产品设计等特色课程。培训形式可以采用集中授课、在线学习、实地参观等多种方式相结合，以适应不同学员的需求。通过这种多元化的培训体系，能够全方位提升乡创工匠的知识结构和技能水平。

3. 采用体验式教学

在实操训练之中提高学员的实际应用能力，体验式教学强调做中学、学中做，能够有效提高学习效果和技能掌握程度。具体可采取以下方式：首先，设立模拟工作环境，如微型农场、手工作坊等，让学员在真实场景中进行操作练习；其次，组织项目实践，让学员独立或分组完成特定的任务，如开发新产品、策划营销方案等；再次，安排实地学习，组织学员到成功乡创企业参观学习，了解实际运营情况；最后，鼓励学员参与各类技能比赛和创新创业大赛，在竞争中提升能力。通过这种沉浸式的体验学习，学员不仅能够掌握具体的技能，还能培养解决问题的能力和创新精神。

4. 建立培训效果反馈机制

定期评估培训成果，不断优化培训内容和方式。这一机制对于确保培训质量和持续改进至关重要。第一，设立多维度的评估指标，包括技能掌握程度、实际应用效果、学员满意度等。第二，采用多种评估方法，如技能测试、项目成果展示、跟踪调查等。第三，建立定期评估制度，如培训结束后的即时评估、3-6个月后的跟踪评估等。第四，成立培训质量改进小组，根据评估结果定期研讨并制定改进方案。第五，还可以建立学员反馈平台，随时收集学员的意见和建议。通过这种持续的评估和改进机制，能够确保培训内容始终符合乡创工匠的实际需求，不断提高培训质量和效果。

综上所述，构建适应乡创工匠需求的教育体系，需要从终身教育、职业教育和技能培训多个维度入手，形成全方位、多层次的培育体系。只有将教育体系与乡创工匠的实际需求紧密对接，才能为乡村振兴提供源源不断的人才支撑，推动乡村产业、文化、生态的全面发展。

二、产教融合模式创新

产教融合是推动乡创工匠培育的重要模式，它将教育资源与乡村产业需求紧密结合，为乡创工匠的成长提供了良好的环境和机会。通过产教融合，可以有效提升乡创工匠的实践能力和创新意识，促进乡村产业的发展和升级。下面从政策支持、培养模式创新和校企合作三个方面，探讨产教融合在乡创工匠培育中的具体应用和成效。

（一）政策支持

国家层面的政策支持为乡创工匠的培育提供了强有力的保障和指引。2021年2月，中共中央办公厅、国务院办公厅联合发布了《关于加快推进乡村人才振兴的意见》。这一文件具有里程碑式的意义，为乡村工匠的培养工作明确了方向。

1. 明确培育目标

加快培养农村第二、第三产业的发展人才，特别是乡村工匠的培育。乡村工匠培育已经提升到了国家战略的高度，体现了国家对乡村人才特别是乡创工匠的重视。这一政策导向不仅为乡创工匠培育提供了明确的指导方向，也为产教融合模式的推广奠定了基础。

2. 强调传统技艺传承

挖掘培养乡村手工业者、传统艺人，有效推动乡村特色产业的发展，为乡村振兴注入文化动力。

3. 鼓励教育机构参与

强调高等教育机构在乡创工匠培育中的重要作用，指出要鼓励高等学校、职业院校开展传统技艺传承人教育，为高校参与乡创工匠培育提供有力支持，推动产教融合模式的深入发展。

4. 创新培育方式

引入多种创新的培育方式，以提升乡村工匠的技能水平和传承能力，这些方式包括设立名师工作室、大师传习所，以及在传统技艺人才聚集地建立工作站等，既传承了传统的师徒制，又结合了现代教育理念，为乡创工匠的培育提供了多元化的学习平台。[1]

5. 支持创业发展

支持鼓励传统技艺人才创办特色企业，带动发展乡村特色手工业，为乡创工匠提供了发展方向，也为乡村特色产业的发展指明了道路。支持乡创工匠创办特色企业，有效促进乡村经济的发展，实现乡村振兴。

《关于加快推进乡村人才振兴的意见》给培育乡创工匠的工作提供了全方位的政策支持，从培育目标、传承方式、教育支持到创业发展，都给出了明确的指导。这些政策的实施，将为乡创工匠的培育创造良好的环境，推动产教融合模式的深入发展，为乡村振兴提供强有力的人才支撑。

（二）培养模式创新

为响应国家政策号召，更好地适应乡创工匠培育的需求，各教育机构积极创新培养模式，将理论学习与乡村实践紧密结合，提高培育效果。这些创新模式不仅体现了产教融合的理念，也为乡创工匠的培育提供了多元化的学习途径。

1. "学做一体化"教学模式

"学做一体化"的教学模式，是产教融合路径的典型代表之一，它突破了传统的教育中理论与实践相分离的教学方式，追求学习与实践的有机结合。这种模式特别适合乡创工匠的培育，因为工匠技艺的掌握往往需要大量的实践经验。

在乡村工匠技能提升中，"学做一体化"教学模式取得了显著成效。在这种

---

[1] 汪恭礼.乡村工匠培育机制建立及路径选择［J］.中国培训，2023（04）：60-62.

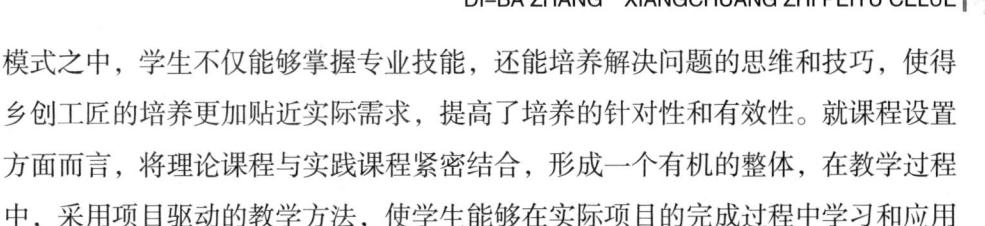

模式之中，学生不仅能够掌握专业技能，还能培养解决问题的思维和技巧，使得乡创工匠的培养更加贴近实际需求，提高了培养的针对性和有效性。就课程设置方面而言，将理论课程与实践课程紧密结合，形成一个有机的整体，在教学过程中，采用项目驱动的教学方法，使学生能够在实际项目的完成过程中学习和应用理论知识，引入真实的乡村工作场景，让学生在模拟环境中进行技能训练。

2. 名师工作室和大师传习所

名师工作室、大师传习所等形式，将传统的师徒传承与现代教育方法相结合，为乡创工匠提供了更加系统和专业的培训。名师工作室和大师传习所的优势在于，能够充分发挥名师和大师的引领作用，传承精湛技艺，提供一对一或小组化的指导，更加注重个性化培养，有利于传统技艺的创新发展，将传统工艺与现代需求相结合。

3. 工作站模式

在传统技艺人才聚集地设立工作站，开展研习培训、示范引导、品牌培育。此模式创新之处在于将培训基地直接设在乡村，便于乡创工匠就近学习，减少学习成本，有利于传统技艺的原生态传承和创新，并且可以结合当地特色产业，开展更加针对性的培训，促进乡村文化的保护和发展。

工作站的设立可以重点考虑以下几个方面：选择传统技艺集中的乡村地区，建立专门的工作站；邀请当地的技艺大师参与指导，实现传统技艺的传承；结合现代设计理念和市场需求，推动传统技艺的创新发展；通过工作站开展品牌培育，提高乡村特色产品的市场竞争力。

4. 产学研一体化模式

将教学、科研和产业实践相结合，可以促进高校科研成果在乡村的转化和应用，为乡创工匠提供最新的技术和理念，推动乡村特色产业的创新发展。这种一体化模式能帮助多方共同获益，形成培育乡创工匠和促进乡村振兴的强大合力。

（三）校企合作深化

校企合作是产教融合的核心内容，为乡创工匠提供了理论学习和实践应用相结合的环境，促进乡村产业的创新发展。在乡创工匠培育过程中，深化校企合作不仅能够提高培养质量，还能促进乡村特色产业的发展。①

1. 共建实训基地

高校与企业共同建设实训基地，为乡创工匠提供实践平台。这些实训基地不仅配备了先进的设备和工具，还引入了企业的管理模式和工作流程，使学生能够在真实的工作环境中学习和成长。

校企共建实训基地，帮助学生的实践能力得到显著提升，实训基地的经历让他们更好地理解了理论知识，并掌握了实际操作技能，有效地促进了理论知识的内化和应用。

实训基地的建设可以重点考虑以下几个方面：结合当地特色产业，建设针对性强的专业实训设施；引入企业的实际生产项目，让学生参与真实的生产过程；建立校企联合指导团队，既有学校教师，也有技术人员。

2. 订单式培养

订单式培养是校企合作的一种有效形式，特别适合乡创工匠的培育。这种模式根据企业或乡村的具体需求定制培养方案，为特定的岗位培养人才。

订单式培养拥有诸多优势。其培养目标明确，直接对接市场需求，能显著提高学生的就业率和岗位匹配度。而企业可以提前培养所需的人才，降低用人成本。

3. 产学研协同创新

在校企合作的基础上，可以进一步推动产学研协同创新，包括人才培养、科研合作和技术创新。产学研协同创新可以促进高校的科研成果在乡村产业中的应用，帮助企业解决技术难题，提高产品质量和生产效率，为乡创工匠提供持续学习和创新的机会。

深化校企合作，可为乡创工匠提供更加全面和实用的培育环境。这种合作不仅能提高乡创工匠的实践能力和创新意识，还能促进乡村产业的发展和升级。未来，应进一步探索和完善校企合作模式，为乡创工匠的成长创造更好的环境和机会，为乡村振兴提供强有力的人才支持。

---

① 边疆，周辉.服务乡村振兴地方高校双创人才培养探析[J].甘肃教育研究，2023（09）：135-139.

三、区域协同发展机制

区域发展协同是乡创工匠培育的重要中观保障。通过整合区域资源、促进跨地区合作，可以为乡创工匠的培育创造更加有利的环境。[①] 近年来，各地在推动乡创工匠培育的区域协同发展方面进行了积极探索，涌现出许多富有成效的实践。

（一）区域发展规划与乡创工匠培育的协同

将乡创工匠培育纳入区域发展规划，是推动乡创工匠培育与区域发展有机结合的有效途径。

1. 将乡创工匠培育纳入区域文化建设规划

许多地区已经认识到乡创工匠在传承和创新地方特色文化中的重要作用，并将其作为提升区域文化软实力的重要抓手。

2. 将乡创工匠培育与区域产业发展规划相结合

一些地区根据当地产业发展需求，有针对性地培育相关领域的乡创工匠，为区域特色产业发展提供了有力的人才支撑。

3. 将乡创工匠培育与乡村振兴战略实施相衔接

越来越多的地区开始重视乡创工匠在乡村产业发展、文化传承、人才培养等方面的作用，将其作为推动乡村全面振兴的重要力量。

（二）区域合作模式的创新

在推动乡创工匠培育的过程中，各地积极探索创新区域合作模式，形成了一些可供借鉴的经验。

1. 共建乡创工匠培育基地

一些地区通过跨区域合作，共同建设乡创工匠培育基地，实现资源共享、优势互补。综合性乡村工匠工作站，可包括文化展厅、研学基地和创新工坊等功能。

---

① 路建彩,李潘坡,李萌.乡村振兴视域下乡村工匠的价值意蕴与分类培育路径[J].教育与职业,2021（01）：90-95.

2. 建立区域联盟

一些地区组建了由多个地区共同参与的乡创工匠培育联盟，通过定期交流、资源共享、项目合作等方式，推动区域内乡创工匠培育工作的协同发展。

3. 开展区域性技能大赛

组织区域性的乡创工匠技能大赛已成为促进不同地区乡创工匠交流切磋的有效方式。这些比赛不仅提高了乡创工匠的技能水平，还增强了区域间的交流合作。

（三）区域资源整合与共享

1. 建立区域资源共享平台

一些地区构建了覆盖多个地区的乡创工匠培育资源共享平台，整合培训资源、市场信息、政策支持等各类资源，为乡创工匠提供全方位的支持。

2. 开展区域联合培训

跨地区的联合培训已成为提高培训质量和效果的重要方式。许多地区邀请各地优秀的乡创工匠、行业专家等开展培训，有效提升了培训的专业性和实用性。

3. 促进区域产业链协同

一些地区积极推动区域内乡创工匠相关产业链的协同发展，形成了优势互补、协同发展的产业生态。例如，有地方将传统工艺与现代设计、文化旅游等产业相结合，开发出了一系列富有特色的文创产品。

（四）区域协同育人机制的构建

1. 建立多方协同的培育网络

越来越多的地区开始整合政府、高校、职业院校、企业、行业协会等多方力量，构建覆盖全面、分工明确的乡创工匠培育网络。

2. 推动校地协同育人

校地协同已成为乡创工匠培育的重要模式。许多地方鼓励高校、职业院校与地方政府、企业合作，共同开展乡创工匠培育工作。

3. 建立区域协同的评价机制

一些地区开始尝试构建跨地区、多维度的乡创工匠评价机制，通过区域协同，提高评价的科学性和公正性。

通过区域发展协同，各地为乡创工匠培育创造了更加有利的环境，提供了更加全面和系统的支持。这些实践表明，创新合作模式、整合区域资源、构建协同育人机制，是推动乡创工匠培育工作高质量开展的有效途径。未来，各地应继续深化区域协同，进一步优化乡创工匠培育的外部环境，为乡村振兴提供更加强有力的人才支撑。

四、社会认知市场对接

在乡创工匠的培育过程中，提升社会认知和加强市场对接是两个关键环节。这不仅直接影响乡创工匠的社会地位、经济收入和职业前景，还关系到乡村产业振兴和传统文化传承的整体效果。

（一）提高社会认知度

提高乡创工匠的社会认知度，需要从完善评价体系和加强宣传推广两个方面着手。这两个方面相辅相成，共同构建起社会对乡创工匠的全面认知。

1. 完善评价体系

在全国各地的实践中，已经涌现出一系列有效提升乡创工匠社会地位的评价体系改革措施。这些措施为乡创工匠的培育提供了重要的制度保障。

（1）制定乡创工匠职业资格认定办法和职业技能等级认定管理办法。探索建立以实操能力与实用技能为重点，同时突出职业道德和知识水平的多维评价机制。

（2）将乡创工匠纳入专业技术人才评价体系，打通职称晋升通道。例如，广东省在这方面进行了有益尝试，开展了乡村工匠专业人才职称评价，为其他地区提供了可借鉴的经验。

（3）建立信用奖惩制度，将工匠个人与其作品质量紧密关联。全面提升乡创工匠的质量意识，增强他们的行业责任感。

2. 加强宣传推广

（1）讲好乡创工匠故事。充分利用各类媒体平台，通过电视、广播、报刊、网络等多种渠道，全方位展示乡创工匠的先进事迹和工作成果，让社会各界深入了解他们在乡村振兴中的重要作用。

（2）举办作品展览与技能比赛。定期举办乡创工匠作品展览和技能比赛，展示乡创工匠的技艺水平，吸引更多群众参与其中，增进公众对传统手工艺的理解和欣赏。

（3）设立乡创工匠荣誉奖项。探索对贡献突出或技艺精湛的工匠给予适当的荣誉性奖励，并通过广泛宣传，增强社会对乡村工匠这一职业的认同感。

这些宣传推广措施的实施，正在逐步提高乡创工匠的社会知名度和影响力，为他们赢得更多的社会尊重和支持。

（二）加强市场对接

在提高社会认知度的同时，加强市场对接同样重要。这不仅关系到乡创工匠的经济收入，也是推动传统手工艺产业化发展的关键。目前，各地正在从搭建产销对接平台、提升产品设计与营销能力、促进产业链融合三个方面积极探索。

1. 搭建产销对接平台

为了帮助乡创工匠更好地对接市场，各地正在积极搭建多元化的产销对接平台。

（1）建立线上销售平台。充分利用电商、直播等新媒体渠道，帮助乡创工匠拓展销售渠道。例如，一些地方的传统工艺品制作者通过网络直播展示生活工作场景，直接与消费者沟通交流，取得了显著的成效。

（2）组织线下展销活动。定期举办乡创工匠产品展销会，邀请消费者和采购商参与，促进供需双方的直接对接。

（3）发展"非遗+研学"模式。将非遗工坊与文化旅游深度融合，开展研学活动和手工体验，吸引更多人亲身感受传统手工艺的魅力。

多元化的产销对接平台的建立，正在为乡创工匠打开更广阔的市场空间，让他们的作品走向更多消费者。

2. 提升产品设计与营销能力

（1）组织产品设计培训。许多地区正在邀请专业设计师为乡创工匠开展培训,帮助他们提升产品设计能力,实现传统工艺与现代审美的完美结合。

(2)开展品牌营销指导。各地正在探索帮助乡创工匠树立品牌意识,指导他们进行品牌定位、包装设计和营销推广。一些地区的实践表明,这种做法不仅挖掘了乡村传统手工艺资源,还培养了新一代农村手艺人,有力推动了乡村发展。

(3)引入专业营销人才。一些地区正在尝试鼓励专业营销人才加入乡创工匠团队,或与专业营销机构合作,提升产品的整体营销水平。

3.促进产业链融合

积极推动传统手工艺与现代产业的深度融合,方能实现乡创工匠产业的可持续发展。

(1)推动"文旅+手工艺"融合。探索将乡创工匠产品与当地文化旅游资源相结合,开发特色文创产品和体验项目。

(2)推动"科技+手工艺"融合。鼓励乡创工匠运用现代科技手段提升生产效率和产品质量。比如,引入3D打印技术辅助设计,或使用智能设备提高生产精度。

(3)推动"创意+手工艺"融合。探索鼓励乡创工匠与设计师、艺术家合作,开发具有创意和现代感的手工艺产品,提升产品的附加值。

融合发展的措施,为传统手工艺注入新的活力,开拓更广阔的市场空间。

提高乡创工匠的社会认知度和市场对接能力是一项系统工程,需要政府、市场和社会各界的共同努力。通过完善评价体系、加强宣传推广、搭建产销对接平台、提升产品设计与营销能力、促进产业链融合等措施,我们正在有效提升乡创工匠的社会地位和市场竞争力,推动乡村手工艺产业的可持续发展,为乡村振兴注入新的活力。在这个过程中,我们既要尊重传统,又要与时俱进,让乡创工匠这一古老而又充满生机的群体,在新时代的舞台上绽放出更加绚丽的光彩。

第三节　乡创工匠培育的微观保障

一、技能培训体系构建

在乡创工匠的培育过程中，技能提升与培训是至关重要的微观保障。通过系统化、专业化的培训，不仅能够提高乡创工匠的技能水平，还能激发其创新潜力，为乡村振兴注入持久动力。

（一）培训体系构建

1. 培训体系的理论基础

乡创工匠培训体系的构建应以终身教育理论为指导，结合人力资本理论和能力本位理论，形成一个全面、系统的培训框架。终身教育理论强调学习的持续性和终身性，这与乡创工匠需要不断更新知识、提升技能的特点相符。人力资本理论则为培训投入提供了理论依据，强调通过教育和培训提高人力资源质量，从而促进经济社会发展。能力本位理论则强调以能力为导向的培训模式，这与乡创工匠的技能培养需求高度契合。

2. 培训体系的结构设计

乡创工匠的培训体系应包含以下几个层面。

（1）基础技能培训：包括专业技能、工艺流程、材料使用等基本知识和技能的培训。

（2）创新能力培训：培养乡创工匠的创新思维，提升其产品设计和工艺改进能力。

（3）文化传承培训：加强乡创工匠对传统文化的理解和认同，培养其文化自信和传承意识。

（4）经营管理培训：涵盖市场营销、财务管理、品牌建设等方面的知识，以全面提升乡村工匠的经营能力。

（5）信息技术培训：提升乡创工匠的数字化能力，帮助其适应现代化生产和营销环境。

乡村工匠培训体系应涵盖理论知识和实践技能两个维度，并强调培训内容的针对性和实用性。因此，在设计培训体系时，应充分考虑乡创工匠的实际需求和工作特点，确保培训内容的实效性。

（二）培训方法创新

1. 传统培训方法的局限性

传统的师带徒模式虽然在技艺传承方面有其独特优势，但也存在知识更新慢、创新性不足等问题。面对快速变化的市场需求和技术环境，乡创工匠的培训方法亟须创新。

2. 创新培训方法的探索

（1）工作坊模式：组织小规模、高强度的工作坊，邀请专家进行集中指导和实践操作。这种方法可以创造深度交流的环境，促进技艺的快速提升和创新。

（2）"师徒制+"模式：在传统师带徒模式的基础上，引入现代教育理念和方法，如结合多媒体教学、案例分析等，提高传承效率和效果。

（3）交流研讨：组织乡创工匠参与研讨会、论坛等活动，促进经验交流和思想碰撞，激发创新灵感。

3. 培训方法创新的实践案例

以陕西省宝鸡市凤翔区土布织锦项目为例，该项目创新性地将传统技艺培训与现代技术结合，引入创新织布机、刺绣机、雕刻机等设备，探索新的生产工艺，有效提高了生产效率和产品质量。

（三）考核评价机制

1. 考核评价的理论基础

考核评价机制的设计理念，应当遵循形成性评价与终结性评价相结合的原则。形成性评价关注学习过程，可以及时发现问题并调整培训策略；终结性评价则关注学习结果，可以全面评估培训效果。这种结合有助于全面、客观地评估乡创工匠的技能提升情况。

2.考核评价机制的具体设计

（1）分级评价：根据乡创工匠的技能水平和发展阶段，设置不同等级的评价标准，如初级、中级、高级工匠等。这种分级评价可以为乡创工匠提供清晰的发展路径，激励其不断提升技能。

（2）多元评价主体：评价主体应包括培训机构、行业专家、市场代表等，确保评价的全面性和客观性。多元评价可以从不同角度考察乡创工匠的技能水平，提高评价的可信度。

（3）理论与实践相结合：考核内容应涵盖理论知识和实际操作技能，全面评估乡创工匠的综合能力。这种结合可以确保乡创工匠不仅掌握了理论知识，还能将其应用于实际工作中。

（4）作品展示与评价：通过作品展示、技能竞赛等形式，评估乡创工匠的实际技能水平和创新能力。这种方式可以直观地展示乡创工匠的技能水平，同时也能激发其创新热情。

（5）持续性评价：建立定期评估机制，持续跟踪乡创工匠的技能提升情况，及时调整培训策略。持续性评价可以确保培训效果的长期性和稳定性。

3.考核评价机制的实施

在实施考核评价机制时，应注意以下几点。

（1）明确评价标准：制定详细且具有可操作性的评价标准，以确保获得公平和一致的评价。标准应当具体、明确，提供清晰的指导，在评估过程中有据可依。

（2）注重过程评价：不仅关注最终结果，还要重视乡创工匠在学习过程中的进步和努力。

（3）结合市场反馈：将市场对乡创工匠作品的反馈纳入评价体系，提高评价的实用性。

（4）建立激励机制：将评价结果与奖励、晋升等挂钩，激励乡创工匠不断提升技能。

（四）具体实施路径

1. 实施路径的理论依据

实施路径的设计应基于系统论和协同论的观点。系统论强调各要素之间的相互联系和整体性，这要求在实施培训时要考虑各个环节的协调和配合。协同论则强调不同主体之间的协作，这对于整合各方资源、实现培训效果最大化具有重要指导意义。

2. 具体实施路径

借鉴中国乡村发展基金会2024年第一季度乡村工匠项目的经验，可以采取如下实施路径。

（1）建立培训基地：湖南省湘西土家族苗族自治州龙山县土家织锦项目提质改造研学基地600平方米，为乡创工匠提供良好的学习环境。培训基地的建立可以集中资源，提高培训效率。

（2）开展集中培训：云南省楚雄彝族自治州南华县彝绣项目完成两期学徒课程培训，每期3天，培训学员60人次。集中培训可以在短时间内集中传授知识和技能。

（3）组织技能竞赛：陕西省宝鸡市凤翔区土布织锦项目确定技能竞赛方案，通过竞赛激励乡创工匠提升技能。技能竞赛可以营造良好的学习氛围，激发乡创工匠的学习热情。

（4）建立工作室：山西省忻州市代县古建木雕项目拟建立文化展厅，既可作为培训场所，又可展示乡创工匠的作品。工作室的建立可以为乡创工匠提供实践和展示的平台。

（5）产学研结合：陕西省宝鸡市凤翔区土布织锦项目与宝鸡职业技术学院达成合作意向，在课程建设、社团建设、工作坊建设等方面开展深度合作。产学研结合可以整合各方资源，提高培训的专业性和实效性。

（6）引入现代技术：陕西省宝鸡市凤翔区土布织锦项目引入创新织布机、刺绣机、雕刻机等，探索新的生产工艺，提高生产效率和产品质量。现代技术的引入可以帮助乡创工匠适应市场需求，提高产品竞争力。

3. 实施路径的保障措施

为确保上述路径的有效实施，需要采取以下保障措施。

（1）政策支持：积极争取地方政府的政策支持，包括提供培训场地、财政资金和其他必要的资源。

（2）多方协作：建立政府、企业、学校、社会组织等多方协作机制，整合各方资源，实现资源共享和优势互补，形成一个系统化、多层次的支持网络，确保培训项目的高效运行。

（3）资金保障：设立专项资金，确保培训项目的持续开展，用于师资建设、设备购置、教材开发等方面，还可以通过引入社会捐赠、企业赞助等多种渠道，进一步拓宽资金来源，增强项目的可持续性。

（4）监督评估：建立健全监督评估机制，定期对培训效果进行评估，并根据评估结果及时调整实施策略。不仅包括对培训过程的监控，还包括对培训成果的考核。以科学的评估方法如问卷调查、现场考察、学员反馈等方式，全面了解培训项目的实际效果，及时发现并解决问题，不断提升培训质量。

上述技能提升与培训策略的实施，可有效提高乡创工匠的专业技能和综合素质，为乡村振兴培养出一批高素质的技能人才，助力传统工艺的传承和创新，推动乡村产业的转型升级，为乡村振兴注入持久动力。

二、创新精神能力培养

创新能力与工匠精神是乡创工匠适应新时代发展需求的核心素质，也是传统工艺与现代技术融合创新的关键所在。[1] 下面从创新能力培养和工匠精神培育两个维度，探讨乡创工匠培育的微观保障措施。

（一）创新能力培养

1. 强化创新意识

培养乡创工匠的创新意识是提升其创新能力的首要任务。在乡村振兴的背景

---

[1] 郑叶慧,李珂靓,余婷等.乡村振兴背景下传统乡村工匠的现代转型与培养探究[J].当代经济,2019（08）：119-124.

下，传统乡村工匠的现代转型离不开创新能力的提升，可以通过组织学习参观、举办创新论坛等方式，开阔乡创工匠的视野，激发其创新热情。

2. 提供创新平台

为乡创工匠提供创新实践的平台是培养其创新能力的重要途径。以浙江省为例，部分地区通过设立创业实践基地，为乡村工匠提供了真实的创业环境，有效提升了其创新创业能力。各地可以考虑建立创新工作室、创客空间等，为乡创工匠提供创新实践的场所和资源。

3. 加强跨界合作

鼓励乡创工匠与其他领域的专业人士开展合作，促进不同知识、技能的交流融合，激发创新灵感。组织乡创工匠与设计师、市场营销专家等进行合作，开发具有现代审美和市场需求的新产品。跨界合作不仅能够提升乡创工匠的创新能力，还能够拓宽其视野，增强市场竞争力。

4. 创新方法培训

系统地培训创新方法是提升乡创工匠创新能力的有效手段。可开展创新思维、创新设计等方面的培训，帮助乡创工匠掌握科学的创新工具和方法，提高其创新效率和质量。

（二）工匠精神培育

1. 传承中华优秀传统文化

工匠精神深深植根于中华民族优秀的传统文化之中，因此，要培育工匠精神，首先应当从传承和弘扬传统文化入手。中华传统文化中蕴含的精益求精、敬业乐群等价值观念，为工匠精神的形成和发展提供了丰富的土壤。乡村手工艺是我国一块华丽的瑰宝，弘扬乡土文化、传承手工艺是许多乡村工匠毕生的信念和追求，在乡创工匠培育的实践过程中，应强调传承传统文化的底蕴，通过开展传统文化学习活动、举办传统工艺展示等方式，增强乡创工匠对传统文化的认同感和自豪感。[1][2]

---

[1] 曾欣.让工匠精神在乡村永续传承［J］.乡村振兴，2021（09）：44-45.
[2] 方素.乡村振兴视域下农民工匠精神培育研究［J］.智慧农业导刊，2023，3（13）：157-160.

2. 树立典型榜样

树立和宣传具有卓越工匠精神的乡创工匠典型，可以起到示范引领作用，应深入挖掘各地典型人物和事例，通过媒体报道、事迹宣讲等形式，让更多乡创工匠学习典型榜样，培养工匠精神。

3. 完善评价激励机制

建立科学的评价体系和有效的激励机制，可以引导乡创工匠追求卓越，培养工匠精神。设立各类乡创工匠荣誉称号，开展技能大赛等活动，对表现优秀的乡创工匠给予物质和精神奖励。

4. 营造社会氛围

培育工匠精神需要一个积极健康的社会氛围作为支撑。需要引导社会各界克服急功近利的心态，遵循农业生产规律和市场经济规律，以长远的眼光看待发展问题。在面对各种风险和波动时，能够保持冷静和理性，不被短期利益所迷惑，而是专注于长期的可持续发展。鼓励乡村工匠和相关从业人员潜心钻研产业发展之道，深入研究和掌握行业的核心技术和管理经验，从而创造出具有高附加值的乡村精品，创建具有持久生命力的品牌和企业，致力于打造"百年老店"，使之成为传承和发扬工匠精神的重要载体。

5. 加强职业教育

职业教育是培育工匠精神的重要途径。农村职业教育为培养乡村手工艺人乃至非物质文化遗产传承人等乡村工匠提供了一个更加系统、专业的平台，完善职业教育体系，将工匠精神培育融入课程设置和教学过程，培养具有工匠精神的新一代乡创工匠。

三、工匠技艺传承创新

工匠技艺作为乡村非物质文化遗产的重要组成部分，其传承与创新对于乡村振兴和文化传承具有重要意义。

（一）传统技艺传承现状与挑战

1. 传承人群老龄化问题

近年来，我国非遗传承人群面临着日益严峻的老龄化问题。相关研究显示，国家级非物质文化遗产代表性项目代表性传承人中，已有相当比例的传承人去世，在世传承人的平均年龄偏高。这一现状不仅存在于国家级非遗项目中，在地方性非遗项目中也普遍存在，直接影响着非遗技艺的持续传承。

2. 传承人群学历结构有待优化

目前，我国非遗代表性传承人的学历结构仍有较大提升空间。全国多个地区非遗传承人的学历普遍偏低，这种情况在少数民族地区尤为明显。传承人群的学历结构直接影响着非遗技艺的传承质量和创新能力。

3. 传承方式面临挑战

传统的口传心授方式在现代社会环境下面临诸多挑战。一方面，年轻一代对传统技艺的认知和兴趣不足；另一方面，传统技艺与现代生活之间存在一定程度的脱节。如何在保持技艺本真性的同时，使其适应现代社会需求，成为当前非遗传承工作中亟待解决的问题。[①]

（二）工匠技艺创新路径

1. 融合现代设计理念

各地已经涌现出一批将现代设计理念与传统工艺相融合的成功案例，通过改良传统工艺，融入现代审美需求，可以有效提升产品的市场竞争力。例如，有的传承人通过创新传统造型、开发新款式等方式，既保留了传统技艺的精髓，又满足了现代消费者的需求。

2. 引入新技术和新材料

在传统工艺的基础上引入新技术和新材料，已成为许多地区推动工匠技艺创新的重要途径。这种做法不仅可以拓展产品的功能和应用范围，还能提升产品的

---

① 胡郑丽.反思与建构.论我国乡村非遗传承人群的"再教育"[J].四川文理学院学报，2024，34（01）：81-88.

附加值。例如，将现代科技元素融入传统工艺品，不仅增加了产品的功能性，还提升了其市场吸引力。

3. 跨界合作与产业融合

将传统工艺与其他产业相结合，创造新的市场机会，跨界合作不应局限于简单的模式复制，而应该深入挖掘本地文化特色，将创新创业项目与本地文化紧密结合，尝试将传统工艺与文创产业、旅游业相结合，开发出具有地方特色的文创产品和体验项目。

（三）政策支持与平台建设

1. 完善非遗传承人群培训体系

国家层面已经实施了中国非物质文化遗产传承人研修培训计划实施方案，旨在提高传承人群的综合能力。各地在实施过程中，正在不断完善培训内容，除了技艺传承外，还加强了创新思维、市场营销、知识产权保护等方面的培训，以全面提升传承人群的综合素质。

2. 构建非遗工坊和培育乡村工匠

根据国家相关部门的政策指导，诸多地区正在积极推动非遗工坊建设和乡村工匠培育工作。这些举措为传统技艺的传承与创新提供了重要的平台支持，促进了优秀非遗工坊带头人向乡村文化和旅游能人、乡村工匠、非遗代表性传承人的转变。

3. 鼓励跨界合作与资源整合

积极搭建平台，促进传统工艺与现代产业的对接，包括组织工艺大师与设计师、企业家的交流活动，鼓励高校、研究机构与传统工艺传承人开展合作研究等。这些措施正在为传统工艺注入新的创意和活力。

4. 加强知识产权保护

针对传统工艺创新成果，完善相关知识产权保护措施，鼓励传承人将传统技艺与现代创新相结合，形成具有自主知识产权的新产品。这些举措不仅保护了传承人的利益，也激励了更多的创新实践。

四、个人职业发展规划

乡创工匠的个人成长和职业发展是乡村振兴战略实施的重要保障,建立科学的评价体系、提供多元化的发展路径以及营造良好的成长环境,能有效激发乡创工匠的内生动力,促进其持续成长,为乡村振兴提供源源不断的人才支持。

(一)构建科学的评价体系

建立科学、合理的评价体系是促进乡创工匠个人成长和职业发展的基础。各地已经开始探索并建立乡村工匠专业人才职称评审制度,这些制度为乡创工匠的成长提供了明确的发展路径和目标。

1. 多元化评价标准

采用多元化的评价标准,涵盖乡创工匠的多个方面,包括专业技能、创新能力、工作业绩以及社会贡献等。在职称评审中,不仅考察申报人的专业技能水平,还应关注其在技术推广、产品经营等方面的实际贡献。这种多元化的评价标准能全面反映乡创工匠的综合素质,促进其全面发展。

2. 分级评价机制

分级评价机制为乡创工匠提供清晰的成长阶梯。通常将乡村工匠职称评审分为初级、中级和高级三个等级。这种分级评价机制不仅激励乡创工匠不断提升自身水平,还为其职业发展提供明确的方向。

3. 动态评价方式

动态评价方式可以及时反映乡创工匠的成长情况。普遍做法是定期开展评价工作,如每年组织一次职称评审,激励乡创工匠持续学习和进步。同时,根据评价结果及时调整培养策略,确保培养工作的针对性和有效性。

(二)提供多元化的发展路径

为乡创工匠提供多元化的发展路径,以满足不同个体的成长需求,充分激发其发展潜力。

1. 职业技能提升路径

在全国范围内，各地高校和职业培训机构纷纷开发了系统的技能提升课程体系。这些课程体系通常包括通识教育、专业技能和创新能力培养三个层次，为乡创工匠提供全面的技能提升机会。例如，有的地方开设乡村文化等通识课程，增强乡创工匠的文化认同感；开设电商创业与数字营销等专业课程，提升其专业技能；开设结合本地特色的创新课程，培养其创新能力。

2. 创新创业发展路径

鼓励和支持乡创工匠进行创新创业，是促进其个人成长和职业发展的重要途径。建立创业实践平台，为乡创工匠提供广阔的实践舞台和丰富的创业资源。与知名企业合作建立乡创空间，为乡创工匠提供将创意转化为实际项目的机会，培养乡创工匠的创新创业能力，为其职业发展提供更多可能性。

3. 学历提升发展路径

为乡创工匠提供学历提升的机会，有效提升其理论知识水平和综合素质。许多地区通过与高等院校合作，开设定向培养班或远程教育课程，为乡创工匠提供继续教育的机会。这不仅能提升乡创工匠的学历水平，还能增强其理论基础，为其职业发展奠定坚实的基础。

（三）营造良好的成长环境

1. 健全激励机制

建立健全的激励机制，能够有效激发乡村工匠的积极性和创造性。对于获得乡村工匠专业人才职称的人员，应在多个方面提供政策支持，以确保他们在职业发展和个人成长中得到充分的支持。建议将这些专业人才纳入相关领域的专家库，为其提供更多参与行业咨询、评审和技术指导的机会。提供先进的信息技术资源和支持，如数字化工具、在线平台等，帮助他们更好地进行项目管理、市场分析和产品设计。通过政府补贴、低息贷款、创业基金等多种方式，提供必要的资金支持。利用各类展会、推介会和网络营销平台，加大对乡村工匠产品的宣传力度。定期组织专业培训和继续教育活动，邀请行业专家和资深工匠进行授课和交流。优先支持乡村工匠申报各级各类科研项目和技术创新项目，为其提供更多的科研经费和项目机会。建立技术帮扶机制，通过派遣专家团队、提供技术支持等方式，帮助乡村工匠解决实际生产中的技术难题，提升产品质量和技术含量。对取得显著成绩或有特殊贡献的乡村工匠给予专项补贴，如奖励金、税收减免等，进一步增强他们的工作动力和创新热情。以上多方面的激励措施，可提高乡创工匠的社会地位和经济收入，为其职业发展提供更多支持。

2. 搭建交流平台

搭建多样化的交流平台，为乡创工匠提供学习和成长的机会。举办乡创研学、乡创集市等活动，为乡创工匠提供交流和展示的舞台，促进乡创工匠之间的相互学习和经验分享，拓宽其视野，激发创新思维。

3. 创新培育模式

一些地区提出了阶段性递进的培育模式，通过感知、认知、行知等步骤，全面提升乡创工匠的综合素质。此类创新的培育模式，能激发乡创工匠的学习兴趣和创业热情，促进其全面发展。

构建科学的评价体系、提供多元化的发展路径以及营造良好的成长环境，为乡创工匠的个人成长和职业发展提供全方位的支持，不仅有利于提升乡创工匠的综合素质和职业能力，还为乡村振兴战略的实施提供源源不断的人才支持，最终可实现乡村的全面振兴和可持续发展。

本章小结

本章全面探讨乡创工匠培育策略的多个层面，从宏观的国家政策引领到微观的个人成长与职业发展，系统分析乡创工匠培育的策略和实践路径。在宏观层面，国家政策为乡创工匠培育提供了坚实的政策支持和方向指引，通过顶层设计、部门联动、地方响应和政策合力，构建了全方位的培育支持体系。法律法规框架的建立为乡创工匠的权益提供了保障，而资金投入与扶持政策则为培育工作提供了必要的物质基础。中观层面上，教育体系对接、产教融合模式、区域发展协同以及社会认知与市场对接，为乡创工匠培育提供了多元化的实施路径和支持机制。教育体系的改革创新、产教融合的深化、区域资源的整合以及市场对接的加强，共同推动了乡创工匠培育工作的深入开展。在微观层面，技能提升与培训、创新能力与工匠精神培养、工匠技艺传承与创新以及个人成长与职业发展，为乡创工匠的成长提供了具体的支持和保障。通过系统化的培训、创新意识的激发、技艺传承的创新以及职业发展的多元化路径，乡创工匠的培育工作得以有效实施。乡创工匠培育是一个系统工程，需要政府、教育机构、企业和社会各界的共同努力和协同合作。通过宏观政策的引领、中观保障的实施、微观措施的落地，可以为乡村振兴培养出一批高素质的乡创工匠人才，为乡村的全面振兴和可持续发展提供坚实的人才支撑。未来，应继续深化乡创工匠培育的各项工作，不断探索和创新培育模式，为实现乡村的全面振兴贡献力量。

案例分享

仵海洲是河南省南阳市镇平县的一位国家级非物质文化遗产代表性传承人。他自幼学习玉雕，经过50年的努力，成为行业翘楚，其作品《鹿鹤同春》被中国国家博物馆收藏。

国家政策的支持为仵海洲提供了坚实后盾。国家乡村振兴局等八部门联合印发了《关于推进乡村工匠培育工作的指导意见》，其中明确了乡村工匠的定位和培育机制。2024年，农业农村部等部门共同研究确定了第一批乡村工匠名师拟认定名单，仵海洲就在其中。

仵海洲培养了400多名徒弟，其中100多人成立了自己的工作室，技艺传承队伍不断扩大。

仵海洲的儿子仵丹，作为南阳市级玉雕传承人，在文化传播和产品营销方面表现出色。他带领团队打造了完整的玉雕产业链，通过网络直播和现场推广，每年产值达1000万元。

仵海洲的故事不仅是个人艺术追求的写照，更是乡创工匠在新时代背景下如何通过多层次、多形式的培育策略，实现文化传承和经济收益双赢的典范。在他的带动下，越来越多的乡村工匠在国家政策、地方支持和教育培训的共同作用下，成长为推动乡村振兴的重要力量。

第九章 结论与展望

DI-JIU ZHANG JIELUN YU ZHANWANG

第一节 主要结论与观点

第一，乡创工匠是本研究基于"工匠精神"这一时代关键新词所延伸而出的新概念，也是新时代乡村振兴创业人才教育的前进方向。从字面意思来看，乡创工匠是面向农业、农村、农民，培育具有工匠精神的创业型人才而形成的学术性概念，重点在"创业"，特点在"工匠"，目标在"三农"。在研究中我们需要回答工匠精神、乡创工匠是什么，以及信息化时代我们应该怎么做和高校创业教育应该怎么办的问题。打造乡创工匠是为了培育适应新时代生产力发展的工匠型创业人才。对于乡创工匠这一新概念，尽管学界并未达成一致意见，本研究基于已有关于返乡创业能力的学术研究结论以及综合考量工匠精神的时代发展特征，主张将乡创工匠定义为：具有创业思维的技艺传承者、市场经营者和致富带头人，包括在乡创业型工匠（有产业的）、返乡创业型工匠（在外地打工学了手艺和开拓市场，又回去创业的）和异乡创业型工匠（人不在乡村但帮乡村发展非遗，打造品牌的专业公司技术人员，包括海外的）等多种类型。

第二，本研究构建乡创工匠的理论范畴，包括概念内涵、生成规律、胜任能力和测量标准几个维度，为"应然设计层"转向"实然架构层"打下坚实的理论基础。其中概念内涵部分在阐释工匠精神、创业能力等基础概念的基础上，创新性提出和建构了乡创工匠的知识体系。在生成规律方面，我们详细探讨了乡创工匠的生成规律、人才个体差异性规律螺旋式上升的增长规律以及职业发展规律。工匠的职业生成既受到外部环境如政府政策、市场需求、技术革新等因素的推动，也依赖于工匠个人的内在特质，如技艺创新能力、职业动机和自我效能感。乡创工匠的职业成长可以被描述为一个从技艺传承到创新突破、再到文化传承的过程，其中每一个阶段都伴随着不断地自我反思与改进，逐步实现职业成就与个人价值的提升。在胜任能力方面，我们引入胜任力模型，依照选、育、用、留四个标准，搭建了包括专业胜任素质、心理胜任素质、职业操守素质和行为胜任素质四个关键维度的乡创工匠胜任素质模型，并进行乡创工匠胜任素质测评，以提升乡创工匠胜任能力。在测量标准方面，我们主要划分了乡创工匠的精神维度、能力维度和管理维度。其中，精神维度包括创业意愿、风险承担能力、行动能力和个人素养；能力维度则涵盖创新思考能力、实验能力、工程实践能力和成果转化能力；管理维度则体现于机会把握能力、资源整合能力和团队控制能力。通过核心概念的界定、胜任能力和测量标准的识别、成长规律的窥视以及实现路径的探索，全面架构了乡创工匠培育的理论范畴，为后续研究奠定了坚实的理论基础。

第三，基于新质生产力的发展要求，综合考量数字化时代乡创工匠培育的变革路径，本书试图从立心领域、厚识界域、富能场域和培育模式的思忖四个层面进行全面阐述。基于"PDCA循环法"，推进"感知一周、认知一月、行知一季"三知递进；以融合教育、跨界教育理论指导"通识培根、专识固本、特识精技"三识联动；以利益相关者和资源共生理论指导，推动"孵化域、研发域、工坊域"三域共生；乡创工匠培育是一个系统工程，需要协同共育，以实现乡创工匠育训、支撑乡村振兴的愿景。探究如何有效培育乡创工匠，以推动乡村振兴战略的实现，分析高校在乡创工匠培育过程中的角色，构建符合地方特色和实际需求的培养模式。确立乡创工匠培养目标，乡创工匠是具有"向乡情怀、兴乡器识、强乡本领"的战略人才。秉持培育"终身创客"理念，构建"立心领域—厚识界域—富能场域"的"学域"。

第四，建立运用扎根理论、综合访谈及模糊综合评价等组合而成的混合研究方法构建乡创工匠3个一级指标、11个二级指标、29个三级指标的评价指标体系，通过层次分析法赋权评估指标，构建乡创工匠的模糊综合评价模型，并利用786份问卷调查数据以及多名乡创工匠进行实证检验，可以发现乡创工匠质量评价整体处于"良好"水平，但还有提升空间。通过一系列的研究给出宏观、中观、微观三个层面的政策建议：在宏观层面，国家政策为乡创工匠培育提供了坚实的政策支持和方向指引，通过顶层设计、部门联动、地方响应和政策合力，构建了全方位的培育支持体系。法律法规框架的建立为乡创工匠的权益提供了保障，而资金投入与扶持政策则为培育工作提供了必要的物质基础。中观层面上，教育体系对接、产教融合模式、区域发展协同以及社会认知与市场对接，为乡创工匠培育提供了多元化的实施路径和支持机制。教育体系的改革创新、产教融合的深化、区域资源的整合以及市场对接的加强，共同推动了乡创工匠培育工作的深入开展。在微观层面，技能提升与培训、创新能力与工匠精神培养、工匠技艺传承与创新以及个人成长与职业发展，为乡创工匠的成长提供了具体的支持和保障。通过系统化的培训、创新意识的激发、技艺传承的创新以及职业发展的多元化路径，乡创工匠的培育工作得以有效实施。乡创工匠培育是一个系统工程，需要政府、教育机构、企业和社会各界的共同努力和协同合作。通过宏观政策的引领、中观保障的实施、微观措施的落地，可以为乡村振兴培养出一批高素质的乡创工匠人才，为乡村全面振兴和可持续发展提供坚实的人才支撑。未来，应继续深化乡创工匠培育的各项工作，不断探索和创新培育模式，为实现乡村全面振兴贡献力量。

第二节 主要创新点

一、提出了乡创工匠理论的新概念

乡创工匠，这一新兴群体，代表着乡村中的创业型工匠，他们与传统的乡村工匠相比，已经实现了从单纯的手艺人到技艺的守护者，再到创新的引领者的转变。这一转变不仅仅是技能层面的提升，更是对乡村工匠角色和价值的一次深刻重塑。在合川陶行知育才学校的"创造教育"理论的指导下，结合"合川之子"卢作孚在乡村建设中所倡导的"创业思想"，本文提出了"乡创工匠"这一概念。这一概念的提出，旨在响应乡村振兴战略中对于培养"乡土人才""乡创客"和"乡村工匠"的迫切要求。乡创工匠不仅是传统技艺的传承者，更是市场经营的实践者，以及带领乡村共同致富的引领者。本文进一步提出，乡创工匠代表着一种新质生产力，他们的核心能力——新质创业力，是推动乡村经济发展、社会进步和文化繁荣的关键动力。这一命题的提出，为理解和培养乡创工匠提供了全新的视角，也为乡村的创新发展提供了理论支撑。在此基础上，本文构建了一个完整的"概念—标准—规律—命题"的理论体系。这一体系不仅明确了乡创工匠的定义和角色，还建立了衡量和评价乡创工匠的标准，揭示了乡创工匠成长的规律，并最终形成了关于乡创工匠核心能力的命题。这一理论体系的建立，为乡创工匠的培养和发展提供了科学的指导，也为乡村振兴战略的实施提供了强有力的人才支持和智力保障。通过这一理论体系的实践应用，期待乡创工匠能够在乡村振兴的大潮中发挥更大的作用，成为推动乡村全面振兴的重要力量。

二、识别了乡创工匠成长的新规律

乡创工匠不仅是传统技艺的承载者，更是将乡土文化与现代创新结合的关键推动力量。探索乡创工匠的多样性生成规律是培养具备新质创业力乡创工匠的前提。在社会快速发展的背景下，乡创工匠的生成受到多种因素的影响，这些因素既包括外部政策环境、市场需求的变化，也包括个体特质与学习能力等内在因素。本书从乡创工匠的时代背景与社会需求、培育的生态系统、形成的关键影响因素，以及成长路径分析四个方面，系统探讨乡创工匠生成的规律。在这个基础上，进一步提出了乡创工匠的人才个体差异性规律、螺旋上升规律和职业发展规律。其中人才个体差异规律的创制主要体现在个体技能、创造力、学习能力和社会适应能力等若干方面；螺旋上升的增长规律是指乡创工匠的职业成长过程具有螺旋式上升的特点，这意味着其发展轨迹并非线性，而是伴随着不断地反馈、改进与创新，逐渐在技艺、市场影响力和文化传承等方面实现多维度的提升；职业发展规律则是从职业生涯发展角度出发总结的理论经验，格外强调从职业生涯规划、职业瓶颈与突破策略、自我效能感的提升，以及多维度支持体系对工匠职业发展的影响四个方面，深入探讨乡创工匠的职业发展规律。

三、展开了对乡创工匠胜任力评价

乡创工匠胜任素质测评是一个全面了解工匠的过程。一方面可以对乡创工匠进行人品考察、乡村文明行为考察、文化素养考评、技能水平检测、创新能力检测、问题诊断和优缺点鉴别，有利于组织机构得到其真实的个人材料，并能够给予正确、全面的评价；另一方面，可以做到乡创工匠的优化组合，实现人职匹配。这样的全面了解有助于发现每位工匠的独特优势和潜在不足，从而实现因材施用，将每位工匠安排在最适合其发挥才能的岗位上。本书构建的乡创工匠胜任素质模型包含4个维度，共14项素质，其中，专业胜任素质包含专业知识技能；心理胜任素质包括成就导向、进取心、沟通协调、自信心等4项；职业操守素质包括敬业精神、责任心、诚信正直等3项；行为胜任素质包括排除疑难、学习发展、培养他人、团队合作、计划推行、组织意识等6项。

四、建立了乡创工匠测量的新标准

"乡创工匠"作为农村场域具有创新创业思维的技艺传承者、市场经营者和致富带头人，一定意义上成为农村新质生产力的典型代表。伴随着以新能源、新材料和电子信息等为主要领域的科学技术与乡村振兴的融合，极大地推动了农业农村的全要素生产率，乡村创业型工匠逐渐成为具备利用现代科技和创新能力的高层次人才，突破了进行简单重复劳动的限制，实现了由"手艺"到"守艺"再到"首艺"的转变。作为数字化时代农业农村发展的重要人才，以"乡土人才""乡创客"和"乡村工匠"等形式推动新质生产力在农村的快速培育和发展，而要真正成为乡村振兴和乡村现代化发展的驱动力量，必须具备与其相匹配的能力和素质，这种能力和素质也是衡量乡创型工匠质量的重要标准。本书根据有关创业和创业力的模型，结合"乡创工匠"创业活动的特殊要求，从精神、能力和管理三个不同的维度对乡村创业型工匠的测量标准进行建构。其中精神维度包括创业意愿、风险承担能力、行动能力、个人素养,能力维度包括创新思考能力、实验能力、工程实践能力和成果转化能力,管理维度包括机会把握能力、资源整合能力和团队控制能力。

五、打造了乡创工匠培育的新模式

乡村振兴战略的实施,乡创工匠的培育扮演着至关重要的角色。教育与培训是培育乡创工匠的基础,需要加强实用技能的提升和创新思维的培养,以适应乡村产业发展的需求。本书从立心领域、厚识界域、富能场域和培育模式的思忖四个维度出发,详细阐述了乡创工匠培育实践反思。首先,开拓"立心领域",厚植乡愁情怀。基于"PDCA 循环法",在乡创工匠培育过程中,作出计划、推进实施、检查效果,纳入标准,亟待解决的问题留待下一循环去解决,推进"感知一周、认知一月、行知一季"三知递进,培养学生的乡创文化、乡创气象、乡创价值认知,通过课程、实践、交流等手段的综合运用,创造丰富的学习体验与实践机会,使学生真正理解并认同乡村的价值,促进学生对乡村振兴的认同与参与,进而激发创新意识与实践能力,实现个人发展与乡村振兴的共同促进。其次,混沌"厚识界域",提升乡知水平。以融合教育、跨界教育理论指导"通识培根、专识固本、特识精技"三识联动,通过多样化的教育方式,推动学生全面理解和掌握乡村发展的相关知识与技能,从而激发他们的创新能力。再次,创设"富能场域",淬炼乡创技艺。通过多元化的实践活动和资源整合,提升学生的乡创技艺,最终实现乡村振兴与个人发展的双重目标。最后,通过"校企共建"孵化域、"校站联建"研发域、"校地合建"工坊域提供良好的实践平台,学生不仅可以获得实务经验,还能将自己的创意与产品推向市场,实现理论与实践的有效结合。

六、构建了乡创工匠评价的新体系

利用 786 份问卷调查数据和多名乡创工匠有效访谈样本的结果分析编码,结

第九章 结论与展望

合对访谈结果运用扎根理论法编码的结果所形成的四个维度结构体系，进一步对各级指标进行补充完善，最终形成包括3个一级指标（精神维度、能力维度、管理维度）、11个二级指标（创业意愿、风险承担、行动能力、个人素养、创新思考能力、实验能力、实践能力、成果转化能力、机会把握能力、资源整合能力、团队控制力）与29个三级指标（改革意愿、质疑精神、事业成就感、抵抗挫折、勇于承担风险、开拓事业、敏于实践、职业品质、人文修养、创造性竞争、问题意识、技术敏感度、实际操作能力、数据分析处理能力、实验设计能力、设备操作维护能力、过程质量控制能力、报告撰写能力、技术吸收能力、技术实验能力、技术转化能力、机会评估能力、机会使用能力、资源识别能力、战略决策能力、资源使用能力、人际沟通能力、团队建构能力、团队运行能力）的乡创工匠测评体系，为新质生产力时代乡创工匠培育高质量发展提供了评价指导。

第三节 存在的不足

在本研究中，尽管本书取得了一些积极的成果，并在特定领域进行了深入的探索和努力，但仍然清楚地认识到研究的局限性，并保持一种清醒和谦逊的姿态。未来将持续对这些不足进行深入讨论和分析，希望能够进一步改进和提升。

首先，由于时间和资源的限制，本书的研究范围相对较窄，这在一定程度上限制了研究发现和结论的普遍性。本研究仅涵盖了部分乡创工匠的访谈和调查，这可能导致结果在某些方面有一定局限性，影响其普遍性和适用性。为了解决这一问题并增强研究的代表性和广泛性，将在未来的研究中扩大样本范围，包括更多地区、不同类型和背景的乡创工匠，以便更全面地了解乡创工匠培育的现状和挑战。同时，我们也意识到，仅仅扩大样本范围是不够的，需要收集更多的数据，并采用更科学、更严谨的研究方法，对数据进行深入分析和解读。这将帮助研究者更准确地把握乡创工匠的本质和规律，发现更多有价值的信息。通过这些努力，以期提高研究的可靠性和可信度，使研究结论更具说服力。期待在未来的研究中继续探索和创新，为乡创工匠培育的发展贡献更多的智慧和力量。

其次，在构建乡创工匠模糊综合评价模型时，本书谨慎地选择了层次分析法作为赋权评估指标的方法。这种方法以其强大的结构化分析能力，在很大程度上帮助研究者解决了评价过程中普遍存在的模糊性和不确定性问题，使评价工作更加科学、合理。然而，也必须清醒地认识到，层次分析法在赋权过程中不可避免地带有一定的主观性，这种主观性可能会在一定程度上影响评价结果的准确性和公正性。未来在构建类似评价模型时，可以考虑引入更为客观的赋权方法，如熵权法、灰色关联度分析等。这些方法不仅能够充分利用数据本身所蕴含的信息进行赋权，减少人为因素的干扰，还能够更加精确地反映各项指标在评价体系中的实际贡献度，从而确保评价结果的客观性和准确性。

最后，在提出政策建议方面，基于研究成果，谨慎地构思了一系列旨在促进乡创工匠培育的措施与建议。然而，我们深知这些建议的实施并非易事，而是需要政府、企业、学校乃至社会各界的广泛支持与紧密配合。每一项建议的推进，都面临着复杂的现实挑战与多方协调的需求。为了确保这些政策建议能够真正转化为促进乡创工匠培育的实际行动，需要共同呼吁相关部门、企业及社会各界能够积极响应，共同参与到这一进程中来。我们坚信，通过各方的共同努力与持续探索，定能形成推动乡创工匠培育的强大合力。同时，我们也将持续关注这一领域的发展动态，深入研究相关政策与措施的实施效果，为进一步提高创业教育人才培养质量贡献我们的智慧与力量。

参考文献

CANKAO WENXIAN

［1］邹其昌，严康.明代工匠文化体系研究［J］.民族艺术研究，2022（6）：86-94.

［2］孟子［M］.方勇，译注.北京：中华书局，2015：112.

［3］商君书 M］.石磊，译注.北京：中华书局，2016：72.

［4］庄子［M］.方勇，译注.北京：中华书局，2015：10.

［5］徐进，李小云."人才回乡"：乡村人才问题的历史叙事与现实遭遇［J］.中央民族大学学报（哲学社会科学版），2022（6）：155-164.

［6］蒋小华.咫尺匠心：新工匠是怎样炼成的［M］.北京：机械工业出版社，2017.

［7］费孝通.乡土中国［M］.北京：北京大学出版社，2012：9.

［8］谯欣怡，覃红羽.农村职业教育服务乡村振兴的教育逻辑、实践困境与发展对策［J］.成人教育，2022，42（11）：60-66.

［9］林克松，曾亭.农村现代化视角下乡村工匠培育的可为、难为与应为［J］.职业技术教育，2023，44（06）：38-43.

［10］关晶.西方学徒制的历史演变及思考［J］.华东师范大学学报（教育科学版），2010（1）.

［11］余同元.传统工匠现代转型及其历史意义［J］.鲁东大学学报（哲学社会科学版），2020（5）.

［12］P. Mansa, T. Ramanathan. Migration in Professions by Craftsmen：A Review on the Reasons for Artisans Migration in Bangalore Rural District. Shanlax International Journal of Economics, 2017, 6（1）.

［13］许慎.说文解字［M］.徐铉校订.北京：中华书局，2013：95.

［14］段玉裁.说文解字注［M］.上海：上海古籍出版社，1988：201.

［15］杨伯峻.论语译注［M］.北京：中华书局，2006：195.

［16］段玉裁.说文解字注［M］.上海：上海古籍出版社，1988：635.

［17］韩非子［M］.高华平，王齐洲，张三夕，译注.北京：中华书局，2015：625.

［18］栗洪武，赵艳.论大国工匠精神［J］.陕西师范大学学报（哲学社会科学版），2017（1）：158.

［19］邹其昌.工匠文化与人类文明［J］.上海文化，2018（10）.

［20］张迪.中国的工匠精神及其历史演变［J］.思想教育研究，2016（10）：45-48.

［21］蒋华林，邓绪琳.工匠精神：高等工程教育面向先进制造培养人才的关键［J］.重庆大学学报（社会科学版），2019（4）.

［22］赵居礼，贺建锋，李磊，等.航空工匠精神培育体系的探索与实践［J］.中国高等教育，2019（2）.

［23］张培培.互联网时代工匠精神回归的内在逻辑［J］.浙江社会科学，2017（1）.

［24］李皓，向玉乔.工匠精神：劳动实践的内在逻辑和价值引领［J］.思想政治教育研究，2018（5）.

［25］齐善鸿.创新的时代呼唤"工匠精神"［J］.道德与文明，2016（5）.

［26］席卫权.现代教学中"工匠精神"的挖掘与培养：以美术课程为例［J］.中国教育学刊，2017（8）.

［27］王景会，潘天波.工匠精神的人文本质及其价值：时空社会学的视角［J］.新疆社会科学，2020（1）.

［28］高中华，赵晨，付悦.工匠精神的概念、边界及研究展望［J］.经济管理，2020（6）.

［29］管晓刚.关于技术本质的哲学释读［J］.自然辩证法研究，2001（12）：18-22.

[30] 马克思恩格斯文集：第5卷［M］.北京：人民出版社，2009：56.

[31] 马克思恩格斯全集：第3卷［M］.北京：人民出版社，2016：310.

[32] 马克思恩格斯文集：第10卷［M］.北京：人民出版社，2009：289.

[33] 马克思恩格斯文集：第1卷［M］.北京：人民出版社，2009：433.

[34] 左聪颖，杨建仁．西方人力资本理论的演变与思考［J］.江西社会科学，2010（6）：196-199.

[35] Mills E J, Kanters S, Hagopian A, et al. The financial cost of doctors emigrating from sub-Saharan Africa：human capital analysis.［J］. Bmj, 2011（47）：31-33.

[36] Ricardo D, Hartwell R M. On the Principles of Political Economy and Taxation［M］//The principles of political economy and taxation. G. Fischer, 1923：62-74.

[37] Schultz T P, Peters G H, Hedley D D. Human capital and economic development.［C］//International Conference of Agricultural Economists. 1995.

[38] 于伟．基于建构主义理论的动态职业能力培养［J］.科技创业月刊，2014（9）：145-148.

[39] Becker G S. Human Capital：A Theoretical and Empirical Analysis with Special Referenceto Education（3rd Edition）［J］. Revue Économique, 1994（1）：556.

[40] Mincer J. Investment in Human Capital and Personal Income Distribution Author（s）［J］.Journal of Political Economy, 1958（4）：281-281.

[41] Stathopoulou S, Psaltopoulos D, Skuras D. Rural Entrepreneurship in Europe：AResearch Framework and Agenda［J］. International Journal of Entrepreneurial Behaviour &Research, 2004, 10（6）：404-425.

[42] 蔡昉．改革时期农业劳动力转移与重新配置［J］.中国农村经济，2017（10）：2-12.

[43] 庄晋财，尹金承，庄子悦．改革开放以来乡村创业的演变轨迹及未来展望［J］.农业经济问题，2019（07）：83-92.

［44］辜胜阻，武兢.扶持农民工以创业带动就业的对策研究［J］.中国人口科学，2009（03）：2-12.

［45］程伟，陈遇春.多重理论视角下农民工的返乡创业行为研究［J］.中州学刊，2011（01）：71-74.

［46］周广肃，谭华清，李力行.外出务工经历有益于返乡农民工创业吗？［J］.经济学（季刊），2017，16（02）：793-814.

［47］林亦平，魏艾."城归"人口在乡村振兴战略中的"补位"探究［J］.农业经济问题，2018（08）：91-97.

［48］徐超，吴玲萍，孙文平.外出务工经历、社会资本与返乡农民工创业：来自CHIPS数据的证据［J］.财经研究，2017，43（12）：30-44.

［49］吕诚伦.农民工返乡创业投资演化博弈分析［J］.江西社会科学，2016，36（12）：193-199.

［50］毛新雅，魏向东.务工经历与返乡农民工收入：以中西部7省（市）为例的研究［J］.社会科学，2017（09）：66-76.

［51］李长安.我国四次创业浪潮的演进：从"难民效应"到"企业家效应"［J］.北京工商大学学报（社会科学版），2018，33（02）：1-9.

［52］刘志阳，李斌.乡村振兴视野下的农民工返乡创业模式研究［J］.福建论坛（人文社会科学版），2017（12）：17-23.

［53］赵西华，周曙东.农民创业现状、影响因素及对策分析［J］.江海学刊，2006（01）：217-222.

［54］魏凤，闫芃燕.西部返乡农民工创业模式选择及其影响因素分析：以西部五省998个返乡农民工创业者为例［J］.农业技术经济，2012（09）：66-74.

［55］吕惠明.返乡农民工创业模式选择研究：基于浙江省的实地调查［J］.农业技术经济，2016（10）：12-19.

［56］檀学文，胡拥军，伍振军等.农民工等人员返乡创业形式发凡［J］.改革，2016（11）：85-98.

［57］李彦娅，谢庆华.农民工返乡创业的动力机制研究：基于三次返乡创

业高潮的调查[J].重庆社会科学,2019(07):99-110.

[58]梁栋,吴存玉.论乡村振兴的精准推进:基于农民工返乡创业与乡村振兴的内在逻辑与机制构建[J].青海社会科学,2019(02):122-128.

[59]王巧然,陶小龙.创业者先前经验对创业绩效的影响:基于有中介的调节模型[J].技术经济,2016,35(06):24-34.

[60]赵德昭.农民工返乡创业绩效的影响因素研究[J].经济学家,2016(07):84-91.

[61]罗明忠,陈明.人格特质对农民创业绩效影响的实证分析:兼议人力资本的调节作用[J].华中农业大学学报(社会科学版),2015(02):41-48.

[62]王轶,陆晨云.财税扶持政策何以提升返乡创业企业经营绩效?:基于全国返乡创业企业的调查数据[J].现代财经(天津财经大学学报),2021,41(06):56-72.

[63]丁高洁,郭红东.社会资本对农民创业绩效的影响研究[J].华南农业大学学报(社会科学版),2013,12(02):50-57.

[64]徐超,吴玲萍,孙文平.外出务工经历、社会资本与返乡农民工创业:来自CHIPS数据的证据[J].财经研究,2017,43(12):30-44.

[65]朱红根,康兰媛.家庭资本禀赋与农民创业绩效实证分析[J].商业研究,2016(07):33-41.

[66]韩勇,武艳青,崔丽慧等.空间关联视域下河南省农民工返乡创业外部环境评价研究[J].中国农业资源与区划,2020,41(07):207-215.

[67]胡俊波.职业经历、区域环境与农民工返乡创业意愿:基于四川省的混合横截面数据[J].农村经济,2015(07):111-115.

[68]罗竖元.农民工返乡创业环境的结构优化[J].华南农业大学学报(社会科学版),2020,19(05):47-55.

[69]林龙飞,陈传波.返乡创业青年的特征分析及政策支持构建:基于全国24省75县区995名返乡创业者的实地调查[J].中国青年研究,2018(09):53-61.

[70]Cassar, Gavin. Industry and Startup Experience on Entrepreneur Fore-

cast Performance in New Firms［J］.Journal of Business Venturing,2010,29（1）:137-151.

［71］谢勇,杨倩.外出务工经历、创业行为与创业绩效［J］.经济评论,2020（01）:146-160.

［72］郭红东,丁高洁.关系网络、机会创新性与农民创业绩效［J］.中国农村经济,2013（08）:78-87.

［73］张鑫,谢家智,张明.打工经历、社会资本与农民初创企业绩效［J］.软科学,2015,29（04）:140-144.

［74］张玉利.创业研究经典文献述评［M］.北京:机械工业出版社,2018.

［75］彭小晶,王维平.农民工返乡创业条件供求对接的双向嵌入机制构建［J］.现代经济探讨,2019（05）:119-124.

［76］朱春艳,赖诗奇.工匠精神的历史流变与当代价值［J］.长白学刊,2020（03）:143-148.

［77］胡郑丽.反思与建构:论我国乡村非遗传承人群的"再教育"［J］.四川文理学院学报,2024,34（01）:81-88.

［78］席彬.技能型人才工匠精神培养路径研究:艺术设计专业为例［J］.中国职业技术教育,2019（01）.

［79］孙杰.立德树人视域下工匠精神融入高职院校人才培养的价值意蕴、现实困境与实践路径［J］.教育与职业,2023（22）.

［80］方从慧.当代大学生社会适应现状调查研究［D/OL］.重庆:西南大学,2008.

［81］马向真,王章莹.论情绪管理的概念界定［J］.东南大学学报（哲学社会科学版）,2012（04）.

［82］赵培.基层公务员职业动机与职业倦怠的关系研究［D/OL］.天津:天津商业大学,2023.

［83］Bandura A.Self-efficacy:toward a unifying theory of behavioral change［J］.Psychological Review,1977,84（2）:191-215.

［84］D,C,McClelland.Testing for competence rather than for "in-telligence". [J].American Psychologist, 1973.

[85] Spencer L M, Spencer S M, Wiley.Competence at work: models for superior performance [M]. Wiley, 1993.

[86] Mirabile, Richard, J.Everything you wanted to know about com-petency modeling [J].Training & Development, 1997.

[87] Boyatzis R E .The Competent Manager. A Model For Effective Performance [J]. competent manager a model for effective performance, 1982. DOI: 10.5465/ AME.1995.9506273286.

[88] 彭剑锋,荆小娟.员工素质模型设计 [C].北京：中国人民大学出版社, 2003.

[89] Fletcher S. NVQs, standards and competence: A practice guide for employers management and trainers. London: Kogan, 1992.

[90] 仲理峰,时勘.胜任特征研究的新进展 [J].南开管理评论, 2003 (02): 4-8.

[91] John Wiley & Sons. Byham, W. C., & Moyer, R. P.Using competencies to build a successful organization. Development Dimensions International, Inc., 1996.

[92] Ledford, G E.Paying for the Skills, Knowledge, and Competencies of Knowledge Workers [J]. Compensation & Benefits Review, 1995, 27 (4): 55-62.DOI: 10.1177/ 088636879502700409.

[93] 安托尼特·D.露西亚,查理兹·莱普辛格,著.胜任：员工胜任能力模型应用手册 [M].郭玉广,译.北京：北京大学出版社, 2004.

[94] 刘容志,张丽旻,朱永跃.大学生创业胜任力模型的构建及测评应用研究 [J].江苏大学学报（社会科学版）, 2020, 22 (04): 111-124.

[95] 贾亚娟.乡村养老机构经营者胜任素质模型构建：基于439个样本的实证调查 [J].江苏大学学报（社会科学版）, 2020, 22 (03): 56-66.

[96] 陈敏,张钱,郭帅凤等.基于胜任力模型的建筑产业工人职业素质评价 [J].土木工程与管理学报, 2020, 37 (01): 57 63.

［97］李菲，朱先洋.基于洋葱模型的公民参与铁路文化建设探究［J］.重庆交通大学学报（社会科学版），2020，20（03）：38-43.

［98］宋雪雁，李溪萌，邓君.数字时代档案文献编纂人员胜任力模型研究［J］.图书情报工作，2020，64（03）：32-41.

［99］梁肖裕，姜卉，尤完.大国工匠的职业发展与成长路径：一项基于个案的研究［J］.工程研究－跨学科视野中的工程，2021，13（02）：187-195.

［100］李雪枫，姜卉，尤完等.建筑业大国工匠胜任力模型构建研究［J］.工程研究－跨学科视野中的工程，2021，13（04）：323-333.

［101］曾茂林.本科高职技术创新赋能乡村振兴的联盟逻辑与路径：以粤东西北本科高校转型二级学院为例［J］.职业技术教育，2023，44（10）：67-72.

［102］綦颖.地方本科高校向应用技术型高校转型的理论逻辑、现实困境和纾解对策［J］.辽宁农业职业技术学院学报，2023，25（3）：22-26.

［103］陈鹏，童欣安.高质量发展时期我国产教融合政策的话语生成逻辑［J］.职业技术教育，2024，45（30）：37-44.

［104］赵艳杰.新质生产力导向下的高职教育教学与科研融合策略及实施路径研究［J］.湖北工业职业技术学院学报，2024，37（02）：12-16.

［105］李乐.乡村振兴战略背景下高等职业教育高质量人才培养路径研究与实践［J］.教育科学论坛，2024（30）：37-42.

［106］读懂党的二十届三中全会《决定》中的这些名词［J］.记者观察，2024，（22）：52-54.

［107］邓磊.加快构建职普融通、产教融合职业教育体系［J］.人民论坛，2024，（16）：53-57.

［108］Glaser B G, Strauss A L. The discovery of grounded theory: strategies for qualitative research［M］.Chicago: Aldine Publishing Company, 1967.

［109］Strauss A, Corbin J. Basics of qualitative research［M］. Sage Publication, 1990.

［110］Mustofa Kamil, Dadang Yunus Lutfiansyach, Cucu Sukmana.Rural Youth Entrepreneurship Training Based on Local Potential［P］.Proceedings of the 2nd International Conference on Educational Sciences（ICES 2018），2019.

［111］Anthony Amalba, et al.The Effect of Community Based Education and Service（COBES）on Medical Graduates' Choice of Specialty and Willingness to Work in Rural Communities in Ghana［J］.BMC Medical Education，2016，16（1）：79-86.

［112］De Lauwere C.The Role of Agricultural Entrepreneurship in Dutch Agriculture ofToday［J］.Research Report，2005，2（33）：229-238.

［113］李群，王雨欣.制造业工匠型人才创新绩效的形成过程与验证：基于自组织目标理论的扎根研究［J/OL］.华东经济管理，1-15［2024-10-13］. http：//kns.cnki.net/ kcms/detail/34.1014.f. 20240918.1646.011.html.

［114］徐佳虹，迟帅.乡村工匠的职业转型与技能变革［J］.武汉大学学报（哲学社会科学版），2024，77（04）：175-184.

［115］刘根梅，张蕾.弘扬工匠精神赋能乡村振兴［J］.中国农业资源与区划，2023，44（12）：58-83.

［116］唐锡海.职业教育培育乡村工匠：历史演进、意蕴与规定性［J］.河北大学学报（哲学社会科学版），2023，48（06）：20-30.

［117］王旭，张颖.工匠精神融入高职院校时代新人培养探究［J］.学校党建与思想教育，2023（14）：50-52.

［118］邓文杰，潘天波.工匠文化变迁中的"同代代沟"：以当代景德镇手工陶瓷创业青年两个群体为视点［J］.民族艺术，2019（06）：76-83.

［119］乔娇，高超.大学生志愿精神、创业精神、工匠精神与感知创业行为控制的关系研究［J］.教育理论与实践，2018，38（30）：20-22.

［120］陈建录，袁会晴.高校创新创业教育中的工匠精神培育［J］.教育研究，2018，39（05）：69-72.

［121］李丽芳.大学生创新创业教育之工匠精神的传承与培育［J］.宏观经济管理，2017（S1）：258-259.

［122］张敏，张一力.从创业学习者到网络主宰者：基于工匠精神的探索式研究［J］.中国科技论坛，2017（10）：153-159.

[123] 罗嘉文, 谢耀雯, 张光宇. 广东工业大学"工匠创客汇"前孵化器运行模式研究[J]. 科技管理研究, 2017, 37 (15): 123-129.

[124] 张凯亮. 基于工匠精神培育的大学生创新创业能力提升研究[J]. 教育理论与实践, 2017, 37 (12): 21-23.

[125] 赵思旭. 在乡村振兴中培育乡村工匠[J]. 社会主义论坛, 2023 (01): 11-12.

[126] 孟德才, 刘知宜. 乡村工匠迎来新的发展机遇期[N]. 农民日报, 2022-12-01 (008).

[127] 姜春艳. 乡村工匠"双百双千"培育工程启动实施[J]. 乡村科技, 2023, 14 (15): 2.

[128] 郑竹沁. "千万工程"助推乡村振兴的逻辑理路、现实挑战与深化路径: 以浙江省"山区26县"为例[J]. 领导科学论坛, 2024 (08): 97-100.

[129] 唐锡海, 董晓璇. 乡村人才振兴背景下职业教育与乡村工匠培育的耦合发展[J]. 当代职业教育, 2023 (03): 30-37.

[130] 李国. 被纳入职称评价体系后, 乡村工匠还需要什么? [N]. 工人日报, 2023-12-08 (005).

[131] 黄丽颖, 李蔚佳, 加鹏飞, 等. 乡村振兴视域下乡村工匠终身教育体系构建[J]. 新疆职业大学学报, 2023, 31 (03): 55-58.

[132] 路建彩, 李潘坡, 李萌. 乡村振兴视域下乡村工匠的价值意蕴与分类培育路径[J]. 教育与职业, 2021 (01): 90-95.

[133] 汪慧琳, 温杰. 高职院校融入乡村工匠技能提升的协同发展路径研究[J]. 山西农经, 2022 (03): 151-153.

[134] 姜乐军, 马海燕. 我国乡村工匠培育的政策演进、内在逻辑与路径选择[J]. 教育与职业, 2023, (15): 97-102.

[135] 唐锡海. 职业教育培育乡村工匠: 历史演进、意蕴与规定性[J]. 河北大学学报 (哲学社会科学版), 2023, 48 (06): 20-30.

[136] 陈向荣. 乡村振兴战略下构建农村终身教育体系的思考[J]. 教育教学论坛, 2020 (26): 17-18.

［137］朱德全，彭洪莉.高等职业教育服务乡村高质量发展的技术逻辑［J］.高校教育管理，2022，16（05）：22-32.

［138］汪恭礼.乡村工匠培育机制建立及路径选择［J］.中国培训，2023（04）：60-62.

［139］边疆，周辉.服务乡村振兴地方高校双创人才培养探析［J］.甘肃教育研究，2023（09）：135-139.

［140］郑叶慧，李珂靓，余婷，等.乡村振兴背景下传统乡村工匠的现代转型与培养探究［J］.当代经济，2019（08）：119-124.

［141］曾欣.让工匠精神在乡村永续传承［J］.乡村振兴，2021（09）：44-45.

［142］方素.乡村振兴视域下农民工匠精神培育研究［J］.智慧农业导刊，2023，3（13）：157-160.

后 记

乡村振兴，关键靠人才。2014年，中共中央、国务院印发《关于全面深化农村改革加快推进农业现代化的若干意见》提出"加大对新型职业农民和新型农业经营主体领办人的教育培训力度"。2020年，农业农村部等部门印发《关于深入实施农村创新创业带头人培育行动的意见》指出"挖掘'乡创客'等乡土人才"；2021年，中共中央办公厅、国务院办公厅联合发布《关于加快推进乡村人才振兴的意见》，强调"培育乡村工匠"。由此，摄取"像'乡土人才'一样传授技艺之法，又像'乡创客'一样传习经营之道，还像'乡村工匠'一样传承文化之韵"的人才脸谱，培育在学乡创工匠（在校青年）到在职乡创工匠（待业青年、在职青年），既是应用型高校助力乡村人才振兴应有之责，又能"育训一个乡创工匠，激活一批乡土人才，带动一片乡村经济，涵养一方乡愁文明"。

观照现实，乡创工匠在培育过程中，人文精神缺乏引领性，学生乡创意愿不浓，不愿创；课程内容缺乏时代性，学生乡创知识不精，不会创；育训平台缺乏实战性，学生乡创能力不强，不能创。因此，迫切需要构建大国乡创工匠育训教育生态，破解三大教学难题。

"创建中国创业型大学"一直以来是重庆对外经贸学院的远景目标。长期以来，学校秉承人民教育家陶行知"创造教育"思想和企业家典范卢作孚的"乡村建设"理念，统筹职业教育、高等教育、继续教育协同发展，推进职普融通、产教融合、科教融汇，以2014年"城镇化进程中'五位一体'的新型职业农民培养体系构建与实践"等国家级项目为依托，经过8年改革实践，形塑了乡创工匠"全息学域"终身育训体系。即：由乡创工匠"生源息、生产息、生成息"（全息）和"立心领域、厚识界域、富能场域"（学域）合成的混沌复杂系统，培养了一大批"爱乡村、懂技艺、会营销、善管理"的"全息型"乡创工匠，形成可辨识、可复制、可推广的教学成果。

后记

本课题由重庆对外经贸学院副校长周明星教授牵头策划指导，并负责全书构思建构理论体系和编写大纲，率先在全国提出"乡创工匠"新理论，打造"产创共生"新机制，创建"全息学域"新体系；由重庆对外经贸学院创客学院院长张伟东、湖南工业职业技术学院创新创业学院院长彭波负责整体修改和统稿工作；参与各章节撰写的作者分别是：第一章刘慧婷（华中科技大学）、第二章王子成（湖南科技大学）、第三章荆婷（广东茂名幼儿师范专科学校）、第四章任晓珠（重庆对外经贸学院）、第五章杨杨（贵州财经大学）、第六章彭成（重庆对外经贸学院）、第七章隋梦园（湖南农业大学）、第八章尹丽（重庆对外经贸学院）、第九章刘慧婷（华中科技大学）。在此向各位专家老师表示衷心感谢！此外，本研究引用了众多学者成果，在此也表示感谢。

在研究过程中，我们查阅了大量的资料，从文献中探寻乡创工匠的发展脉络，了解不同时期他们在社会经济发展中的角色。同时，还借鉴了国外在传统技艺传承和工匠培育方面的优秀经验，试图找到适合我国国情的乡创工匠培育模式。在创作过程中，每一个章节的撰写都经过了反复的思考和修改。从工匠的内涵与价值，到乡创工匠培育的现状与问题，再到提出具体的培育策略，我们都力求做到逻辑严谨、数据准确、案例生动。通过本书的撰写，希望能够在理论上为大国乡创工匠培育的研究提供有益的探索，在实践上为大国乡创工匠"全息学域"新体系的构建提供有效的指导。我们深知，大国乡创工匠培育的发展仍面临诸多挑战，如政策支持不足、教育资源不均、行业参与度不高等问题。因此，希望本书能够引起更多人对大国乡创工匠培育的关注与思考，共同推动其发展，赋能乡村振兴。

最后，感谢重庆出版社及其所有支持本书撰写的人，感谢你们的信任与付出。同时，祝愿读者在阅读本书的过程中能够收获更多的知识和启示。